Learn French With Short Stories

Fifteen Beginner Stories With Parallel French & English Text

French Hacking

Copyright © 2020 French Hacking

All rights reserved. No part of this publication may be reproduced, distributed or transmitted in any form or by any means, including photocopying, recording, or other electronic or mechanical methods, without the prior written permission of the publisher, except in the case of brief quotations embodied in critical reviews and certain other non-commercial uses permitted by copyright law.

Trademarked names appear throughout this book. Rather than use a trademark symbol with every occurrence of a trademarked name, names are used in an editorial fashion, with no intention of infringement of the respective owner's trademark. The information in this book is distributed on an "as is" basis, without warranty. Although every precaution has been taken in the preparation of this work, neither the author nor the publisher shall have any liability to any person or entity with respect to any loss or damage caused or alleged to be caused directly or indirectly by the information contained in this book.

One language sets you in a corridor for life. Two languages open every door along the way.

- Frank Smith

French Hacking

French Hacking is a revolutionary educational language learning company focused on teaching individuals how to learn French in the shortest time possible. Our mission is for our students to develop a command of the French language by utilizing the hacks, tips, and tricks included in the learning materials we create. We want our students to become confident in their speaking abilities as they advance their conversational skills by teaching what's necessary without having to learn the finer details that don't make much of a difference or aren't even used in the real world.

Unlike our competitors, who have books geared toward multiple languages, our language learning books are dedicated exclusively to learning French. Our focus on only one language allows us to truly concentrate on creating superior educational materials.

Our books are created by native French speakers and then put through a vigorous editing process with two more native French editors and proofreaders to ensure the highest quality content. Rest assured that you are learning proper grammar and syntax as you read through our books.

The unique formatting of our books will give you the best experience possible as you learn French! The bilingual English and French text appear side-by-side for easy reference without needing a dictionary. With fun images for each chapter, you will better visualize the scenes within the story and stay engaged. Reading is an immersive experience, and we want to make learning fun and enjoyable.

There are no other books like ours on the market. Let us help accelerate your journey to learn French with our fun and effective educational materials that make learning French a breeze!

Bonus!

Would you like the audio files for this book for free? Check the back of the book to find out how!

Contents

Chapitre 1 : Comme dans les histoires de pirates 1

Chapitre 2 : Retrouvailles à Paris 17

Chapitre 3 : Le quiproquo 34

Chapitre 4 : Le parapluie magique 51

Chapitre 5 : Le dîner parfait 64

Chapitre 6 : Tel chien, tel maître ! 79

Chapitre 7 : Le journal intime d'une sorcière 92

Chapitre 8 : Ah ! Les voyages… 107

Chapitre 9 : Le week-end à la campagne 122

Chapitre 10 : Les temps changent 135

Chapitre 11 : Conte des temps modernes 147

Chapitre 12 : Une belle rencontre 161

Chapitre 13 : La grande évasion 173

Chapitre 14 : La réponse 185

Chapitre 15: L'arbre qui boude 197

Chapitre 1 : Comme dans les histoires de pirates

Joséphine promène son chien tous les matins. Les rues de Paris sont déjà très animées à 7 h, et elle rencontre tous les jours une nouvelle personne. Elle a pris l'habitude de raconter toujours un peu la même chose. Mais ce matin, de rencontre en rencontre, Joséphine apprend qu'elle habite un immeuble un peu spécial, et que son chien n'est pas comme les autres… L'occasion de parler de :

- Se présenter (formel et informel)
- Dire son âge
- Dire sa profession
- Dire où on habite, dire de quelle ville on vient
- Présent
- Passé composé

Joséphine habite à Paris, dans un petit appartement de la rue Mouffetard, dans le Quartier latin. Et elle a un chien. Joséphine adore son chien. C'est un beau chien, grand et très **musclé**. Il est de couleur **grise**, avec le **poil** court et **brillant**. Il s'appelle Pirate, parce qu'il est très **farceur**. Joséphine **promène** son chien tous les matins, même en hiver, même quand il pleut, même quand elle a beaucoup de travail, même quand il fait très **froid** et même quand elle est **triste**.

Musclé (adjectif) — Muscular
Gris (adjectif) — Grey
Poil (m) (nom commun) — Hair
Brillant (adjectif) — Shiny

Farceur (m) (nom) — Joker, Prankster, a dog that likes to play pranks
Promener (son chien) (verbe) — To walk (a dog)
Froid (adjectif) — Cold
Triste (adjectif) — Sad

Tous les matins, c'est la même routine : Joséphine **se réveille** à six heures et demie, et elle prépare son café. Pendant que le café **chauffe**, Joséphine **se lave**, **s'habille** et **se maquille**. Quand elle boit son café sur son balcon, Pirate vient aussi pour **profiter** du soleil. Il est tout content de cette nouvelle journée. Il est toujours de bonne **humeur** ! Et il attend avec impatience la **promenade** du jour.

Se réveiller (verbe) — To wake up
Chauffer (le café) (verbe) — To warm up (coffee)
Se laver (verbe) — To wash yourself
S'habiller (verbe) — To dress up
Se maquiller (verbe) — To put on makeup
Profiter (verbe) — To enjoy
Humeur (f) (nom commun) — Mood
Promenade (f) (nom commun) — Walk

Joséphine met ses **chaussures** les plus jolies, et elle cherche la **laisse** de Pirate. Pirate a une belle laisse rouge avec une **poignée en forme de saucisse**. Elle ne sait pas encore qu'aujourd'hui se prépare une journée un peu **particulière**…

Chaussure (f) (nom commun) — Shoe
Laisse (f) (nom commun) — Leash
Poignée (de la laisse) (f) (nom commun) — Handle (of a leash)
En forme de (expression) — Shaped like
Saucisse (f) (nom commun) — Sausage
Particulier (adjectif) — Out of the ordinary

Tous les matins, Joséphine et Pirate se promènent dans les rues **animées** du **quartier**. Comme le quartier est très charmant, c'est toujours un plaisir. C'est aussi un quartier très touristique, et il y a beaucoup de gens différents à regarder. Avec un chien aussi **sympathique** que Pirate, c'est facile de **faire des rencontres** ! Les gens **s'arrêtent** souvent pour le **caresser** et demander son nom, son âge…

- Oh, il est beau, votre chien ! Comment il s'appelle ?

- Merci ! Oui, il est très beau ! répond toujours Joséphine. Il s'appelle Pirate, parce qu'il est très farceur. Je ne sais pas quel âge il a, car je l'ai rencontré dans mon **immeuble**, quand je suis arrivée. Et vous, avez-vous un chien ?

- Ah, non, madame, je n'ai pas de chien. Mais j'ai un chat. Il est vieux et **caractériel**, mais je l'aime beaucoup. Vous habitez le quartier ?

- Oui, nous habitons tout près d'ici avec Pirate !

Animé (adjectif) — Lively

Quartier (m) (nom commun) — Neighborhood
Sympathique (adjectif) — Friendly
Faire une rencontre (expression) — To meet someone new
S'arrêter (verbe) — To stop
Caresser (un chien) (verbe) — To pet
Immeuble (m) (nom commun) — Building (apartment)
Être caractériel (expression) — To have a strong character

Et ainsi va la vie. Tous les matins, une nouvelle rencontre… Pirate adore ces **étrangers** toujours différents qui lui donnent une **caresse** et le **félicitent**. Mais aujourd'hui, une jeune femme très petite, jolie et un peu **potelée** arrête Joséphine dans sa promenade :

- Eh ! Je te connais, toi ! dit-elle dans une **exclamation** de surprise.

- Euh… Bonjour ! Mais, euh… Je ne vous **reconnais** pas ! Je suis désolée. Qui êtes-vous ? répond Joséphine, un peu **gênée**.

- Voyons, je suis Martine ! Martine Joubert. Tu ne **te souviens** pas ? Je viens de Lyon, du même quartier que toi ! Nous avons **grandi** dans les mêmes rues, tu te souviens ?

- Mon Dieu, oui ! Martine ! Mais c'est fou ! Je me souviens, bien sûr. Nous sommes allées dans la même école. Ensuite, j'ai **déménagé** à Paris avec mes parents.

- Mais quel âge as-tu ? Sommes-nous nées la même année ?

- Je ne sais pas. J'ai 33 ans, et toi ?

- Ah, je suis née un peu avant toi. J'ai 35 ans. Pourquoi es-tu à Paris aujourd'hui ? Que fais-tu ici ?

Étranger (m) (nom commun) — Stranger
Caresse (f) (nom commun) — Strokes, cuddles
Féliciter (verbe) — To praise
Potelé (adjectif) — Chubby
Exclamation (f) (nom commun) — Gasp, cry
Reconnaître (quelqu'un) (verbe) — To recognize
Gêné (adjectif) — Embarrassed
Se souvenir (verbe) — To remember, to recall
Grandir (verbe) — To grow up
Déménager (verbe) — To move (into a new place)

Martine **raconte** l'histoire de son arrivée à Paris. Elle dit qu'elle est artiste, et que Paris est le meilleur **endroit** au monde pour les artistes. Les galeries, les amateurs d'art, les touristes et les musées… Il y a tant de possibilités ! Et puis, elle a rencontré un homme, et ils sont **tombés amoureux**. Elle habite avec lui dans la rue Mouffetard.

- Vraiment, dans la rue Mouffetard ? **interrompt** Joséphine. C'est **drôle**, c'est là que j'habite moi aussi ! Au combien ?

- Mon appartement **se situe** au 53 de la rue Mouffetard, répond Martine.

- Alors ça, c'est **marrant**. Nous habitons le même immeuble !

- C'est pas vrai ! À quel **étage**, dis-moi !

- Je suis au deuxième étage.

- Je n'y crois pas. Nous sommes **voisines** !

Raconter (verbe) — To tell a story, to recount
Endroit (m) (nom commun) — Place, location
Tomber amoureux (expression) — To fall in love
Interrompre (quelqu'un) (verbe) — To interrupt (someone)
Drôle (adjectif) — Funny
Se situer (verbe) — To be located at
Marrant (adjectif) — Fun, funny, comical
Étage (m) (nom commun) — Floor (1st, 2nd etc.)
Voisin (m) (nom commun) — Neighbor

Très heureuses de **réaliser** qu'elles sont voisines, Joséphine et Martine se dirigent vers un café de la place de la Contrescarpe pour discuter plus longtemps. Pirate **boude** un peu : il préfère le Jardin des Plantes. Mais quand le **serveur** lui apporte de l'eau, il se dit qu'il a de la chance d'être aussi beau : les gens ont toujours envie de lui **faire plaisir**. **D'ailleurs**, un voisin passe par là et lui donne un biscuit.

- Merci monsieur ! C'est très **gentil**, dit Joséphine.

- Comment s'appelle votre chien, mademoiselle ?

- Il s'appelle Pirate ! Parce qu'il est très farceur.

- C'est un joli nom. Moi, je suis Marcel, et j'habite ce quartier depuis mon **enfance**.

- **Enchantée**, Marcel ! Je suis Joséphine, et voici mon amie d'enfance, Martine.

Réaliser (verbe) — To realize
Bouder (verbe) — To pout
Serveur (m) (nom commun) — Waiter
Faire plaisir (à quelqu'un) (expression) — To treat, to please
D'ailleurs (adverbe) — In fact
Gentil (adjectif) — Nice, kind
Enfance (f) (nom commun) — Childhood
Enchanté (adjectif) — Nice to meet you

Marcel s'assied à leur table pour prendre un café en caressant Pirate. Pirate **est aux anges :** il adore quand les gens font attention à lui.

Martine est **curieuse**, et elle demande à Marcel dans quelle rue il habite…

- Ça alors ! Rue Mouffetard ! Au 53 de la rue Mouffetard ? C'est **incroyable**… Paris est tout petit ce matin… Nous sommes tous les trois voisins, et nous ne nous connaissons pas encore !

- En effet, c'est étrange…, répond Marcel. Enfin, pas si étrange, si l'on sait que le 53

de la rue Mouffetard est un immeuble bien **mystérieux**! Savez-vous qu'un **trésor** a été **découvert** là-bas en 1938? Un trésor important, constitué de **pièces d'or**. Et il a **disparu**.

- Un trésor! **s'exclame** Joséphine. Un vrai trésor, comme dans les histoires…

- De **pirates**, eh oui! Un vrai trésor comme dans les histoires de pirates.

Être aux anges (expression) — To be delighted, ecstatic
Curieux (adjectif) — Curious
Incroyable (adjectif) — Incredible
Mystérieux (adjectif) — Mysterious
Trésor (m) (nom commun) — Treasure
Découvrir (verbe) — To discover
Pièce d'or (f) (nom commun) — Gold coin
Disparaître (verbe) — To disappear
S'exclamer (verbe) — To cry out, exclaim
Pirate (m) (nom commun) — Pirate

Pirate est tout excité. On parle de lui?

- **Couché**, Pirate! Mais non, on ne parle pas de toi, voyons. On raconte des histoires de pirates, dit alors Joséphine. Mais, ce trésor, où a-t-il été caché?

- Cela, personne ne le sait. Mais je suis sûr et certain qu'il **reste** des choses à découvrir dans cet immeuble. Si vous avez le temps, je peux vous **inviter** chez moi pour le café. Nous pouvons regarder le **plan** de l'immeuble et **faire des recherches**. J'ai aussi des photos du trésor.

Couché! (expression) — Down!
Rester (il reste des choses) (verbe) — (Something) left to do or to discover
Inviter (verbe) — To invite (someone)
Plan (d'un immeuble) (m) (nom commun) — Building plan
Faire des recherches (expression) — To research

C'est peut-être le début d'une nouvelle **aventure**… Martine et Joséphine **acceptent** avec **joie**. C'est le week-end, et elles n'ont rien **prévu** — rien de mieux qu'une histoire de trésor. En marchant jusqu'à leur immeuble, Joséphine **se demande** si elle a vraiment appelé son chien Pirate **par hasard**… Pirate la regarde alors, et il se passe la plus **étrange** des choses… Joséphine entend son chien parler pour la première fois, dans un français **impeccable**… Que lui dit-il?

- Joséphine, je suis le gardien du trésor, **chuchote**-t-il, sans aucun accent. Ce n'est pas par hasard que tu m'as appelé Pirate! J'habite au 53 de la rue Mouffetard depuis plus de 200 ans… Ce trésor, il est chez toi. Mais **chut**! Je t'en prie, ne dis rien à personne.

Joséphine **sourit** à son chien. Quel farceur, ce Pirate! Pendant tout ce temps, il n'a jamais parlé! D'accord, Joséphine **garde le secret**. «À une seule condition, lui dit-elle. Tu me racontes tout!»

5

Aventure (f)(nom commun) — Adventure
Accepter (verbe) — To accept
Joie (f) (nom commun) — Joy
Prévoir (verbe) — To plan
Se demander (verbe) — To ask yourself, to ponder
Par hasard (expression) — By chance
Étrange (adjectif) — Strange
Impeccable (adjectif) — Impeccable
Chuchoter (verbe) — To whisper
Chut (interjection) — Quiet!
Sourire (verbe) — To smile
Garder un secret (expression) — To keep a secret

Compréhension

1. La routine de Joséphine : tous les matins, Joséphine : (Plusieurs réponses possibles)

   a) Boit du thé
   b) Prépare un café
   c) Se maquille
   d) Fait de la méditation
   e) Promène son chien
   f) Va au travail
   g) Mange un croissant
   h) Se lave
   i) Fait du shopping

2. Pirate, le chien de Joséphine est :

   a) Jeune
   b) Vieux
   c) On ne sait pas

3. Pour Joséphine, Martine est :

   a) Une collègue de travail
   b) La tante de son copain
   c) Une grande artiste qu'elle admire
   d) Une amie d'enfance de Joséphine

4. Joséphine et Martine rencontrent un homme au café. Il est :

   a) Agent de police à la recherche d'un pirate
   b) À la recherche d'un trésor caché au 53 rue Mouffetard
   c) Amoureux en secret de Joséphine
   d) Habitant de la place de la Contrescarpe

5. Complétez avec les mots manquants :

   voisin — chien — parle — trésor — matins — artiste — balcon — enfance

Tous les _____, Joséphine boit un café sur son _____ avant de promener son _____. D'habitude, elle rencontre des inconnus, mais ce matin, elle rencontre une amie d'_____. Martine est _____ et elle vit dans le même immeuble que Joséphine. Ensemble, elles rencontrent un autre _____ qui leur parle d'un _____ caché. Un peu plus tard, Joséphine découvre que son chien _____ français et qu'il sait tout du trésor.

Réponses

1 : réponses b, c, e et h
2 : réponse c
3 : réponse d
4 : réponse b
5 : dans l'ordre : matins, balcon, chien, enfance, artiste, voisin, trésor, parle

Tous les <u>matins</u>, Joséphine boit un café sur son <u>balcon</u> avant de promener son <u>chien</u>. D'habitude, elle rencontre des inconnus, mais ce matin, elle rencontre une amie d'<u>enfance</u>. Martine est <u>artiste</u> et elle vit dans le même immeuble que Joséphine. Ensemble, elles rencontrent un autre <u>voisin</u> qui leur parle d'un <u>trésor</u> caché. Un peu plus tard, Joséphine découvre que son chien <u>parle</u> français et qu'il sait tout du trésor.

Comme dans les histoires de pirates

Joséphine promène son chien tous les matins. Les rues de Paris sont déjà très animées à 7 h, et elle rencontre tous les jours une nouvelle personne. Elle a pris l'habitude de raconter toujours un peu la même chose. Mais ce matin, de rencontre en rencontre, Joséphine apprend qu'elle habite un immeuble un peu spécial, et que son chien n'est pas comme les autres... L'occasion de parler de :

- Se présenter (formel et informel)
- Dire son âge
- Dire sa profession
- Dire où on habite, dire de quelle ville on vient
- Présent
- Passé composé

Joséphine habite à Paris, dans un petit appartement de la rue Mouffetard, dans le Quartier latin. Et elle a un chien. Joséphine adore son chien. C'est un beau chien, grand et très musclé. Il est de couleur grise, avec le poil court et brillant. Il s'appelle Pirate, parce qu'il est très farceur. Joséphine promène son chien tous les matins, même en hiver, même quand il pleut, même quand elle a beaucoup de travail, même quand il fait très froid et même quand elle est triste.

Tous les matins, c'est la même routine : Joséphine se réveille à six heures et demie, et elle prépare son café. Pendant que le café chauffe, Joséphine se lave, s'habille et se maquille. Quand elle boit son café sur son balcon, Pirate vient aussi pour profiter du soleil. Il est tout content de cette nouvelle journée. Il est toujours de bonne humeur ! Et il attend avec impatience la promenade du jour.

Just like in the pirate stories

Every morning Joséphine walks her dog. The streets of Paris are already quite lively at 7 a.m., and she meets a new person every day. She got used to telling the same story over and over again. But this morning, meeting one person to another, Joséphine finds out that she lives in a special kind of building, and that her dog is not like the others... The oppurtunity to talk about:

- Introducing yourself (formal and informal)
- How to tell your age
- How to say your profession
- Saying where you live, telling which city you come from
- Present tense
- Past tense

Joséphine lives in Paris in a small apartment located on Mouffetard street, in the Latin Quarter. She has a dog. Joséphine loves her dog. It's a beautiful, big, and very muscular dog. He is grey, with short and shiny hair. His name is Pirate because he is a prankster. Joséphine walks her dog every morning, even during the winter, even when it rains, even when she has a lot of work, even when it's very cold, and even when she is sad.

Every morning it's the same routine: Joséphine wakes up at half past six and makes coffee. While coffee is warming up, Joséphine has a shower, she gets dressed, and she puts on her makeup. While she drinks her coffee on the balcony, Pirate also comes to enjoy the sun. He is very happy about this new day. He is always in a good mood! And he looks forward to the walk of the day.

Joséphine met ses chaussures les plus jolies, et elle cherche la laisse de Pirate. Pirate a une belle laisse rouge avec une poignée en forme de saucisse. Elle ne sait pas encore qu'aujourd'hui se prépare une journée un peu particulière…

Tous les matins, Joséphine et Pirate se promènent dans les rues animées du quartier. Comme le quartier est très charmant, c'est toujours un plaisir. C'est aussi un quartier très touristique, et il y a beaucoup de gens différents à regarder. Avec un chien aussi sympathique que Pirate, c'est facile de faire des rencontres ! Les gens s'arrêtent souvent pour le caresser et demander son nom, son âge…

"Oh, il est beau, votre chien ! Comment il s'appelle ?"

"Merci ! Oui, il est très beau !" répond toujours Joséphine. "Il s'appelle Pirate, parce qu'il est très farceur. Je ne sais pas quel âge il a, car je l'ai rencontré dans mon immeuble, quand je suis arrivée. Et vous, avez-vous un chien ?"

"Ah, non, madame, je n'ai pas de chien. Mais j'ai un chat. Il est vieux et caractériel, mais je l'aime beaucoup. Vous habitez le quartier ?"

"Oui, nous habitons tout près d'ici avec Pirate !"

Et ainsi va la vie. Tous les matins, une nouvelle rencontre… Pirate adore ces étrangers toujours différents qui lui donnent une caresse et le félicitent. Mais aujourd'hui, une jeune femme très petite, jolie et un peu potelée arrête Joséphine dans sa promenade :

"Eh ! Je te connais, toi !" dit-elle dans une exclamation de surprise.

"Euh… Bonjour ! Mais, euh… Je ne vous

Joséphine puts on her prettiest shoes, and she looks for Pirate's leash. Pirate has a nice red leash with a sausage shaped handle. She doesn't know yet that today is going to be a special day…

Every morning, Joséphine and Pirate walk in the lively streets of the neighborhood. As the neighborhood is very charming, it is always a pleasure. It is also a very touristy neighborhood, and there are many different people to look at. With a dog as friendly as Pirate, it's easy to meet people! People often stop to pet him and ask his name, his age…

"Oh, your dog is beautiful! What's his name?"

"Thank you! Yes, he is very beautiful!" Joséphine always answers. "His name is Pirate, because he is a prankster. I don't know how old he is, because I met him in my building when I arrived. And you, do you have a dog?"

"Ah, no, ma'am, I don't have a dog. But I do have a cat. He is old and temperamental, but I love him very much. Do you live in the neighborhood?"

"Yes, we live nearby with Pirate!"

And so goes life. Every morning, a new meeting… Pirate always loves these different strangers who give him a pat and congratulate him. But today, a very small, pretty and chubby young woman stops Joséphine on her walk:

"Hey! I know you!" she says in an exclamation of surprise.

"Uh… Hello! But, uh… I don't recognize

reconnais pas ! Je suis désolée. Qui êtes-vous ?" répond Joséphine, un peu gênée.

"Voyons, je suis Martine ! Martine Joubert. Tu ne te souviens pas ? Je viens de Lyon, du même quartier que toi ! Nous avons grandi dans les mêmes rues, tu te souviens ?"

"Mon Dieu, oui ! Martine ! Mais c'est fou ! Je me souviens, bien sûr. Nous sommes allées dans la même école. Ensuite, j'ai déménagé à Paris avec mes parents."

"Mais quel âge as-tu ? Sommes-nous nées la même année ?"

"Je ne sais pas. J'ai 33 ans, et toi ?"

"Ah, je suis née un peu avant toi. J'ai 35 ans. Pourquoi es-tu à Paris aujourd'hui ? Que fais-tu ici ?"

Martine raconte l'histoire de son arrivée à Paris. Elle dit qu'elle est artiste, et que Paris est le meilleur endroit au monde pour les artistes. Les galeries, les amateurs d'art, les touristes et les musées… Il y a tant de possibilités ! Et puis, elle a rencontré un homme, et ils sont tombés amoureux. Elle habite avec lui dans la rue Mouffetard.

"Vraiment, dans la rue Mouffetard ?" interrompt Joséphine. "C'est drôle, c'est là que j'habite moi aussi ! Au combien ?"

"Mon appartement se situe au 53 de la rue Mouffetard," répond Martine.

"Alors ça, c'est marrant. Nous habitons le même immeuble !"

"C'est pas vrai ! À quel étage, dis-moi !"

"Je suis au deuxième étage."

"Je n'y crois pas. Nous sommes voisines !"

you! I'm sorry. Who are you?" answers Joséphine, a little embarrassed.

"Come on, I'm Martine! Martine Joubert. Don't you remember? I come from Lyon, from the same neighborhood as you! We grew up in the same streets, do you remember?"

"My God, yes! Martine! But it's crazy! I remember, of course. We went to the same school. Then I moved to Paris with my parents."

"But how old are you? Were we born in the same year?"

"I don't know. I am 33 years old, and you?"

"Ah, I was born a little before you. I am 35 years old. Why are you in Paris today? What are you doing here?"

Martine tells the story of her arrival in Paris. She says that she is an artist, and that Paris is the best place in the world for artists. The galleries, art lovers, tourists and museums… There are so many possibilities! And then she met a man, and they fell in love. She lives with him on Mouffetard street.

"Really, on Mouffetard Road?" interrupts Joséphine. "It's funny, that's where I live too! Which number?"

"My apartment is at 53 Mouffetard Road," answers Martine.

"That's so funny. We live in the same building!"

"No way! Which floor, tell me!"

"I'm on the second floor."

"I don't believe it. We are neighbors!"

11

Très heureuses de réaliser qu'elles sont voisines, Joséphine et Martine se dirigent vers un café de la place de la Contrescarpe pour discuter plus longtemps. Pirate boude un peu : il préfère le Jardin des Plantes. Mais quand le serveur lui apporte de l'eau, il se dit qu'il a de la chance d'être aussi beau : les gens ont toujours envie de lui faire plaisir.

D'ailleurs, un voisin passe par là et lui donne un biscuit.

"Merci monsieur ! C'est très gentil," dit Joséphine.

"Comment s'appelle votre chien, mademoiselle ?"

"Il s'appelle Pirate ! Parce qu'il est très farceur."

"C'est un joli nom. Moi, je suis Marcel, et j'habite ce quartier depuis mon enfance."

"Enchantée, Marcel ! Je suis Joséphine, et voici mon amie d'enfance, Martine."

Marcel s'assied à leur table pour prendre un café en caressant Pirate. Pirate est aux anges : il adore quand les gens font attention à lui.

Martine est curieuse, et elle demande à Marcel dans quelle rue il habite…

"Ça alors ! Rue Mouffetard ! Au 53 de la rue Mouffetard ? C'est incroyable… Paris est tout petit ce matin… Nous sommes tous les trois voisins, et nous ne nous connaissons pas encore !"

"En effet, c'est étrange…, répond Marcel. Enfin, pas si étrange, si l'on sait que le 53 de la rue Mouffetard est un immeuble bien mystérieux ! Savez-vous qu'un trésor a été découvert là-bas en 1938 ? Un trésor important, constitué de pièces d'or. Et il a

Very happy to realize that they are neighbors, Joséphine and Martine go to a cafe in the Contrescarpe Place to talk more. Pirate sulks a little: he prefers the Plant Garden. But when the waiter brings him water, he thinks he is lucky to be so handsome: people always want to please him.

In fact, a neighbor passes by and gives him a cookie.

"Thank you sir! It's very nice," says Joséphine.

"What's your dog's name, miss?"

"His name is Pirate! Because he's a trickster."

"It's a nice name. I'm Marcel, and I've lived in this neighborhood since I was a child."

"Nice to meet you, Marcel! I am Joséphine, and this is my childhood friend, Martine."

Marcel sits at their table to have a coffee while patting Pirate. Pirate is over the moon: he loves it when people give him attention.

Martine is curious, and she asks Marcel what street he lives in...

"No way! Mouffetard Road! At 53 Mouffetard Road? That's incredible... Paris is very small this morning... All three of us are neighbors, and we don't know each other yet!"

"Indeed, it's strange…, answers Marcel. Well, not so strange if you know that 53 Mouffetard Road is a very mysterious building! Did you know that a treasure was discovered there in 1938? An important treasure, made up of gold coins. And it

disparu."

"Un trésor !" s'exclame Joséphine. "Un vrai trésor, comme dans les histoires…"

"De pirates, eh oui ! Un vrai trésor comme dans les histoires de pirates."

"Pirate est tout excité. On parle de lui ?"

"Couché, Pirate ! Mais non, on ne parle pas de toi, voyons. On raconte des histoires de pirates," dit alors Joséphine. "Mais, ce trésor, où a-t-il été caché ?"

"Cela, personne ne le sait. Mais je suis sûr et certain qu'il reste des choses à découvrir dans cet immeuble. Si vous avez le temps, je peux vous inviter chez moi pour le café. Nous pouvons regarder le plan de l'immeuble et faire des recherches. J'ai aussi des photos du trésor."

C'est peut-être le début d'une nouvelle aventure… Martine et Joséphine acceptent avec joie. C'est le week-end, et elles n'ont rien prévu — rien de mieux qu'une histoire de trésor. En marchant jusqu'à leur immeuble, Joséphine se demande si elle a vraiment appelé son chien Pirate par hasard… Pirate la regarde alors, et il se passe la plus étrange des choses… Joséphine entend son chien parler pour la première fois, dans un français impeccable… Que lui dit-il ?

"Joséphine, je suis le gardien du trésor," chuchote-t-il, sans aucun accent. "Ce n'est pas par hasard que tu m'as appelé Pirate ! J'habite au 53 de la rue Mouffetard depuis plus de 200 ans… Ce trésor, il est chez toi. Mais chut ! Je t'en prie, ne dis rien à personne."

Joséphine sourit à son chien. Quel farceur, ce Pirate ! Pendant tout ce temps, il n'a jamais parlé ! D'accord, Joséphine garde le

disappeared."

"A treasure!" exclaimed Joséphine. "A real treasure, like in the stories…"

"Pirates, yes! A real treasure as in pirate stories."

"Pirate is all excited. Are we talking about him?"

"Down, Pirate! No, we're not talking about you, come on. We're telling pirate stories," said Joséphine. "But, this treasure, where was it hidden?"

"No one knows this. But I am sure and certain that there are still things to discover in this building. If you have time, I can invite you to my house for coffee. We can look at the building plan and do some research. I also have pictures of the treasure."

It may be the beginning of a new adventure... Martine and Joséphine accept gladly. It's the weekend, and they have nothing planned - nothing better than a treasure story. While walking to their building, Joséphine wonders if she really called her dog Pirate by chance... Pirate looks at her, and the strangest thing happens... Joséphine hears her dog speak for the first time, in impeccable French... What does he say to her?

"Joséphine, I am the guardian of the treasure," he whispers, without any accent. "It's not by chance that you called me Pirate! I've lived at 53 Mouffetard Road for over 200 years... This treasure, it's in your house. But shush! Please don't say anything to anyone."

Joséphine smiles at her dog. What a joker, this Pirate! During all this time, he never spoke! All right, Joséphine keeps it a secret.

secret. "À une seule condition, lui dit-elle. Tu me racontes tout !"

"On one condition, she tells him. You tell me everything!"

Compréhension

1. La routine de Joséphine : tous les matins, Joséphine : (plusieurs possibilités)

   a) Boit du thé
   b) Prépare un café
   c) Se maquille
   d) Fait de la méditation
   e) Promène son chien
   f) Va au travail
   g) Mange un croissant
   h) Se lave
   i) Fait du shopping

2. Pirate, le chien de Joséphine est :

   a) Jeune
   b) Vieux
   c) On ne sait pas

3. Pour Joséphine, Martine est :

   a) Une collègue de travail
   b) La tante de son copain
   c) Une grande artiste qu'elle admire
   d) Une amie d'enfance de Joséphine

4. Joséphine et Martine rencontrent un homme au café. Il est :

   a) Agent de police à la recherche d'un pirate
   b) À la recherche d'un trésor caché au 53 rue Mouffetard
   c) Amoureux en secret de Joséphine
   d) Habitant de la place de la Contrescarpe

5. Complétez avec les mots manquants :

   voisin — chien — parle — trésor — matins — artiste — balcon — enfance

Tous les _____, Joséphine boit un café sur

Comprehension

1. Joséphine's routine: every morning Joséphine: (Several possible answers)

   a) Drinks tea
   b) Prepares coffee
   c) Puts on makeup
   d) Meditates
   e) Walks her dog
   f) Goes to work
   g) Eats a croissant
   h) Washes herself
   i) Does shopping

2. Joséphine's dog Pirate is:

   a) Young
   b) Old
   c) We don't know

3. To Joséphine, Martine is:

   a) A coworker
   b) Her boyfriend's aunt
   c) A great artist she admires
   d) Joséphine's childhood friend

4. Joséphine and Martine meet a man at the cafe. He is:

   a) A police officer looking for a pirate
   b) Looking for the treasure hidden at 53 Mouffetard Road
   c) Secretly in love with Joséphine
   d) Living in Place de la Contrescarpe

5. Complete the paragraph with the missing words:

   neighbor - dog - talk - treasure - mornings - artist - balcony - childhood

Every _____, Joséphine drinks a coffee

son _____ avant de promener son _____. D'habitude, elle rencontre des inconnus, mais ce matin, elle rencontre une amie d'_____. Martine est _____ et elle vit dans le même immeuble que Joséphine. Ensemble, elles rencontrent un autre _____ qui leur parle d'un _____ caché. Un peu plus tard, Joséphine découvre que son chien _____ français et qu'il sait tout du trésor.

on her _____ before walking her _____. Usually she meets strangers, but this morning she meets a _____ friend. Martine is an _____ and she lives in the same building as Joséphine. Together they meet another _____ who tells them about a hidden _____. A little later, Joséphine discovers that her dog _____ French and that he knows all about the treasure.

Réponses

1 : réponses b, c, e et h
2 : réponse c
3 : réponse d
4 : réponse b
5 : dans l'ordre : matins, balcon, chien, enfance, artiste, voisin, trésor, parle

Answers

1 : answers b, c, e and h
2 : answer c
3 : answer d
4 : answer b
5 : in order: morning, balcony, dog, childhood, artist, neighbor, treasure, speaks

Tous les <u>matins</u>, Joséphine boit un café sur son <u>balcon</u> avant de promener son <u>chien</u>. D'habitude, elle rencontre des inconnus, mais ce matin, elle rencontre une amie d'<u>enfance</u>. Martine est <u>artiste</u> et elle vit dans le même immeuble que Joséphine. Ensemble, elles rencontrent un autre <u>voisin</u> qui leur parle d'un <u>trésor</u> caché. Un peu plus tard, Joséphine découvre que son chien <u>parle</u> français et qu'il sait tout du trésor.

Every <u>morning</u>, Joséphine drinks a coffee on her <u>balcony</u> before walking her <u>dog</u>. Usually she meets strangers, but this morning she meets a <u>childhood</u> friend. Martine is an <u>artist</u> and she lives in the same building as Joséphine. Together they meet another <u>neighbor</u> who tells them about a hidden <u>treasure</u>. A little later, Joséphine discovers that her dog <u>speaks</u> French and that he knows all about the treasure.

Chapitre 2 : Retrouvailles à Paris

C'est le week-end et Valérie adore se promener dans les rues de Paris, sa ville d'adoption. Quand elle invite l'homme qu'elle aime à passer une semaine avec elle dans la capitale, elle décide de préparer un jeu de piste pour le faire voyager dans Paris. Une visite pas comme les autres qui permet d'aborder :

- Prépositions de directions
- Noms de lieux
- Monuments
- Transports en commun…
- Verbes : aller, prendre, monter, descendre…

Mathis arrive bientôt. Il est dans le train de 6 h 30 qui l'**emmène** de Lyon **vers** Paris ce matin. Mathis arrive bientôt et Valérie est toute **excitée**… Elle lui a **promis** de **venir** à la **gare** – mais en réalité, elle l'attend **ailleurs**… Elle a envoyé une amie, **déguisée** en **pigeon**, avec un grand **panneau**. C'est ainsi que le week-end va **commencer** pour Mathis !

Emmener (verbe) — To carry away (from place to place)
Vers (préposition) — To, towards
Excité (adjectif) — Excited, thrilled
Promettre (verbe) — To promise
Venir (verbe) — To come (somewhere)
Gare (f) (nom commun) — Train station
Ailleurs (adverbe) — Elsewhere

Déguisé (adjectif) — Disguised, costumed
Pigeon (f) (nom commun) — Pigeon
Panneau (nom commun) — Sign
Commencer (verbe) — To start

Valérie est **joueuse**. Elle aime Mathis, et Mathis n'aime pas Paris. Valérie, elle, adore Paris. Elle connaît la ville **comme sa poche**, elle connaît chaque **place**, chaque musée. Quand Mathis a **acheté** ses **billets de train** pour venir à Paris, Valérie s'est posée la question : comment **l'accueillir** ? Comment lui faire aimer la capitale ? Elle a cherché des idées toute la journée. **D'abord**, elle a pensé à un week-end romantique : promenades, **main dans la main** sur les **quais**, puis **bateau**, visite de quelques **églises**, restaurants romantiques… Et elle s'est dit que Mathis est comme elle : joueur. D'ailleurs, les week-ends romantiques, c'est toutes les semaines depuis qu'ils se sont rencontrés, à Lyon, un joli soir de **pluie**. Valérie veut autre chose pour la première **venue** de Mathis à Paris.

Joueur (adjectif) — Playful
Comme sa poche (expression) — To know something by heart, like the back of his hand
Place (f) (nom commun) — Place, square
Acheter (verbe) — To buy
Billet de train (m) (nom commun) — Train ticket
Accueillir (verbe) — To welcome (someone)
D'abord (expression) — At first
Main dans la main (expression) — Hand in hand
Quai (f) (nom commun) — Embankment, riverside
Bateau (m) (nom commun) — Boat
Église (f) (nom commun) — Church
Pluie (f) (nom commun) — Rain
Venue (f) (nom commun) — Arrival, visit

Alors elle a préparé un **jeu de piste**. Il va la **chercher** dans Paris, **grâce à** des **indices**. Valérie **se réjouit** déjà ! Cela va être très drôle. À la fin, Mathis doit la **trouver** dans un petit bar qu'elle aime tout **particulièrement**.

Jeu de piste (f) (nom commun) — Treasure hunt, paper chase
Chercher (verbe) — To look for, to search
Grâce à (expression) — With the help of, thanks to
Indice (m) (nom commun) — Clue
Se réjouir (verbe) — To rejoice, to be glad
Trouver (verbe) — To find
Particulièrement (adverbe) — Especially, above all

Alors voilà. Mathis arrive bientôt. Le train n'a pas de **retard**, la gare de Paris est animée. Beaucoup de **voyageurs** qui **vont et viennent**, pour le week-end, pour le travail… Et, **au milieu de** cette animation, Marie, la **copine** de Valérie, déguisée en pigeon, avec un grand panneau : « Mathis, si tu veux me voir, tu dois me chercher ! »

Marie et Mathis ne se sont jamais rencontrés, mais c'est sûr, il va comprendre.

Retard (m) (nom commun) — Delay, lateness
Voyageur (m) (nom commun) — Traveler
Aller et venir (expression) — To come and go
Au milieu de (expression) — In the middle of
Copain (m) (nom commun) — Friend, mate

Il descend du train. Marie rit dans son **déguisement**. Les **passants** à la gare la regardent en souriant. Le déguisement se voit de **loin** ! C'est parfait. Mathis cherche la belle Valérie – et ne la trouve pas… Puis il voit le panneau ! **Zut**. Elle lui fait une **blague**. Bon, que dit le panneau…

- Bonjour… Sais-tu où est Valérie ? demande Mathis avec une petite **gêne** dans la voix.

- Je suis l'**oiseau** messager, je suis là pour te **donner** cette lettre, répond Marie, **hilare**.

- Ah, euh… Mais, où est Valérie ? sourit Mathis.

- Ah, je ne te dis **rien de plus** ! dit-elle en lui faisant un **clin d'œil**.

Elle donne la lettre à Mathis et s'enfuit très vite.

Déguisement (m) (nom commun) — Costume
Passant (m) (nom commun) — Passerby, bystander
Loin (adverbe) — Far
Zut (interjection) — Darn, dang
Blague (f) (nom commun) — Joke
Gêne (f) (nom commun) — Embarrassment
Oiseau (m) (nom commun) — Bird
Donner (verbe) — To give
Hilare (adjectif) — Laughingly, hilariously
Rien de plus (expression) — Nothing more
Clin d'œil (m) (nom commun) — Wink

Bon, voilà une nouvelle aventure. Mathis n'ouvre pas la lettre **immédiatement**. Il préfère prendre un café **à emporter** au bistrot de la gare et il **s'assied** sur un **banc** pour l'ouvrir **tranquillement**, au soleil. Bien **installé**, il ouvre la lettre. Un mot et une **carte de transports en commun**.

Immédiatement (adverbe) — Immediately
À emporter (expression) — Take away (coffee)
S'asseoir (verbe) — To sit
Banc (m) (nom commun) — Bench
Tranquillement (adverbe) — Peacefully, leisurely, at his convenience
(Bien) installer (verbe) — To be/get comfortably seated
Carte de transports en commun (f) (nom commun) — Public transportation card

« Cherche-moi ! Je suis bien **cachée**… Ton premier indice : au **cimetière** du Père-Lachaise, rendez-vous près de ton artiste **préférée** ! »

Le cimetière du Père-Lachaise… Mathis connaît le Père-Lachaise. Les plus grands artistes sont **enterrés** dans ce cimetière. Valérie le sait : Mathis adore Édith Piaf. C'est **sûrement** ça ! **Facile**, pour un premier indice ! Il regarde son **plan** de Paris : 30 minutes **à pied**… **Pas besoin** de **prendre le métro**, il peut **marcher**. Pour y aller, il fait un petit détour par la Place de la Bastille. Direction vers le **nord**, et un peu à l'**est**. Il **tourne à droite** sur la rue de la Roquette et **va tout droit** vers la grande entrée du cimetière.

Caché (adjectif) — Hidden
Cimetière (m) (nom commun) — Cemetery
Préféré (adjectif) — Favorite, preferred
Enterré (adjectif) — Buried
Sûrement (adverbe) — Surely
Facile (adjectif) — Easy
Plan (de ville) (m) (nom commun) — City plan
À pied (expression) – On foot
Pas besoin de (expression) — No need to
Prendre le métro (expression) — To take the subway
Marcher (verbe) — To walk
Nord (m) (nom commun) — North
Est (m) (nom commun) — East
Tourner à droite (expression) — To turn right, to take a right
Aller tout droit (expression) — (To go) straight

Il cherche la **tombe** d'Édith Piaf. **Parmi** les **fleurs**, il découvre une autre lettre. C'est Valérie. Il la prend et l'ouvre **rapidement**. Quel est l'autre indice ? Mathis commence à trouver ça drôle ! Et la promenade est jolie…

« **Du haut des** montagnes du Sud, mais au nord, on voit la tour Eiffel… Ah, quelle Belle Ville ! Puis, rendez-vous au Liban. »

Tombe (f) (nom commun) — Tomb
Parmi (préposition) — Among
Fleur (f) (nom commun) — Flower
Rapidement (adverbe) — Quicky, swiftly
Du haut de (expression) — From the top of

Ah, voilà qui est plus **difficile** ! Voyons, les montagnes du Sud… Mathis **pense** aux Pyrénées, dans le sud de la France. Il regarde son plan de Paris. Mais oui ! Au nord de sa position, il y a un **arrêt de métro** qui s'appelle Pyrénées ! C'est sûrement là-bas… Et il y a une rue de Belleville **près de** cette station de métro. Il regarde son téléphone. Il trouve un bus qui va **directement** à destination. Il **attend** le bus en lisant. Le bus arrive. Assis **côté fenêtre**, Mathis regarde Paris. Bon, c'est vrai que c'est beau !

Difficile (adjectif) — Difficult, hard
Penser (verbe) — To think
Arrêt de métro (m) (nom commun) — Subway stop
Près de (expression) — Close to, nearby
Directement (adverbe) — Directly

Attendre (verbe) — To wait
Côté fenêtre (m) (expression) — (sitting) Near the window, close to the window

Arrivé à la station Pyrénées, Mathis regarde **autour de** lui : il lit les noms des rues. Rue des Pyrénées, Avenue Simon Bolivar… Ah, voilà ! Rue de Belleville ! C'est alors que Mathis **aperçoit** la **vue**… Eh oui, la tour Eiffel ! En effet, la vue n'est pas mal. Mais alors, le Liban… ?

Autour de (adverbe) — Around
Apercevoir (verbe) — To notice, to sight
Vue (f) (nom commun) — View

Mathis **descend la Rue** de Belleville, sans savoir ce qu'il cherche **vraiment**. Et un peu plus loin, **sur la droite**, il voit une **enseigne** : L'Artisan libanais. Ce doit être ici. Il entre dans le petit restaurant.

- Ça **sent** bon ! Mathis achète une **pâtisserie** libanaise et demande au chef : je cherche Valérie, vous la connaissez ?

- Valérie ! Oui, bien sûr, elle est charmante. Elle habite le quartier, et elle vient **souvent** ici. Elle m'a dit qu'aujourd'hui elle va se promener au Parc des Buttes Chaumont. Vous connaissez ?

- Ah, non, je ne connais pas… Comment on y va ?

- C'est **à côté** ! **Prenez l'Avenue** Simon Bolivar et c'est tout droit ! Je crois qu'elle aime boire son café au Pavillon du Lac.

- Très bien ! Merci monsieur !

- Mais je vous en prie… Bonnes recherches, ajoute le chef avec un clin d'œil.

Descendre la rue (expression) — (To go) down the street
Vraiment (adverbe) — Really
Sur la droite (expression) – On the right
Enseigne (f) (nom commun) — Shop sign
Sentir (l'odeur) (verbe) — To smell
Pâtisserie (f) (nom commun) — Pastry
Souvent (adverbe) — Often
À côté (expression) — Close by
Prendre la rue (expression) — To follow (a street)

Mathis marche jusqu'au Parc. Il est grand ! Et très beau. Il y a un **lac**, des **canards**, des **cygnes**. **Au-dessus du** lac, il voit le café. Il entre et **commande** un café noir. Il regarde autour de lui… Pas de Valérie ! Et pas d'indice… Quand **soudain** une jeune femme vient vers lui et lui donne une lettre, sans dire un mot.

Mathis lui sourit et prend la lettre. **Impatient**, il l'ouvre. « Rue Rébeval, au **croisement** de la Rue Pradier : un petit **air de famille**… qui va t'aider à me trouver ! »

Lac (m) (nom commun) — Lake

Canard (m) (nom commun) — Duck
Cygne (m) (nom commun) — Swan
Au-dessus (préposition) — Above
Commander (verbe) — To order (food)
Soudain (adverbe) — Suddenly
Impatient (adjectif) — Impatient
Croisement (m) (nom commun) — Intersection
Air de famille (m) (expression) — Family trait

La Rue Rébeval n'est pas loin. Mathis **décide** de marcher. Arrivé au croisement, il comprend tout de suite ce que Valérie a voulu dire : un petit restaurant-épicerie s'appelle «Mon oncle le **vigneron**» … Son oncle est vigneron ! Il entre vite dans la boutique et demande avec **empressement** si le chef connaît Valérie.

- Alors je ne la connais pas **personnellement**, mais vous **êtes en avance** ! Vous avez une table **réservée** pour ce soir, cher monsieur, lui répond le chef en souriant.

- Mais ! Je ne vais pas attendre jusqu'à ce soir, **quand même** ! s'exclame Mathis, un peu **déçu**.

- Non, bien sûr… N'avez-vous pas de la famille qui peut vous aider ?

Décider (verbe) — To decide
Épicerie (f) (nom commun) — Convenience store
Vigneron (m) (nom commun) — Winemaker
Empressement (m) (nom commun) — Eagerness, haste
Personnellement (adverbe) — Personally
Être en avance (expression) — To be early
Réservé (adjectif) — Booked, reserved
Quand même ! (interjection) — Come on!
Déçu (adjectif) — Disappointed

Mathis ne comprend pas. Il **réfléchit**… «Un petit air de famille.» Et si…? Il décide de téléphoner à son oncle.

- Allo, Tonton ! Comment vas-tu ?

- Ah, Mathis ! Tu as été **rapide**, je suis **impressionné** ! Tu as ta carte de métro ? Va à Jaurès, ce n'est pas très loin. De là, tu **prends la ligne** orange, la ligne 5. Direction Place d'Italie ! C'est au Diamant qu'ils ont les meilleures **bières**, à la Butte aux Cailles…

Réfléchir (verbe) — To think, reflect, to ponder
Rapide (adjectif) — Fast
Impressionné (adjectif) — Impressed
Prendre la ligne de métro (expression) — (To take) a metro line
Bière (f) (nom commun) — Beer

Et son oncle **raccroche**. Zut ! C'était rapide ! Bon, très bien, Mathis descend **jusqu'**au

métro. À la station Jaurès, il prend la ligne 5, direction place d'Italie. Il descend et **tourne à gauche** vers la **sortie** de la station. La place est **immense** ! Il regarde son plan de Paris. La Butte aux Cailles est **en face**. Il **monte la rue**, et cherche un **établissement** qui s'appelle le Diamant. Le quartier est très charmant. Des petites **ruelles**, des **peintures** sur les **murs**… Ici, on peut **sentir** l'histoire de la ville. Il y a beaucoup de petits cafés très sympathiques.

Sur la droite, un peu plus loin, il voit une enseigne : Le Diamant. Et, sur la terrasse, une belle jeune femme l'attend : Valérie.

- Tu m'as fait **courir**, tu sais ! lui dit Mathis en l'**embrassant**.
- Eh, oui ! Je sais ! Et alors, Paris, c'est joli ou pas ?

Raccrocher le téléphone (verbe) — To hang up (the phone)
Jusque (préposition) — Until
Tourner à gauche (expression) — To turn left, to take a left
Sortie (f) (nom commun) — Exit
Immense (adjectif) — Immense, huge
En face de (expression) — In front of
Monter la rue (expression) — To climb up the street
Etablissement (m) (nom commun) – A building (mostly used when talking about a restaurant)
Ruelle (f) (nom commun) — Side street
Peinture (f) (nom commun) — Painting
Mur (m) (nom commun) — Wall
Sentir (l'ambiance) (verbe) — To feel (the atmosphere, the history)
Courir (verbe) — To run
Embrasser (verbe) — To kiss but also to hug

Compréhension

1. Quels mots décrivent le mieux Valérie. Valérie est : (Plusieurs réponses possibles)

  a) Romantique
  b) Sérieuse
  c) Joueuse
  d) Amoureuse
  e) Triste
  f) Malade
  g) Un garçon

2. Pourquoi Mathis vient-il à Paris ?

  a) Il vient pour chercher du travail
  b) Il vient rendre visite à sa famille
  c) Il veut voir la tour Eiffel
  d) Il vient pour passer le week-end avec Valérie

3. Qui est déguisé en pigeon ?

  a) Une amie de Mathis
  b) Une amie de Valérie
  c) Le Père-Lachaise
  d) Édith Piaf

4. Dans quel quartier habite Valérie ?

  a) Le quartier de la rue de Belleville
  b) Vers la place de la Bastille
  c) Au Pavillon du Lac
  d) Le quartier de la Place d'Italie

5. Mettez les phrases suivantes dans l'ordre chronologique :

  a) Mathis va au Père-Lachaise
  b) Mathis prend le train pour Paris
  c) Un commerçant d'un commerce libanais dit à Mathis d'aller aux Buttes Chaumont
  d) Mathis appelle son oncle
  e) Marie attend Mathis à la gare

Réponses

1 : réponses a, c et d
2 : réponse d
3 : réponse b
4 : réponse a
5 : 1b ; 2e ; 3a ; 4c ; 5d

Retrouvailles à Paris

C'est le week-end et Valérie adore se promener dans les rues de Paris, sa ville d'adoption. Quand elle invite l'homme qu'elle aime à passer une semaine avec elle dans la capitale, elle décide de préparer un jeu de piste pour le faire voyager dans Paris. Une visite pas comme les autres qui permet d'aborder :

- Prépositions de directions
- Noms de lieux
- Monuments
- Transports en commun…
- Verbes : aller, prendre, monter, descendre

Mathis arrive bientôt. Il est dans le train de 6 h 30 qui l'emmène de Lyon vers Paris ce matin. Mathis arrive bientôt et Valérie est toute excitée… Elle lui a promis de venir à la gare – mais en réalité, elle l'attend ailleurs… Elle a envoyé une amie, déguisée en pigeon, avec un grand panneau. C'est ainsi que le week-end va commencer pour Mathis !

Valérie est joueuse. Elle aime Mathis, et Mathis n'aime pas Paris. Valérie, elle, adore Paris. Elle connaît la ville comme sa poche, elle connaît chaque place, chaque musée. Quand Mathis a acheté ses billets de train pour venir à Paris, Valérie s'est posée la question : comment l'accueillir ? Comment lui faire aimer la capitale ? Elle a cherché des idées toute la journée. D'abord, elle a pensé à un week-end romantique : promenades, main dans la main sur les quais, puis bateau, visite de quelques églises, restaurants romantiques… Et elle s'est dit que Mathis est comme elle : joueur. D'ailleurs, les week-ends romantiques, c'est toutes les semaines depuis qu'ils se sont rencontrés, à Lyon, un joli soir de pluie. Valérie veut autre chose pour la première venue de Mathis à Paris.

Reunion in Paris

It's the weekend and Valérie loves to walk the streets of Paris, her adopted city. When she invites the man she loves to spend a week with her in the capital, she decides to prepare a treasure hunt to take him on a trip through Paris. A one of a kind visit. The oppurtunity to talk about:

- Prepositions of directions
- Place names
- Monuments
- Public transportation
- Verbs: to go, to take, to go up, to go down

Mathis is coming soon. He is on the 6:30 a.m. train that takes him from Lyon to Paris this morning. Mathis is arriving soon and Valérie is excited... She promised him to come to the station - but in reality, she is waiting for him somewhere else... She has sent a friend, dressed as a pigeon, with a big sign. This is how the weekend is going to start for Mathis!

Valérie is a joker. She loves Mathis, and Mathis doesn't love Paris. Valérie loves Paris. She knows the city like the back of her hand, she knows every place, every museum. When Mathis bought his train tickets to come to Paris, Valérie asked herself the question: how to welcome him? How do I make him love the capital? She searched for ideas all day long. First, she thought of a romantic weekend: walks, hand in hand along the quays, then boat, visit some churches, romantic restaurants... And she told herself that Mathis is like her: a joker. Besides, romantic weekends have been going on every week since they met, in Lyon, on a nice rainy evening... Valérie wants something else for Mathis' first visit to Paris.

Alors elle a préparé un jeu de piste. Il va la chercher dans Paris, grâce à des indices. Valérie se réjouit déjà ! Cela va être très drôle. À la fin, Mathis doit la trouver dans un petit bar qu'elle aime tout particulièrement.

Alors voilà. Mathis arrive bientôt. Le train n'a pas de retard, la gare de Paris est animée. Beaucoup de voyageurs qui vont et viennent, pour le week-end, pour le travail… Et, au milieu de cette animation, Marie, la copine de Valérie, déguisée en pigeon, avec un grand panneau :

« Mathis, si tu veux me voir, tu dois me chercher ! »

Marie et Mathis ne se sont jamais rencontrés, mais c'est sûr, il va comprendre.

Il descend du train. Marie rit dans son déguisement. Les passants à la gare la regardent en souriant. Le déguisement se voit de loin ! C'est parfait. Mathis cherche la belle Valérie – et ne la trouve pas… Puis il voit le panneau ! Zut. Elle lui fait une blague. Bon, que dit le panneau…

"Bonjour… Sais-tu où est Valérie ?" demande Mathis avec une petite gêne dans la voix.

"Je suis l'oiseau messager, je suis là pour te donner cette lettre," répond Marie, hilare.

"Ah, euh… Mais, où est Valérie ?" sourit Mathis.

"Ah, je ne te dis rien de plus !" dit-elle en lui faisant un clin d'œil.

Elle donne la lettre à Mathis et s'enfuit très vite.

Bon, voilà une nouvelle aventure. Mathis n'ouvre pas la lettre immédiatement. Il préfère prendre un café à emporter au

So she's prepared a treasure hunt. He's going to look for her in Paris, thanks to clues. Valérie is already looking forward to it! It's going to be a lot of fun. In the end, Mathis must find her in a small bar that she particularly likes.

So here it is. Mathis is coming soon. The train is not late, the station of Paris is lively. A lot of travelers come and go, for the weekend, for work… And, in the middle of this activity, Marie, Valérie's friend, is dressed as a pigeon, holding a big sign:

« Mathis, if you want to see me, you have to look for me! »

Marie and Mathis have never met, but he'll understand for sure.

He gets off the train. Marie laughs in her disguise. Bystanders at the station look at her smiling. The disguise can be seen from afar! It is perfect. Mathis is looking for the beautiful Valérie - and doesn't find her… Then he sees the sign! Damn. She makes a joke to him. Well, what does the sign say…

"Hello… Do you know where Valérie is?" asks Mathis with a little embarrassment in his voice.

"I'm the messenger bird, I'm here to give you this letter," answers Marie, hilariously.

"Ah, uh but, where is Valérie?" smiles Mathis.

"Ah, I won't tell you anything else!" she says with a wink.

She gives the letter to Mathis and runs away very quickly.

Well, here is a new adventure. Mathis does not open the letter immediately. He prefers to get a takeaway coffee from the station

bistrot de la gare et il s'assied sur un banc pour l'ouvrir tranquillement, au soleil. Bien installé, il ouvre la lettre. Un mot et une carte de transports en commun.

« Cherche-moi ! Je suis bien cachée… Ton premier indice : au cimetière du Père-Lachaise, rendez-vous près de ton artiste préférée ! »

Le cimetière du Père-Lachaise… Mathis connaît le Père-Lachaise. Les plus grands artistes sont enterrés dans ce cimetière. Valérie le sait : Mathis adore Édith Piaf. C'est sûrement ça ! Facile, pour un premier indice ! Il regarde son plan de Paris : 30 minutes à pied… Pas besoin de prendre le métro, il peut marcher. Pour y aller, il fait un petit détour par la Place de la Bastille. Direction vers le nord, et un peu à l'est. Il tourne à droite sur la Rue de la Roquette et va tout droit vers la grande entrée du cimetière.

Il cherche la tombe d'Édith Piaf. Parmi les fleurs, il découvre une autre lettre. C'est Valérie. Il la prend et l'ouvre rapidement. Quel est l'autre indice ? Mathis commence à trouver ça drôle ! Et la promenade est jolie…

« Du haut des montagnes du Sud, mais au nord, on voit la tour Eiffel… Ah, quelle belle ville ! Puis, rendez-vous au Liban. »

Ah, voilà qui est plus difficile ! Voyons, les montagnes du Sud… Mathis pense aux Pyrénées, dans le sud de la France. Il regarde son plan de Paris. Mais oui ! Au nord de sa position, il y a un arrêt de métro qui s'appelle Pyrénées ! C'est sûrement là-bas… Et il y a une Rue de Belleville près de cette station de métro. Il regarde son téléphone. Il trouve un bus qui va directement à destination. Il attend le bus en lisant. Le bus arrive. Assis côté fenêtre, Mathis regarde Paris. Bon, c'est vrai, que

bistro and sit on a bench to open it quietly, in the sun. Sitting comfortably, he opens the letter. A note and a map of public transport.

« Look for me! I am well hidden… Your first clue: at the Père-Lachaise cemetery, go to your favorite artist! »

The Père-Lachaise cemetery… Mathis knows Père-Lachaise. The greatest artists are buried in this cemetery. Valérie knows it: Mathis adores Édith Piaf. It is surely that! Easy, for a first clue! He looks at his map of Paris: 30 minutes on foot… No need to take the subway, he can walk. To get there, he makes a small detour by Bastille Place. It's north, and a little east. He turns right on the Roquette Road and goes straight to the big entrance of the cemetery.

He looks for the tomb of Edith Piaf. Among the flowers, he discovers another letter. It is from Valérie. He takes it and opens it quickly. What is the other clue? Mathis starts to find it funny! And the walk is pretty…

« From the top of the mountains of the South, but in the North, we can see the Eiffel Tower… Ah, what a beautiful city! Then, go to Lebanon. »

Ah, that's more difficult! Let's see, the mountains of the South… Mathis thinks of the Pyrenees, in the South of France. He looks at his map of Paris. Of course! North of his position, there is a subway stop called Pyrenees! It's surely there… And there is Belleville Road near this subway station. He looks at his phone. He finds a bus that goes directly to the destination. He reads while waiting for the bus. The bus arrives. Sitting by the window, Mathis is looking at Paris. Well, it's true, how beautiful!

c'est beau ! Arrivé à la station Pyrénées, Mathis regarde autour de lui : il lit les noms des rues. Rue des Pyrénées, Avenue Simon Bolivar… Ah, voilà ! Rue de Belleville ! C'est alors que Mathis aperçoit la vue… Eh oui, la tour Eiffel ! En effet, la vue n'est pas mal. Mais alors, le Liban… ?

Mathis descend la Rue de Belleville, sans savoir ce qu'il cherche vraiment. Et un peu plus loin, sur la droite, il voit une enseigne : L'Artisan libanais. Ce doit être ici.

Il entre dans le petit restaurant. Ça sent bon ! Mathis achète une pâtisserie libanaise et demande au chef : "je cherche Valérie, vous la connaissez ?"

"Valérie ! Oui, bien sûr, elle est charmante. Elle habite le quartier, et elle vient souvent ici. Elle m'a dit qu'aujourd'hui elle va se promener au Parc des Buttes Chaumont. Vous connaissez ?"

"Ah, non, je ne connais pas… Comment on y va ?"

"C'est à côté ! Prenez l'Avenue Simon Bolivar et c'est tout droit ! Je crois qu'elle aime boire son café au Pavillon du Lac."

"Très bien ! Merci monsieur !"

"Mais je vous en prie… Bonnes recherches," ajoute le chef avec un clin d'œil.

Mathis marche jusqu'au Parc. Il est grand ! Et très beau. Il y a un lac, des canards, des cygnes. Au-dessus du lac, il voit le café. Il entre et commande un café noir. Il regarde autour de lui… Pas de Valérie ! Et pas d'indice… Quand soudain une jeune femme vient vers lui et lui donne une lettre, sans dire un mot.

Mathis lui sourit et prend la lettre. Impatient, il l'ouvre.

Arriving at Pyrenees station, Mathis looks around him: he reads the names of the streets. Pyrénées Road, Simon Bolivar Avenue… Ah, here it is! Belleville Road! It is then that Mathis sees the view… Eh yes, the Eiffel Tower! Indeed, the view is not bad. But then, Lebanon…?

Mathis walks down Belleville Road, without knowing what he is really looking for. And a little further on, on the right, he sees a sign: The Lebanese craftsman. It must be here.

He enters the small restaurant. It smells good! Mathis buys a Lebanese pastry and asks the chef: "I'm looking for Valérie, do you know her?"

"Valérie! Yes, of course, she is charming. She lives in the neighborhood, and she comes here often. She told me that today she is going for a walk in the Parc des Buttes Chaumont. Do you know it?"

"Ah, no, I don't know… How do you get there?"

"It's next door! Take Simon Bolivar Avenue and it's straight ahead! I think she likes to drink her coffee at Lake Pavillion."

"Very good! Thank you sir!"

"With pleasure… Good research," adds the chef with a wink.

Mathis walks to the Park. It's huge! And very beautiful. There is a lake, ducks, swans. Above the lake, he sees the cafe. He enters and orders a black coffee. He looks around… No Valérie! And no clue… When suddenly a young woman comes to him and gives him a letter, without saying a word.

Mathis smiles at her and takes the letter. Impatient, he opens it.

« Rue Rébeval, au croisement de la Rue Pradier : un petit air de famille… qui va t'aider à me trouver ! »

La rue Rébeval n'est pas loin. Mathis décide de marcher. Arrivé au croisement, il comprend tout de suite ce que Valérie a voulu dire : un petit restaurant-épicerie s'appelle « Mon oncle le vigneron » … Son oncle est vigneron ! Il entre vite dans la boutique et demande avec empressement si le chef connaît Valérie.

"Alors je ne la connais pas personnellement, mais vous êtes en avance ! Vous avez une table réservée pour ce soir, cher monsieur," lui répond le chef en souriant.

"Mais ! Je ne vais pas attendre jusqu'à ce soir, quand même !" s'exclame Mathis, un peu déçu.

"Non, bien sûr… N'avez-vous pas de la famille qui peut vous aider ?"

Mathis ne comprend pas. Il réfléchit… « Un petit air de famille » Et si… ? Il décide de téléphoner à son oncle.

"Allo, Tonton ! Comment vas-tu ?"

"Ah, Mathis ! Tu as été rapide, je suis impressionné ! Tu as ta carte de métro ? Va à Jaurès, ce n'est pas très loin. De là, tu prends la ligne orange, la ligne 5. Direction Place d'Italie ! C'est au Diamant qu'ils ont les meilleures bières, à la Butte aux Cailles…"

Et son oncle raccroche. Zut ! C'était rapide ! Bon, très bien, Mathis descend jusqu'au métro. À la station Jaurès, il prend la ligne 5, direction Place d'Italie. Il descend et tourne à gauche vers la sortie de la station. La place est immense ! Il regarde son plan de Paris. La Butte aux Cailles est en face. Il monte la rue, et cherche un établissement qui s'appelle le Diamant.

« Rebeval Road, at the crossroads of Pradier Road: a little family resemblance… that will help you find me! »

Rebeval Street is not far away. Mathis decides to walk. Arriving at the crossroads, he understands immediately what Valérie meant: a small restaurant and grocery store is called « My uncle the wine grower » … His uncle is a winegrower! He quickly enters the store and eagerly asks if the chef knows Valérie.

"So I don't know her personally, but you're early! You have a table reserved for this evening, dear sir," the chef replies with a smile.

"But! I'm not going to wait until tonight, anyway!" exclaims Mathis, a little disappointed.

"No, of course... Don't you have family who could help you?"

Mathis doesn't understand. He thinks… « A little family resemblance. » What if…? He decides to call his uncle.

"Hello, Uncle! How are you?"

"Ah, Mathis! You were quick, I'm impressed! Do you have your metro card? Go to Jaures, it's not very far. From there, take the orange line, line 5. To Place of Italy! It's at the Diamant where they have the best beers, at the Butte aux Cailles…"

And his uncle hangs up. Damn it! That was fast! All right, all right, Mathis goes down to the subway. At Jaurès station, he takes line 5, direction Place of Italy. He gets off and turns left towards the exit of the station. The square is huge! He looks at his map of Paris. The Butte aux Cailles is in front of him. He goes up the street, and looks for an establishment called The Diamant.

Le quartier est très charmant. Des petites ruelles, des peintures sur les murs… Ici, on peut sentir l'histoire de la ville. Il y a beaucoup de petits cafés très sympathiques.

Sur la droite, un peu plus loin, il voit une enseigne : Le Diamant. Et, sur la terrasse, une belle jeune femme l'attend : Valérie.

"Tu m'as fait courir, tu sais !" lui dit Mathis en l'embrassant.

"Eh, oui ! Je sais ! Et alors, Paris, c'est joli ou pas ?"

The neighborhood is very charming. Small streets, paintings on the walls... Here, you can feel the history of the city. There are a lot of very nice small cafes.

On the right, a little further, he sees a sign: The Diamant. And, on the terrace, a beautiful young woman is waiting for him: Valérie.

"You made me run, you know!" Mathis says to her while kissing her.

"Eh, yes! I know! So, is Paris pretty or what?"

Compréhension

1. Quels mots décrivent le mieux Valérie. Valérie est : (Plusieurs réponses possibles)

   a) Romantique
   b) Sérieuse
   c) Joueuse
   d) Amoureuse
   e) Triste
   f) Malade
   g) Un garçon

2. Pourquoi Mathis vient-il à Paris ?

   a) Il vient pour chercher du travail
   b) Il vient rendre visite à sa famille
   c) Il veut voir la tour Eiffel
   d) Il vient pour passer le week-end avec Valérie

3. Qui est déguisé en pigeon ?

   a) Une amie de Mathis
   b) Une amie de Valérie
   c) Le Père-Lachaise
   d) Édith Piaf

4. Dans quel quartier habite Valérie ?

   a) Le quartier de la rue de Belleville
   b) Vers la place de la Bastille
   c) Au Pavillon du Lac
   d) Le quartier de la Place d'Italie

5. Mettez les phrases suivantes dans l'ordre chronologique :

   a) Mathis va au Père-Lachaise
   b) Mathis prend le train pour Paris
   c) Un commerçant d'un commerce libanais dit à Mathis d'aller aux Buttes Chaumont
   d) Mathis appelle son oncle
   e) Marie attend Mathis à la gare

Comprehension

1. Which words describe Valérie the best. Valérie is: (Several possible answers)

   a) Romantic
   b) Serious
   c) Playful
   d) In love
   e) Sad
   f) Sick
   g) A boy

2. Why did Mathis come to Paris?

   a) He comes to look for work
   b) He comes to visit his family
   c) He wants to see the Eiffel Tower
   d) He comes to spend the weekend with Valérie

3. Who is disguised as a pigeon?

   a) A friend of Mathis
   b) A friend of Valérie
   c) Le Père-Lachaise
   d) Edith Piaf

4. Which suburb does Valérie live in?

   a) The Belleville Street district
   b) Towards the Bastille Square
   c) At Lake Pavillon
   d) The district of the Place of Italy

5. Put the following phrases in chronological order:

   a) Mathis goes to Père-Lachaise
   b) Mathis takes the train to Paris
   c) A Lebanese trader tells Mathis to go to the Buttes Chaumont
   d) Mathis calls his uncle
   e) Marie is waiting for Mathis at the train station

Réponses

1 : réponses a, c et d
2 : réponse d
3 : réponse b
4 : réponse a
5 : 1b ; 2e ; 3a ; 4c ; 5d

Answers

1 : answers a, c and d
2 : answer d
3 : answer b
4 : answer a
5 : 1b ; 2e ; 3a ; 4c ; 5d

Chapitre 3 : Le quiproquo

Les changements de saison sont l'occasion de ranger sa garde-robe. Amélie ne sait jamais comment s'habiller quand on change de saisons. Jean veut l'emmener en voyage en Polynésie pour Noël… Mais Amélie a un autre projet ! L'occasion de parler de :

- Météo
- Saisons
- Jours de la semaine
- Vêtements
- Couleurs
- Présent
- Futur proche

Elle s'appelle Amélie, et elle vient de Montpellier. Montpellier est une charmante ville du sud de la France où le soleil brille **presque** tous les jours. Elle a fait ses **études** à Marseille, puis elle est partie en Polynésie pour retrouver ses **racines**. Sa mère est née en Polynésie. Elle a toujours aimé les **chansons** de **Jacques Brel**, celles qui parlent des **Marquises**. Amélie aime le soleil.

Presque (adverbe) — Almost
Études (f, pl) (nom commun) — Studies (university level)
Racines (f. pl) (familiales) (nom commun) — Roots, heritage
Chanson (f) (nom commun) — Song
Jacques Brel (nom propre) — Singer (famous Belgian singer)
Marquises (f. pl) (nom propre) — Marquesas islands

Puis elle est tombée amoureuse. Son amoureux s'appelle Jean, et il est... de Lille. Lille, c'est le Grand Nord, pour Amélie. Lille est en France, près de la Belgique. Elle a dû être très amoureuse pour aller vivre au nord ! Ils **se** sont **mariés**, et voilà ! Fini le soleil... Enfin, le soleil brille aussi à Lille, **bien sûr**. Mais à Lille, il y a quatre **saisons** bien définies : **printemps**, **été**, **automne** et... **hiver**.

Se marier (verbe) — To get married
Bien sûr (expression) — Of course
Saison (f) (nom commun) — Season
Printemps (m) (nom commun) — Spring
Été (m) (nom commun) — Summer
Automne (m) (nom commun) — Autumn
Hiver (m) (nom commun) — Winter

L'hiver. Le grand drame dans la nouvelle vie d'Amélie. Sa **bête noire**. Elle est **agacée dès** l'automne, **à vrai dire**. Elle commence à **s'inquiéter** dès les premières **pluies** de l'automne. Quand les **feuilles** sont orange puis tombent des **arbres**, alors là, c'est la **catastrophe**... C'est parti pour six **mois** d'hiver... Et le **vent** ! Amélie a froid rien que d'y penser.

Bête noire (f) (expression) — Pet peeve
Agacé (adjectif) — Annoyed
Dès (préposition) — As soon as
À vrai dire (expression) — Actually, to be honest
S'inquiéter (verbe) — To worry
Pluie (f) (nom commun) — Rain
Feuille (f) (nom commun) — Leaf
Arbre (m) (nom commun) — Tree
Catastrophe (f) (nom commun) — Catastrophe, disaster
Mois (m) (nom commun) — Month
Vent (m) (nom commun) — Wind

- Six mois, lui dit Jean, tu en fais un peu trop, Amélie ! Ce n'est pas si long...

Mais Amélie sait ce qu'elle veut : aller au soleil. En attendant, il faut bien **se couvrir** pour **lutter** contre ce froid **polaire** qui **envahit** les rues, les appartements et son **esprit**. Elle **range** au **placard** ses petites **robes** d'été, **à contrecœur**. Elle range soigneusement ses **sandales**, mets ses **maillots de bain** dans des **tiroirs**. Adieu les petits t-shirts légers ! Bonjour la galère.

Se couvrir (verbe) — To cover up (against the cold)
Lutter (verbe) — To struggle, to fight against
Polaire (adjectif) — Polar, extremely cold
Envahir (verbe) — To invade, to overrun
Esprit (m) (nom commun) — Mind, spirit
Ranger (verbe) — To tidy
Placard (m) (nom commun) — Closet

Robe (f) (nom commun) — Dress
À contrecœur (expression) — Grudgingly
Soigneusement (adverbe) — Carefully
Sandale (f) (nom commun) — Sandal
Maillot de bain (m) (nom commun) — Swimsuit
Tiroir (m) (nom commun) — Drawer
Léger (adjectif) — Light (as opposed to heavy)
Galère (expression) — Annoyance

Amélie est triste ce **lundi** matin quand, sortant de sa **douche** en **grelottant**, elle regarde par la **fenêtre** : **fichus nuages**. Il va **pleuvoir**, c'est sûr. Et Amélie doit sortir, **faire des courses**, aller au **travail**. Sortir le chien ! Prendre les transports en commun, marcher dans les rues **désertes**. Tout le monde boude dans les transports. Les **terrasses** des cafés sont fermées. La **grisaille** ne fait plaisir à personne.

Lundi (m) (nom commun) — Monday
Douche (f) (nom commun) — Shower
Grelotter (verbe) – To shiver (in the cold)
Fenêtre (f) (nom commun) — Window
Fichu (adjectif) — Annoying, troublesome (as an adjective to describe something)
Nuage (m) (nom commun) — Cloud
Pleuvoir (verbe) — To rain
Faire des courses (expression) — To shop
Travail (m) (nom commun) — Work
Désert (adjectif) — Deserted
Terrasse (de café) (f) (nom commun) — Terrace
Grisaille (f) (nom commun) — The grayness of the sky, the dullness

En fait, elle veut **prendre l'avion**, là, maintenant, **tout de suite**. Elle veut **s'envoler** vers un **ciel bleu**, sous les **cocotiers**. **Ressortir** du placard ses **paréos**, ses **jupes colorées**. **N'emporter** avec elle que le **strict nécessaire** : un bon livre, un maillot de bain, une **serviette de plage** et deux ou trois robes. Si seulement !

Prendre l'avion (expression) — To take the plane
Tout de suite (expression) — Immediately
S'envoler vers (verbe) – To fly towards, in the direction of
Ciel (m) (nom commun) — Sky
Bleu (adjectif) — Blue
Cocotier (m) (nom commun) — Coconut tree
Ressortir (verbe) — To take something out again
Paréo (m) (nom commun) — Pareo (wrap around skirt)
Jupe (f) (nom commun) — Skirt
Coloré (adjectif) — Colorful
Emporter (verbe) — To take (something with you)
Strict nécessaire (m) (expression) — Bare essentials
Serviette de plage (f) (nom commun) — Beach towel

Jean le sait bien. **Pourtant**, lui, il adore la pluie. Il ne comprend pas cette **hantise** du

mauvais temps. Pour lui, ce n'est pas du mauvais temps : « c'est bon pour la nature ! » dit-il toujours. En fait, il trouve que la pluie est **jolie**, et il aime le **bruit** qu'elle fait sur les **toits**. Il ne **ressent** pas de **mélancolie** pendant les jours gris, comme les autres personnes. Mais il comprend Amélie, et il veut lui faire plaisir. **Noël** approche, et, il le sait, c'est un **cauchemar** pour Amélie. Elle déteste Noël. Le stress des **cadeaux**, de la famille, des **préparatifs**. Et il fait froid, et il pleut — quand il ne **neige** pas ! Cette année, Noël sera un **dimanche**. Ce n'est même pas l'occasion d'avoir un jour non travaillé.

Pourtant (adverbe) — Yet, however
Hantise (f) (nom commun) — Dread, to dread something
Mauvais temps (m) (expression) — Bad weather
Joli (adjectif) — Nice, pretty
Bruit (m) (nom commun) — Noise
Toit (m) (nom commun) — Roof
Ressentir (verbe) — To feel
Mélancolie (m) (nom commun) — Melancholy
Noël (m) (nom propre) — Christmas
Cauchemar (m) (nom commun) — Nightmare
Cadeau (m) (nom commun) — Gift (for Christmas)
Préparatifs (m. pl) (nom commun) — Preparations
Neiger (verbe) — To snow
Dimanche (m) (nom commun) — Sunday

Quand il fait **beau temps** — et surtout quand il fait **chaud** — Amélie **respire** la joie de vivre. Elle est toujours **dehors**, sur les terrasses des cafés, avec des copines. Elle se promène dans les parcs, elle parle de vacances. Pour Noël, cette année, Jean veut lui **faire une surprise** : il veut l'**emmener** en Polynésie. Elle va voir ses grands-parents **maternels**, et le soleil. Amélie ne **se doute de** rien… Et c'est bien ce qui fait plaisir à Jean ! Il la laisse bouder et il profite de la pluie tant qu'il le peut. Dans un mois, il va **mourir de chaud** au soleil ! Il fait le maximum pour qu'Amélie soit heureuse **malgré** la pluie. Il sort le chien dès qu'il le peut, il prépare des **petits plats**, il va faire les courses. Et, **surtout**, il prépare le voyage en secret.

Beau temps (m) (expression) — Good weather
Chaud (adjectif) — Hot, warm
Respirer (verbe) — To breath
Dehors (adjectif) — Outside
Faire une surprise (expression) — To surprise someone
Emmener (quelqu'un quelque part) (verbe) – To take someone somewhere
Maternel (adjectif) — Maternal
Se douter de (verbe) — To suspect something
Mourir de chaud (expression) — To suffer from the heat
Malgré (adverbe) — In spite of
Petit plat (m) (expression) — A simple yet lovely dish you would prepare for someone you care about
Surtout (adverbe) — Mainly, especially

Les billets d'avion sont pris. L'entreprise où travaille Amélie est **avertie**. Un mois de

vacances, pour ne rien faire d'autre que se promener au soleil... Et **se baigner** dans la mer turquoise. Jean a acheté deux nouvelles **valises**, une **rouge** et une **verte**. Des petites valises : au soleil, on n'a pas besoin de beaucoup de **vêtements** !

Avertir (verbe) — To warn, to notify
Se baigner (verbe) — To swim leisurely (mainly at the beach)
Valise (f) (nom commun) — Suitcase
Rouge (adjectif) — Red
Vert (adjectif) — Green
Vêtement (m) (nom commun) — Clothes

Pour Noël, Amélie aussi a prévu de faire une surprise à Jean. Elle connaît son amour pour le nord, le froid et le vent. Elle veut l'emmener dans le Grand Nord. En **Laponie**. Tout est **prêt** ! Amélie est peut-être triste quand il fait mauvais, elle préfère peut-être le soleil, mais elle n'en aime pas moins Jean. Elle a pris les billets d'avion. Elle a même fait un peu de shopping : des **gants**, des **bonnets**, des **pantalons de ski**, des **vestes** chaudes. Un gros **pull** et deux **polaires**. Ils vont partir à Kiruna, au-dessus du **cercle polaire**, en **Suède**. Elle est excitée à l'idée de faire la surprise à Jean ! Elle ne lui dit rien, car elle **est sûre de** sa surprise. Elle continue sa routine **quotidienne** en pensant à ces vacances. Il va **falloir** de grosses valises ! Mais ça va être un beau voyage : un mois en Suède, avec une **semaine** à Stockholm. Et trois semaines dans le grand froid. À cette époque de l'année, il n'y a presque pas de jour en Laponie. Il fait tout le temps **nuit**. Elle est curieuse de voir ça, et elle **a** presque **hâte** ! Ce sont les **aurores boréales** qui l'intriguent le plus.

Laponie (nom propre) — Lapland, Laponia (Finland's northernmost region)
Prêt (adjectif) — To be ready
Gant (m) (nom commun) — Glove
Bonnet (m) (nom commun) — Hat (for winter, the warm kind)
Pantalon de ski (m) (nom commun) — Ski pants
Veste (f) (nom commun) — Jacket, coat
Pull (m) (nom commun) — Jersey, sweater
Polaire (m) (nom commun) — Very warm winter overcoat
Cercle polaire (m) (nom propre) — Arctic circle
Suède (m) (nom propre) — Sweden
Être sûr de (expression) – To be sure of something
Quotidien (adjectif) — Daily
Falloir (verbe) — Should, must
Semaine (f) (nom commun) — Week
Nuit (f) (nom commun) — Night
Avoir hâte (expression) – To eagerly wait for something
Aurore boréale (f) (nom commun) — Aurora borealis, Northern Lights

Alors voilà : les deux amoureux ne se doutent de rien, mais ils ont **choisi** les mêmes **dates** pour s'offrir un voyage... l'un au soleil, l'autre dans la nuit !

À l'approche de Noël, tous deux sont **étrangement** de plus en plus **joyeux** : ils sont chacun tout excités de leurs surprises ! Quelle bonne **ambiance** dans l'appartement ! Près de la **cheminée**, un beau **sapin** est **dressé**. Autour du sapin, des cadeaux sont **déposés**.

La famille est invitée. Le **repas** est déjà tout prévu : des **huîtres** et du champagne, une **dinde farcie** aux **châtaignes**, et en **dessert** une **bûche au chocolat**. Jean prépare son cadeau : une valise et un nouveau maillot de bain, avec lequel il a mis le billet d'avion **aller-retour** pour la Polynésie. Amélie prépare son cadeau : une nouvelle **écharpe** bien chaude, avec une lettre **précisant** les dates et la destination du voyage.

- Je suis sûre que tu ne peux pas **deviner** ce que je vais t'offrir cette année, dit Amélie à Jean, **taquine**.

- Ah, mais toi non plus ! rit Jean.

- Nous allons voir lequel de nous a prévu le cadeau le plus original, sourit Amélie, **sûre d'**elle.

Choisir (verbe) — To choose
Date (f) (nom commun) — The date (time)
À l'approche de (expression) — As you get close to something (can be a place or a date in time)
Étrangement (adverbe) — Strangely
Joyeux (adjectif) — Joyous, happy
Ambiance (f) (nom commun) — Ambiance, atmosphere
Cheminée (f) (nom commun) — Chimney
Sapin (m) (nom commun) — Pine tree
Dressé (adjectif) — Erected
Déposer (verbe) — To deposit, to drop
Repas (m) (nom commun) — Meal
Huître (f) (nom commun) — Oyster
Dinde farcie (f) (nom commun) — Stuffed turkey
Châtaigne (f) (nom commun) — Chestnut
Dessert (m) (nom commun) — Dessert
Bûche au chocolat (f) (nom commun) — Chocolate log
Aller-retour (nom commun) — Back and forth, both ways
Écharpe (f) (nom commun) — Scarf
Préciser (verbe) — To specify, to clarify
Deviner (verbe) — To guess
Taquine (adjectif) — Teasing
Sûr de soi (expression) — To be confident

Quand vient **minuit**, le **soir** de Noël, après avoir bien bu, bien mangé, beaucoup **discuté** et beaucoup rit, la famille d'Amélie et de Jean vont ouvrir les cadeaux tant attendus. Et, quand vient le tour d'Amélie… Elle **n'en croit pas ses yeux** ! Un nouveau maillot de bain… Qu'est-ce que ça veut dire ? C'est alors qu'elle découvre le billet d'avion…

- Mon Dieu ! Mais comment on va faire ? s'exclame-t-elle.

Jean la regarde en souriant, les billets d'avion pour Stockholm dans les mains…

- Eh, bien, on peut dire qu'on s'est bien trouvés, tous les deux !

Quand (conjonction) — When
Minuit (f) (nom commun) — Midnight
Soir (m) (nom commun) — Evening
Discuter (verbe) — To discuss
Ne pas en croire ses yeux (expression) — Can't believe your eyes

Compréhension

1. Où habite Amélie ? (Plusieurs réponses possibles)

   a) En Polynésie
   b) À Montpellier
   c) À Lille
   d) Dans le nord de la France
   e) Dans le sud
   f) En Belgique

2. Complétez le texte avec les mots proposés :

   Polynésie — amoureux — nord — idée — cadeau — soleil — pluie

La mère d'Amélie est née très loin, sur une île, en _____ ; et Amélie adore cet endroit. Amélie a vécu à Montpellier et adore le _____. Jean est le copain d'Amélie et vit dans le _____. Il adore l'hiver et le bruit de la _____. Amélie et Jean sont très _____. Ils attendent Noël avec impatience pour pouvoir offrir à chacun un merveilleux _____. Mais il y a un problème : ils ont tous les deux la même _____.

3. Quels vêtements Amélie va-t-elle ranger dans sa valise pour partir en Laponie :

   a) Un maillot de bain
   b) Des gants
   c) Des lunettes de soleil
   d) Un pantalon de ski
   e) Une veste chaude
   f) Des paréos
   g) Des petits t-shirts

4. Qu'offre Jean à Amélie pour Noël ?

   a) Une belle jupe
   b) Un pantalon chaud
   c) Un maillot de bain
   d) Un billet d'avion
   e) Un chien
   f) Des huîtres

5. Quels mots décrivent la Laponie ? (Plusieurs réponses possibles)

   a) Le froid
   b) Le soleil
   c) La chaleur
   d) La nuit

e) Les aurores boréales
f) Le sable chaud

Réponses

   1 : réponses c et d
   2 : dans l'ordre : Polynésie, soleil, nord, pluie, amoureux, cadeau, idée

La mère d'Amélie est née très loin, sur une île, en <u>Polynésie</u> ; et Amélie adore cet endroit. Amélie a vécu à Montpellier et adore le <u>soleil</u>. Jean est le copain d'Amélie et vit dans le <u>nord</u>. Il adore l'hiver et le bruit de la <u>pluie</u>. Amélie et Jean sont très <u>amoureux</u>. Ils attendent Noël avec impatience pour pouvoir offrir à chacun un merveilleux <u>cadeau</u>. Mais il y a un problème : ils ont tous les deux la même <u>idée</u>.

   3 : réponses b, d et e
   4 : réponse d
   5 : réponses a, d et e

Le quiproquo

Les changements de saison sont l'occasion de ranger sa garde-robe. Amélie ne sait jamais comment s'habiller quand on change de saisons. Jean veut l'emmener en voyage en Polynésie pour Noël... Mais Amélie a un autre projet ! L'occasion de parler de :

- Météo
- Saisons
- Jours de la semaine
- Vêtements
- Couleurs
- Présent
- Futur proche

Elle s'appelle Amélie, et elle vient de Montpellier. Montpellier est une charmante ville du sud de la France où le soleil brille pres-que tous les jours. Elle a fait ses études à Marseille, puis elle est partie en Polynésie pour retrouver ses racines. Sa mère est née en Polynésie. Elle a toujours aimé les chansons de Jacques Brel, celles qui parlent des Marquises. Amélie aime le soleil.

Puis elle est tombée amoureuse. Son amoureux s'appelle Jean, et il est... de Lille. Lille, c'est le Grand Nord, pour Amélie. Lille est en France, près de la Belgique. Elle a dû être très amoureuse pour aller vivre au Nord ! Ils se sont mariés, et voilà ! Fini le soleil... Enfin, le soleil brille aussi à Lille, bien sûr. Mais à Lille, il y a quatre saisons bien définies : printemps, été, automne et... hiver.

L'hiver. Le grand drame dans la nouvelle vie d'Amélie. Sa bête noire. Elle est agacée dès l'automne, à vrai dire. Elle commence à s'inquiéter dès les premières pluies de l'automne. Quand les feuilles sont orange puis tombent des arbres, alors là, c'est la catastrophe... C'est parti pour six mois d'hiver... Et le vent ! Amélie a froid rien que

The misunderstanding

The changes of season are an opportunity to tidy up your wardrobe. Amélie never knows what to wear when the seasons change. Jean wants to take her on a trip to Polynesia for Christmas... But Amélie has another plan! The oppurtunity to talk about:

- Weather
- Seasons
- Days of the week
- Clothing
- Colors
- Present tense
- Near future tense

Her name is Amélie, and she comes from Montpellier. Montpellier is a charming city in the south of France where the sun shines almost every day. She studied in Marseille, then she went to Polynesia to find her roots. Her mother was born in Polynesia. She has always loved the songs of Jacques Brel, those about the Marquesas Islands. Amélie loves the sun.

Then she fell in love. Her lover's name is Jean, and he is... from Lille. Lille is the Far North, for Amélie. Lille is in France, near Belgium. She must have been very much in love to go live in the North! They got married, and that's it! No more sun... Well, the sun also shines in Lille, of course. But in Lille, there are four well-defined seasons: spring, summer, autumn and... winter.

Winter. The great drama in Amélie's new life. Her pet peeve. She is annoyed as soon as autumn arrives to tell the truth. She begins to worry as soon as the first rains of autumn come. When the leaves are orange and they fall from the trees, then it's a catastrophe... Here we go for six months of winter... And the wind! Amélie is cold just

d'y penser.	thinking about it.
"Six mois," lui dit Jean, "tu en fais un peu trop, Amélie ! Ce n'est pas si long…"	"Six months," Jean tells her, "you're overreacting a bit, Amélie! It is not so long…"
Mais Amélie sait ce qu'elle veut : aller au soleil. En attendant, il faut bien se couvrir pour lutter contre ce froid polaire qui envahit les rues, les appartements et son esprit. Elle range au placard ses petites robes d'été, à contrecœur. Elle range soigneusement ses sandales, mets ses maillots de bain dans des tiroirs. Adieu les petits t-shirts légers ! Bonjour la galère.	But Amélie knows what she wants: to go to the sun. In the meantime, they have to cover themselves well to fight against this freezing cold that take over the streets, the apartments and her mind. She reluctantly puts away her little summer dresses in the closet. She carefully tidies her sandals and puts her bathing suits in drawers. Goodbye to the little light T-shirts! Hello to misery.
Amélie est triste ce lundi matin quand, sortant de sa douche en grelottant, elle regarde par la fenêtre : fichus nuages. Il va pleuvoir, c'est sûr. Et Amélie doit sortir, faire des courses, aller au travail. Sortir le chien ! Prendre les transports en commun, marcher dans les rues désertes. Tout le monde boude dans les transports. Les terrasses des cafés sont fermées. La grisaille ne fait plaisir à personne.	Amélie is sad this Monday morning when coming out of her shower shivering, she looks out the window: damn clouds. It's going to rain, that's for sure. And Amélie has to go out, run errands, go to work. Take the dog out! Take public transportation, walk in deserted streets. Everybody sulks in public transport. The cafe terraces are closed. The grayness does not please anyone.
En fait, elle veut prendre l'avion, là, maintenant, tout de suite. Elle veut s'envoler vers un ciel bleu, sous les cocotiers. Ressortir du placard ses paréos, ses jupes colorées. N'emporter avec elle que le strict nécessaire : un bon livre, un maillot de bain, une serviette de plage et deux ou trois robes. Si seulement !	In fact, she wants to get on a plane, right now. She wants to fly to a blue sky, under the coconut trees. Bring out her pareos (sarong), her colorful skirts. Take only the bare necessities with her: a good book, a bathing suit, a beach towel and two or three dresses. If only!
Jean le sait bien. Pourtant, lui, il adore la pluie. Il ne comprend pas cette hantise du mauvais temps. Pour lui, ce n'est pas du mauvais temps: "c'est bon pour la nature ! " dit-il toujours. En fait, il trouve que la pluie est jolie, et il aime le bruit qu'elle fait sur les toits. Il ne ressent pas de mélancolie pendant les jours gris, comme les autres personnes. Mais il comprend Amélie, et il veut lui faire plaisir. Noël approche, et, il le sait, c'est un cauchemar pour Amélie. Elle déteste Noël. Le stress des cadeaux, de la	Jean knows it well. However, he loves the rain. He doesn't understand this haunting of bad weather. For him, it's not bad weather: "it's good for nature!" he always says. In fact, he thinks the rain is pretty, and he likes the noise it makes on rooftops. He doesn't feel melancholy on gray days, like other people do. But he understands Amélie, and he wants to please her. Christmas is coming, and, as he knows, it's a nightmare for Amélie. She hates Christmas. The stress of presents,

famille, des préparatifs. Et il fait froid, et il pleut - quand il ne neige pas ! Cette année, Noël sera un dimanche. Ce n'est même pas l'occasion d'avoir un jour non travaillé.

Quand il fait beau temps — et surtout quand il fait chaud — Amélie respire la joie de vivre. Elle est toujours dehors, sur les terrasses des cafés, avec des copines.

Elle se promène dans les parcs, elle parle de vacances. Pour Noël, cette année, Jean veut lui faire une surprise : il veut l'emmener en Polynésie. Elle va voir ses grands-parents maternels, et le soleil. Amélie ne se doute de rien... Et c'est bien ce qui fait plaisir à Jean ! Il la laisse bouder et il profite de la pluie tant qu'il le peut. Dans un mois, il va mourir de chaud au soleil ! Il fait le maximum pour qu'Amélie soit heureuse malgré la pluie. Il sort le chien dès qu'il le peut, il prépare des petits plats, il va faire les courses. Et, surtout, il prépare le voyage en secret.

Les billets d'avion sont pris. L'entreprise où travaille Amélie est avertie. Un mois de vacances, pour ne rien faire d'autre que se promener au soleil... Et se baigner dans la mer turquoise. Jean a acheté deux nouvelles valises, une rouge et une verte. Des petites valises : au soleil, on n'a pas besoin de beaucoup de vêtements !

Pour Noël, Amélie a aussi prévu de faire une surprise à Jean. Elle connaît son amour pour le nord, le froid et le vent. Elle veut l'emmener dans le Grand Nord. En Laponie. Tout est prêt ! Amélie est peut-être triste quand il fait mauvais, elle préfère peut-être le soleil, mais elle n'en aime pas moins Jean. Elle a pris les billets d'avion. Elle a même fait un peu de shopping : des gants, des bonnets, des pantalons de ski, des vestes chaudes. Un gros pull et deux polaires. Ils vont partir à Kiruna, au-dessus du cercle polaire, en Suède. Elle est excitée à l'idée de faire la surprise à Jean ! Elle ne lui

family, preparations. And it's cold, and it's raining - when it doesn't snow! This year, Christmas will be on a Sunday. It's not even a chance to have a day off from work.

When the weather is good - and especially when it's hot - Amélie expresses her vitality. She's always outside, on café terraces, with friends.

She walks in the parks, she talks about vacations. For Christmas, this year, Jean wants to surprise her: he wants to take her to Polynesia. She is going to see her maternal grandparents, and the sun. Amélie does not suspect anything... And that's what makes Jean happy! He lets her sulk and he takes advantage of the rain while he can. In a month, she'll be dying of heat in the sun! He does his best to make Amélie happy despite the rain. He takes the dog out as soon as he can, he prepares small dishes, he goes shopping. And, above all, he prepares the trip in secret.

The plane tickets are booked. The company where Amélie works is notified. A month of vacations, to do nothing else but walk in the sun... And swimming in the turquoise sea. Jean has bought two new suitcases, one red and one green. Small suitcases: in the sun, you don't need a lot of clothes!

For Christmas, Amélie has also planned to surprise Jean. She knows his love for the north, the cold and the wind. She wants to take him to the Far North. In Lapland (Lapland is Finland's northernmost region). Everything is ready! Amélie may be sad when the weather is bad, she may prefer the sun, but she still loves Jean. She took the plane tickets. She even did some shopping: gloves, hats, ski pants, warm jackets. A big sweater and two fleeces. They are going to go to Kiruna, above the polar circle, in Sweden. She is excited to surprise Jean! She doesn't say anything to

dit rien, car elle est sûre de sa surprise. Elle continue sa routine quotidienne en pensant à ces vacances. Il va falloir de grosses valises ! Mais ça va être un beau voyage : un mois en Suède, avec une semaine à Stockholm. Et trois semaines dans le grand froid. À cette époque de l'année, il n'y a presque pas de jour en Laponie. Il fait tout le temps nuit. Elle est curieuse de voir ça, et elle a presque hâte ! Ce sont les aurores boréales qui l'intriguent le plus.

Alors voilà : les deux amoureux ne se doutent de rien, mais ils ont choisi les mêmes dates pour s'offrir un voyage... l'un au soleil, l'autre dans la nuit !

À l'approche de Noël, tous deux sont étrangement de plus en plus joyeux : ils sont chacun excités de leurs surprises ! Quelle bonne ambiance dans l'appartement ! Près de la cheminée, un beau sapin est dressé. Autour du sapin, des cadeaux sont déposés. La famille est invitée. Le repas est déjà tout prévu : des huîtres et du champagne, une dinde farcie aux châtaignes, et en dessert une bûche au chocolat. Jean prépare son cadeau : une valise et un nouveau maillot de bain, avec lequel il a mis le billet d'avion aller-retour pour la Polynésie. Amélie prépare son cadeau : une nouvelle écharpe bien chaude, avec une lettre précisant les dates et la destination du voyage. "Je suis sûre que tu ne peux pas deviner ce que je vais t'offrir cette année," dit Amélie à Jean, taquine.

"Ah, mais toi non plus !" rit Jean.

"Nous allons voir lequel de nous a prévu le cadeau le plus original," sourit Amélie, sûre d'elle.

Quand vient minuit, le soir de Noël, après avoir bien bu, bien mangé, beaucoup discuté et beaucoup rit, la famille d'Amélie et de Jean vont ouvrir les cadeaux tant attendus. Et, quand vient le tour d'Amélie...

him, because she is sure of her surprise. She continues her daily routine thinking about the vacations. We're going to need big suitcases! But it's going to be a nice trip: a month in Sweden, with a week in Stockholm. And three weeks in the cold. At this time of the year, there are almost no days in Lapland. It's always night. She is curious to see that, and she is almost looking forward to it! It is the Northern Lights that intrigues her the most.

So here it is: the two lovers don't suspect anything, but they have chosen the same dates to offer each other a trip... one in the sun, the other in the night!

As Christmas approaches, both of them are strangely more and more happy: they both are excited about their surprises! What a great atmosphere in the apartment! Near the fireplace, a nice tree is set up. Around the tree, presents are placed. The family is invited. The meal is already planned: oysters and champagne, a turkey stuffed with chestnuts, and for dessert a chocolate log. Jean prepares his gift: a suitcase and a new bathing suit, with which he has put the plane tickets to Polynesia. Amélie prepares her gift: a new warm scarf, with a letter specifying the dates and the destination of the trip. "I'm sure you can't guess what I'm going to give you this year," Amélie teases Jean.

"Ah, but neither can you!" laughs Jean.

"We'll see which one of us has planned the most original gift," smiles Amélie, very confidently.

When midnight comes on Christmas Eve, after a lot of drinking, eating, talking and laughing, Amélie and Jean's family will open the long-awaited gifts. And, when Amélie's turn comes... She can't believe

47

Elle n'en croit pas ses yeux ! Un nouveau maillot de bain... Qu'est-ce que ça veut dire ? C'est alors qu'elle découvre le billet d'avion... "Mon Dieu ! Mais comment on va faire ?" s'exclame-t-elle.

Jean la regarde en souriant, les billets d'avion pour Stockholm dans les mains...

"Eh bien, on peut dire qu'on s'est bien trouvés, tous les deux !"

her eyes! A new swimsuit... What does it mean? It is then that she discovers the plane ticket... "My God! But how are we going to do it?" she exclaims.

Jean looks at her smiling, the plane tickets to Stockholm in her hands...

"Well, we can say that we really do make the pair!"

Compréhension

1. Où habite Amélie ? (Plusieurs réponses possibles)

   a) En Polynésie
   b) À Montpellier
   c) À Lille
   d) Dans le nord de la France
   e) Dans le sud
   f) En Belgique

2. Complétez le texte avec les mots proposés :

   Polynésie — amoureux — nord — idée — cadeau — soleil — pluie

La mère d'Amélie est née très loin, sur une île, en _____ ; et Amélie adore cet endroit. Amélie a vécu à Montpellier et adore le _____. Jean est le copain d'Amélie et vit dans le _____. Il adore l'hiver et le bruit de la _____. Amélie et Jean sont très _____. Ils attendent Noël avec impatience pour pouvoir offrir à chacun un merveilleux _____. Mais il y a un problème : ils ont tous les deux la même _____.

3. Quels vêtements Amélie va-t-elle ranger dans sa valise pour partir en Laponie :

   a) Un maillot de bain
   b) Des gants
   c) Des lunettes de soleil
   d) Un pantalon de ski
   e) Une veste chaude
   f) Des paréos
   g) Des petits t-shirts

4. Qu'offre Jean à Amélie pour Noël ?

   a) Une belle jupe
   b) Un pantalon chaud
   c) Un maillot de bain

Comprehension

1. Where does Amélie live? (Several possible answers)

   a) In Polynesia
   b) In Montpellier
   c) In Lille
   d) In the North of France
   e) In the South
   f) In Belgium

2. Complete the text with the given words:

   Polynesia - love - north - idea - gift - sun - rain

Amélie's mother was born far away, on an island, in _____; and Amélie loves this place. Amélie lived in Montpellier and loves _____. Jean is Amélie's boyfriend and lives in the _____. He loves the winter and the noise of the _____. Amélie and Jean are very in _____. They are looking forward to Christmas so that they can offer each other a wonderful _____. But there is a problem: they both have the same _____.

3. What clothes will Amélie put in her suitcase to go to Lapland:

   a) A swimsuit
   b) Gloves
   c) Sunglasses
   d) A pair of ski pants
   e) A warm jacket
   f) Pareos
   g) Small t-shirts

4. What does Jean give to Amélie for Christmas?

   a) A beautiful skirt
   b) Warm pants
   c) A swimsuit

d) Un billet d'avion
e) Un chien
f) Des huîtres

**5. Quels mots décrivent la Laponie ?
(Plusieurs réponses possibles)**

a) Le froid
b) Le soleil
c) La chaleur
d) La nuit
e) Les aurores boréales
f) Le sable chaud

d) A plane ticket
e) A dog
f) Oysters

**5. Which words describe Lapone?
(Several possible answers)**

a) Cold
b) Sun
c) Heat
d) Night
e) Northern lights
f) Hot sand

Réponses

1 : réponses c et d
2 : dans l'ordre : Polynésie, soleil, nord, pluie, amoureux, cadeau, idée

La mère d'Amélie est née très loin, sur une île, en Polynésie ; et Amélie adore cet endroit. Amélie a vécu à Montpellier et adore le soleil. Jean est le copain d'Amélie et vit dans le nord. Il adore l'hiver et le bruit de la pluie. Amélie et Jean sont très amoureux. Ils attendent Noël avec impatience pour pouvoir offrir à chacun un merveilleux cadeau. Mais il y a un problème : ils ont tous les deux la même idée.

3 : réponses b, d et e
4 : réponse d
5 : réponses a, d et e

Answers

1 : answers c et d
2 : in order: Polynesia, sun, north, rain, love, gift, idea

Amélie's mother was born far away, on an island, in Polynesia; and Amélie loves this place. Amélie lived in Montpellier and loves the sun. Jean is Amélie's boyfriend and lives in the north. He loves the winter and the noise of the rain. Amélie and Jean are very in love. They are looking forward to Christmas so that they can offer each other a wonderful gift. But there is a problem: they both have the same idea.

3 : answers b, d and e
4 : answer d
5 : answers a, d and e

Chapitre 4 : Le parapluie magique

C'est l'hiver. Hugo adore s'habiller, mais il déteste le shopping. Il doit absolument acheter des vêtements et il n'en a pas envie. En allant acheter un parapluie de seconde main, Hugo ne se doute pas qu'il a trouvé la solution à son problème ! L'occasion de parler de :

- Vêtements
- Boutiques/shopping
- Couleurs
- Météo

Acheter des vêtements, c'est le **bonheur** de **certains**… Et le **malheur** des autres. C'est ce que se dit Hugo en regardant par la fenêtre de son petit studio. Hugo habite Bordeaux, et il a une jolie vue par la fenêtre : il voit la Garonne, le **fleuve**. Il adore rêver, voyager, lire, écouter de la musique… Mais il déteste faire du shopping. Et à Bordeaux, la **météo** change **tout le temps**. Hugo n'est pas **soigneux**, et ses vêtements d'hiver sont tout **usés**. Il le sait, il va falloir faire du shopping. En plus, il doit bientôt aller à un **congrès** de professeurs à Paris. Il lui faut un costume.

Bonheur (m) (nom commun) — Happiness
Certains (adjectif) — Some
Malheur (m) (nom commun) — Misfortune, woe
Fleuve (m) (nom commun) — River
Météo (f) (nom commun) — Weather (forecast)
Tout le temps (expression) — All the time
Soigneux (adjectif) — Careful, meticulous

Usé (adjectif) — Used
Congrès (m) (nom commun) — Congress

Hugo **se décide**. C'est lundi, il ne travaille pas : il y aura moins de gens dans les magasins. C'est déjà pas mal ! Il sort, avec un **sac en tissu**, son **portefeuille**, un peu d'argent. Il va refaire sa **garde-robe** pour l'hiver. **Quel ennui** ! Il descend l'**escalier** et arrive dans la rue. À peine **dehors**, il regrette déjà… Il fait froid et il pleut. Bon, premier **achat** : un **parapluie** !

Se décider (verbe) — To make a decision
Sac en tissu (m) (nom commun) — Tote bag
Portefeuille (m) (nom commun) — Wallet
Garde-robe (f) (nom commun) — Wardrobe
Quel ennui ! (expression) — What a chore!
Escalier (m) (nom commun) — Stairs
Dehors (adverbe) — Outside
Achat (m) (nom commun) — Purchase
Parapluie (m) (nom commun) — Umbrella

Hugo fait cent mètres et entre dans une boutique de **seconde main**. Hugo a toujours préféré les vêtements de seconde main. C'est moins **cher**, et surtout, c'est plus écologique. Et Hugo a une grande **conscience écologique**. Le **vendeur** lui demande **poliment** s'il peut l'aider.

- Oui, peut-être : avez-vous des parapluies ? demande-t-il.
- Absolument, monsieur. Nous en avons même un qui est de toutes les **couleurs** ! Voyez plutôt.

Seconde main (expression) — Second-hand
Cher (adjective) — Expensive
Conscience écologique (f) (nom commun) — Ecological conscience, ecologically minded
Vendeur (m) (nom commun) — Retailer, seller, vendor
Poliment (adverbe) — Politely
Couleur (f) (nom commun) — Color

Hugo regarde le parapluie. En effet, c'est un joli parapluie ! Il n'est pas très usé. Il est grand, **en bois** et **en tissu**, et il est de toutes les couleurs. En plus, il n'est pas très cher : cinq euros.

- Très bien, je le **prends** ! dit Hugo, tout **content** de faire un achat **utile** si rapidement.

Il sort de la boutique et **ouvre** le parapluie. Quelle surprise ! Une pluie de **paillettes** tombe du parapluie. Hugo est **couvert** de paillettes ! Est-ce qu'un farceur a voulu faire une blague ? Bon, maintenant, Hugo **a l'air** d'un **enfant** avec ses vêtements… En plus, il n'arrive pas à **enlever** les paillettes. Maintenant qu'il est parti, il ne veut pas aller **se**

changer à la maison. **Ce n'est pas grave**, il va faire son shopping comme ça. Dans la rue, les passants le regardent en souriant. Au moins, c'est drôle !

En bois (expression) — Made of wood
En tissu (expression) — Made of cloth
Prendre (verbe) — To take
Content (adjectif) — Happy, content, pleased
Utile (adjectif) — Useful
Ouvrir (verbe) — To open
Paillette (f) (nom commun) — Glitter
Couvert (adjectif) — To be covered in something
Avoir l'air (expression) — To appear, to look (like something)
Enfant (m) (nom commun) — Child
Enlever (verbe) — To remove
Se changer (vêtements) (verbe) — To change (clothes)
Ce n'est pas grave (expression) — Never mind, that doesn't matter

Hugo entre dans une boutique de vêtements. Il regarde un peu partout pour chercher des vêtements qui lui **plaisent**. Il aime les couleurs simples et les **formes** élégantes. Le bleu, le noir, le gris, le vert. Des jeans, des costumes, des **chemises**. Il cherche des choses classiques, quoi… Il trouve une chemise bleu clair qui lui plait. Il l'**essaye**, et pense qu'elle lui **va bien**. Il décide de l'acheter. **Au moment de** payer, à la **caisse**, il voit un bonnet qui a l'air confortable. Comme il commence à faire froid, Hugo décide de l'acheter aussi. Il le **met** sur sa **tête** et se dirige vers la **sortie**. Il pleut encore… **Flûte !** Il ouvre son parapluie, et BAM ! Son bonnet change de couleur. Alors ça ! Voilà qu'il a un bonnet rose sur la tête ! Hugo retourne dans le magasin, un peu **en colère**.

Plaire (verbe) — To please
Forme (f) (nom commun) — Form
Chemise (f) (nom commun) — Shirt
Essayer (un vêtement) (verbe) — To try on clothes
Aller bien (vêtement, 3ème personne sg) (expression) — To look good in something
Au moment de (expression) — When the time comes to
Caisse (f) (nom commun) — Cash register
Mettre (vêtement) (verbe) — To put on clothes
Tête (f) (nom commun) — Head
Sortie (f) (nom commun) — Exit
Flûte ! (expression) — Damn!
En colère (expression) – To be angry

- Ah, monsieur, nous ne vendons pas de bonnets roses ! Vous n'avez pas acheté ce bonnet chez nous ! lui dit la vendeuse, un peu **énervée**.

- Madame, je viens d'acheter ce bonnet, et voyez l'**étiquette** ! Il est de chez vous !

Hugo regarde le bonnet… Plus d'étiquette ! La vendeuse **hausse les épaules** et retourne à son travail. Hugo n'en croit pas ses yeux… Voilà bien quelque chose ! Bon, il fait froid. Il met son bonnet rose sur la tête, sort de la boutique et ouvre son parapluie. Il fait quelques

pas jusqu'au **prochain** magasin pour chercher un **pantalon**. En marchant, il **baisse les yeux** vers ses **pieds**, et que voit-il cette fois-ci ? Ses **vieilles baskets** ont été changées en **bottes** en **peau de crocodile**… Aïe. Ça commence à faire beaucoup.

Énervé (adjectif) — Angry, irritated
Étiquette (f) (nom commun) — Tag (on clothes)
Hausser les épaules (expression) — To shrug
Pas (m) (nom commun) — Step
Prochain (adjectif) — Next
Pantalon (m) (nom commun) — Trousers
Baisser (les yeux) (expression) — To look down
Pied (m) (nom commun) — Foot
Vieux (adjectif) — Old
Basket (f) (nom commun) — Sneakers
Botte (f) (nom commun) — Boot
Peau de crocodile (f) (nom commun) — Crocodile skin/hide

Je vous laisse imaginer le tableau : Hugo, jeune homme de trente ans, **sous** la pluie, à Bordeaux, faisant les magasins, avec des vêtements à paillettes, un parapluie tout coloré, un bonnet rose et des bottes en crocodile… Les passants rient en le voyant. Hugo trouve ça **moins** drôle. Surtout, il ne comprend pas très bien. Il regarde son parapluie. Le **ferme** et l'ouvre… Voilà que son vieux jeans est transformé en **jupe** à **carreaux jaune** et noir… Quoi ??? **Décontenancé**, Hugo essaye encore. Il ouvre et ferme son parapluie. Des **lunettes de soleil** turquoise apparaissent sur son visage. C'en est trop !

Sous (préposition) — Under
Moins (adverbe) — Less
Ferme (verbe) — To close
Jupe (f) — Skirt
Carreau (motif) (m) (nom commun) — Checkered pattern
Jaune (adjectif) — Yellow
Décontenancé (adjectif) — Disconcerted, baffled
Lunettes de soleil (f, pl) (nom commun) — Sunglasses

Hugo retourne dans la boutique de seconde main ; le vendeur le voit entrer et il éclate de rire.

- Il n'y a rien de drôle, cher monsieur ! Ce parapluie que vous m'avez vendu est **ensorcelé** ! Je **perds mon temps** ! s'énerve Hugo.

- Ensorcelé, voyons, on n'a jamais rien **entendu** de plus stupide ! répond le vendeur en riant.

Hugo lui donne le parapluie et lui demande de l'ouvrir. Le vendeur fait ce qu'on lui demande : il ouvre le parapluie, et voilà, rien ne **se passe**.

- Je suis désolé, monsieur, mais la magie n'existe pas. Qu'est-il **diable arrivé** à vos vêtements ?

- Je vous assure qu'**à chaque fois** que j'ouvre ce parapluie, quelque chose se passe avec mes vêtements ! s'exclame Hugo.

Ensorcelé (adjectif) — Magical, enchanted
Perdre son temps (expression) — To waste your time
Entendre (verbe) — To hear
Se passer (verbe) — To happen
Diable ! (interjection) — The devil!
Arriver (événement) (verbe) — When something happens (to someone or something)
À chaque fois (expression) — Every time

Pour **prouver** ce qu'il dit, il ouvre le parapluie. Et que se passe-t-il ? Eh bien, rien. **Honteux**, **furieux**, Hugo s'excuse et sort du magasin. Il pleut. Il ouvre son parapluie. C'est alors que sa jupe se change en pantalon de costume d'une grande élégance… Hugo commence à comprendre. Quelque chose peut changer à chaque fois, **au hasard**. Apparemment, ça ne **marche** que quand il est **seul**. Hugo rentre chez lui en **courant**.

Arrivé dans son **salon**, il enlève le beau pantalon de costume. À la place, il met un vieux **short**. Il ouvre et ferme son parapluie, **plusieurs** fois… Quand le vêtement lui plaît, il change !

Hugo a compris : il a beaucoup de chance, **car** pour 5 euros, il a acheté tous les vêtements du monde ! Fini le shopping !

Prouver (verbe) — To prove
Honteux (adjectif) — Ashamed, shameful
Furieux (adjective) — Furious
Au hasard (expression) — Randomly
Marcher (fonctionner) (verbe) — (Something) works (in a certain way)
Seul (adjectif) — Alone
Courir (verbe) — To run
Salon (m) (nom commun) — Living room
Short (m) (nom commun) — Shorts
Plusieurs (adverbe) — Several
Car (conjonction de coordination) — Because

Compréhension

1. Hugo aime : (Plusieurs réponses possibles)

a) Acheter des vêtements
b) S'habiller
c) Les vêtements de seconde main
d) Écouter de la musique
e) Bordeaux
f) Les couleurs compliquées
g) L'écologie

2. Complète le texte avec les mots suivants :

acheter — pleut — parapluie — professeurs — cinq — chers — surprise

Hugo est malheureux, car il doit aller _____ des vêtements. Il a un congrès de _____ à Paris. Hugo aime les vêtements de seconde main, car ils sont moins _____. C'est lundi, et il _____, Hugo doit acheter un _____. Hugo est content de trouver un parapluie qui ne coûte que _____ euros, mais il ne sait pas qu'il va avoir une _____ quand il va l'ouvrir !

3. Que se passe-t-il quand Hugo ouvre son nouveau parapluie ?

a) Il se met à pleuvoir
b) Les habits des autres changent de couleur
c) Le soleil brille
d) Hugo voyage
e) Les habits d'Hugo sont transformés

4. Remets les phrases dans l'ordre chronologique :

a) Hugo a maintenant des bottes en peau de crocodile
b) Hugo achète un parapluie parce qu'il pleut
c) Hugo ouvre le parapluie et est couvert de paillettes
d) Hugo doit faire les magasins pour aller à un congrès de professeurs
e) Hugo achète une chemise et un bonnet
f) Hugo a de la chance, car il a maintenant tous les habits du monde
g) Hugo retourne au premier magasin, car il n'est pas content

5. Que se passe-t-il quand Hugo rentre chez lui ?

a) Hugo jette son parapluie à la poubelle
b) Hugo n'est pas content car il doit retourner faire du shopping
c) Hugo met de vieux vêtements pour les transformer
d) Hugo appelle sa mère pour lui raconter

Réponses

1 : réponses b, c, e et g
2 : dans l'ordre : acheter, professeurs, chers, pleut, parapluie, cinq, surprise

Hugo est malheureux, car il doit aller <u>acheter</u> des vêtements. Il a un congrès de <u>professeurs</u> à Paris. Hugo aime les vêtements de seconde main, car ils sont moins <u>chers</u>. C'est lundi, et il <u>pleut</u>, Hugo doit acheter un <u>parapluie</u>. Hugo est content de trouver un parapluie qui ne coûte que <u>cinq</u> euros, mais il ne sait pas qu'il va avoir une <u>surprise</u> quand il va l'ouvrir !

3 : réponse e
4 : 1d ; 2b ; 3c ; 4e; 5a ; 6g ; 7f
5 : réponse c

Le parapluie magique

C'est l'hiver. Hugo adore s'habiller, mais il déteste le shopping. Il doit absolument acheter des vêtements et il n'en a pas envie. En allant acheter un parapluie de seconde main, Hugo ne se doute pas qu'il a trouvé la solution à son problème ! L'occasion de parler de :

- Vêtements
- Boutiques/shopping
- Couleurs
- Météo

Acheter des vêtements, c'est le bonheur de certains… Et le malheur des autres. C'est ce que se dit Hugo en regardant par la fenêtre de son petit studio. Hugo habite Bordeaux, et il a une jolie vue par la fenêtre : il voit la Garonne, le fleuve. Il adore rêver, voyager, lire, écouter de la musique… Mais il déteste faire du shopping. Et à Bordeaux, la météo change tout le temps. Hugo n'est pas soigneux, et ses vêtements d'hiver sont tout usés. Il le sait, il va falloir faire du shopping. En plus, il doit bientôt aller à un congrès de professeurs à Paris. Il lui faut un costume.

Hugo se décide. C'est lundi, il ne travaille pas : il y aura moins de gens dans les magasins. C'est déjà pas mal ! Il sort, avec un sac en tissu, son portefeuille, un peu d'argent. Il va refaire sa garde-robe pour l'hiver. Quel ennui ! Il descend l'escalier et arrive dans la rue. À peine dehors, il regrette déjà… Il fait froid et il pleut. Bon, premier achat : un parapluie !

Hugo fait cent mètres et entre dans une boutique de seconde main. Hugo a toujours préféré les vêtements de seconde main. C'est moins cher, et surtout, c'est plus écologique. Et Hugo a une grande conscience écologique. Le vendeur lui

The magical umbrella

It's winter. Hugo loves to dress up, but he hates shopping. He absolutely has to buy clothes and he doesn't feel like it. While going to buy a second hand umbrella, Hugo does not suspect that he has found the solution to his problem! The oppurtunity to talk about:

- Clothes
- Shops/shopping
- Colors
- Weather

Buying clothes is the happiness of some… And the misfortune of others. This is what Hugo says to himself while looking out of the window of his small studio. Hugo lives in Bordeaux, and he has a nice view from the window: he sees Garonne, the river. He loves dreaming, traveling, reading, listening to music… But he hates shopping. And in Bordeaux, the weather changes all the time. Hugo is not careful, and his winter clothes are all worn out. He knows that he will have to go shopping. Besides, he has to go to a teachers' congress in Paris soon. He needs a suit.

Hugo makes up his mind. It's Monday, he doesn't work: there will be fewer people in the stores. It's already not that bad! He goes out, with a cloth bag, his wallet, some money. He is going to redo his wardrobe for the winter. What a bore! He goes down the stairs and arrives in the street. He just stepped outside and he already has regrets… It is cold and raining. Well, first purchase: an umbrella!

Hugo goes one hundred meters and enters a second-hand store. Hugo has always preferred second hand clothes. It's cheaper, and above all, it's more ecological. And Hugo has a very ecological conscience. The salesman politely asks him if he can

demande poliment s'il peut l'aider.

"Oui, peut-être : avez-vous des parapluies " demande-t-il.

"Absolument, monsieur. Nous en avons même un qui est de toutes les couleurs ! Voyez plutôt."

Hugo regarde le parapluie. En effet, c'est un joli parapluie ! Il n'est pas très usé. Il est grand, en bois et en tissu, et il est de toutes les couleurs. En plus, il n'est pas très cher : cinq euros.

"Très bien, je le prends !" dit Hugo, tout content de faire un achat utile si rapidement.

Il sort de la boutique et ouvre le parapluie. Quelle surprise ! Une pluie de paillettes tombe du parapluie. Hugo est couvert de paillettes ! Est-ce qu'un farceur a voulu faire une blague ? Bon, maintenant, Hugo a l'air d'un enfant avec ses vêtements… En plus, il n'arrive pas à enlever les paillettes. Maintenant qu'il est parti, il ne veut pas aller se changer à la maison. Ce n'est pas grave, il va faire son shopping comme ça. Dans la rue, les passants le regardent en souriant. Au moins, c'est drôle !

Hugo entre dans une boutique de vêtements. Il regarde un peu partout pour chercher des vêtements qui lui plaisent. Il aime les couleurs simples et les formes élégantes. Le bleu, le noir, le gris, le vert. Des jeans, des costumes, des chemises. Il cherche des choses classiques, quoi… Il trouve une chemise bleu clair qui lui plait. Il l'essaye, et pense qu'elle lui va bien. Il décide de l'acheter. Au moment de payer, à la caisse, il voit un bonnet qui a l'air confortable. Comme il commence à faire froid, Hugo décide de l'acheter aussi. Il le met sur sa tête et se dirige vers la sortie. Il pleut encore… Flûte ! Il ouvre son parapluie, et BAM ! Son bonnet change de

help him.

"Yes, maybe: do you have umbrellas?" he asks.

"Absolutely, sir. We even have one in every color! Just have a look."

Hugo looks at the umbrella. Indeed, it is a nice umbrella! It is not very worn. It's big, made of wood and fabric, and it's all colors. And it's not very expensive: five euros.

"All right, I'll take it!" says Hugo, happy to make a useful purchase so quickly.

He leaves the store and opens the umbrella. What a surprise! A rain of glitter falls from the umbrella. Hugo is covered with glitter! Did a joker want to make a joke? Well, now, Hugo looks like a child with his clothes on… Besides, he can't manage to remove the glitter. Now that he's out, he doesn't want to go home to change his clothes. That's okay, he'll go shopping like that. In the street, passers-by look at him smiling. At least it's funny!

Hugo enters a clothing store. He looks everywhere for clothes which he likes. He likes the simple colors and the elegant forms. The blue, the black, the gray, the green. Jeans, suits, shirts. He looks for classic things, in fact… He finds a light blue shirt that he likes. He tries it on, and thinks it suits him. He decides to buy it. When it's time to pay, at the checkout, he sees a hat that looks comfortable. As it's beginning to get cold, Hugo decides to buy it too. He puts it on his head and heads for the exit. It's raining again… Damn it! He opens his umbrella, and BAM! His hat changes color. Wow! Now he has a pink hat on his head! Hugo goes back into the store, a little angry.

couleur. Alors ça ! Voilà qu'il a un bonnet rose sur la tête ! Hugo retourne dans le magasin, un peu en colère.

"Ah, monsieur, nous ne vendons pas de bonnets roses ! Vous n'avez pas acheté ce bonnet chez nous !" lui dit la vendeuse, un peu énervée.

"Madame, je viens d'acheter ce bonnet, et voyez l'étiquette ! Il est de chez vous !"

Hugo regarde le bonnet… Plus d'étiquette !

La vendeuse hausse les épaules et retourne à son travail. Hugo n'en croit pas ses yeux… Voilà bien quelque chose ! Bon, il fait froid. Il met son bonnet rose sur la tête, sort de la boutique et ouvre son parapluie. Il fait quelques pas jusqu'au prochain magasin pour chercher un pantalon. En marchant, il baisse les yeux vers ses pieds, et que voit-il cette fois-ci ? Ses vieilles baskets ont été changées en bottes en peau de crocodile… Aïe. Ça commence à faire beaucoup.

Je vous laisse imaginer le tableau : Hugo, jeune homme de trente ans, sous la pluie, à Bordeaux, faisant les magasins, avec des vêtements à paillettes, un parapluie tout coloré, un bonnet rose et des bottes en crocodile… Les passants rient en le voyant. Hugo trouve ça moins drôle. Surtout, il ne comprend pas très bien. Il regarde son parapluie. Le ferme et l'ouvre… Voilà que son vieux jeans est transformé en jupe à carreaux jaune et noir… Quoi ??? Décontenancé, Hugo essaye encore. Il ouvre et ferme son parapluie. Des lunettes de soleil turquoise apparaissent sur son visage. C'en est trop !

Hugo retourne dans la boutique de seconde main ; le vendeur le voit entrer et il éclate de rire.

"Il n'y a rien de drôle, cher monsieur ! Ce parapluie que vous m'avez vendu est

"Ah, sir, we don't sell pink caps! You didn't buy this hat from us!" said the saleswoman, a little irritated.

"Ma'am, I just bought this hat, and look at the label! It's from your store!"

Hugo looks at the hat... No more labels!

The saleswoman shrugs her shoulders and goes back to work. Hugo can't believe his eyes... Here is something! Well, it is cold. He puts his pink hat on his head, leaves the store and opens his umbrella. He takes a few steps to the next store to look for a pair of pants. As he walks, he looks down at his feet, and what does he see this time? His old sneakers have been changed into crocodile skin boots... Ouch. It's starting to feel like a lot.

I'll let you imagine the picture: Hugo, a young man, thirty years old, in the rain, in Bordeaux, shopping, with sequined clothes, a colorful umbrella, a pink hat and crocodile skin boots... Passers-by laugh when they see him. Hugo finds it less funny. Above all, he does not understand very well. He looks at his umbrella. He closes it and opens it... Here, his old jeans are transformed into a skirt with yellow and black checks... What??? Disconcerted, Hugo tries again. He opens and closes his umbrella. Turquoise sunglasses appear on his face. It's too much!

Hugo returns to the second-hand store; the salesman sees him enter and he bursts out laughing.

"There is nothing funny, dear sir! This umbrella you sold me is bewitched! I'm

ensorcelé ! Je perds mon temps !" s'énerve Hugo.

"Ensorcelé, voyons, on n'a jamais rien entendu de plus stupide ! " répond le vendeur en riant.

Hugo lui donne le parapluie et lui demande de l'ouvrir. Le vendeur fait ce qu'on lui demande : il ouvre le parapluie, et voilà, rien ne se passe.

"Je suis désolé, monsieur, mais la magie n'existe pas. Qu'est-il diable arrivé à vos vêtements ?"

"Je vous assure qu'à chaque fois que j'ouvre ce parapluie, quelque chose se passe avec mes vêtements !" s'exclame Hugo.

Pour prouver ce qu'il dit, il ouvre le parapluie. Et que se passe-t-il ? Eh bien, rien. Honteux, furieux, Hugo s'excuse et sort du magasin. Il pleut. Il ouvre son parapluie. C'est alors que sa jupe se change en pantalon de costume d'une grande élégance… Hugo commence à comprendre. Quelque chose peut changer à chaque fois, au hasard. Apparemment, ça ne marche que quand il est seul. Hugo rentre chez lui en courant.

Arrivé dans son salon, il enlève le beau pantalon de costume. À la place, il met un vieux short. Il ouvre et ferme son parapluie, plusieurs fois… Quand le vêtement lui plaît, il change !

Hugo a compris : il a beaucoup de chance, car pour 5 euros, il a acheté tous les vêtements du monde ! Fini le shopping !

wasting my time!" Hugo gets angry.

"Bewitched, let's see, that's the stupidest thing we've ever heard!" answers the salesman laughing.

Hugo gives him the umbrella and asks him to open it. The salesman does what he is asked to do: he opens the umbrella, and voilà, nothing happens.

"I'm sorry, sir, but there is no such thing as magic. What the hell happened to your clothes?"

"I assure you that every time I open this umbrella, something happens to my clothes!" exclaims Hugo.

To prove what he says, he opens the umbrella. And what happens? Well, nothing. Shameful, furious, Hugo apologizes and leaves the store. It rains. He opens his umbrella. It's then that his skirt changes into suit pants of great elegance… Hugo begins to understand. Something can change each time, randomly. Apparently, that works only when he is alone. Hugo runs back home.

Once arrived in his living room, he takes off the beautiful suit pants. Instead, he puts on an old pair of shorts. He opens and closes his umbrella, several times… When he likes the clothes, he changes!

Hugo understood: he is very lucky, because for 5 euros, he bought all the clothes in the world! No more shopping!

Compréhension

1. Hugo aime : (Plusieurs réponses possibles)

    a) Acheter des vêtements
    b) S'habiller
    c) Les vêtements de seconde main
    d) Écouter de la musique
    e) Bordeaux
    f) Les couleurs compliquées
    g) L'écologie

2. Complète le texte avec les mots suivants :

    acheter — pleut — parapluie — professeurs — cinq — chers — surprise

Hugo est malheureux, car il doit aller _____ des vêtements. Il a un congrès de _____ à Paris. Hugo aime les vêtements de seconde main, car ils sont moins _____. C'est lundi, et il _____, Hugo doit acheter un _____. Hugo est content de trouver un parapluie qui ne coûte que _____ euros, mais il ne sait pas qu'il va avoir une _____ quand il va l'ouvrir !

3. Que se passe-t-il quand Hugo ouvre son nouveau parapluie ?

    a) Il se met à pleuvoir
    b) Les habits des autres changent de couleur
    c) Le soleil brille
    d) Hugo voyage
    e) Les habits d'Hugo sont transformés

4. Remets les phrases dans l'ordre chronologique :

    a) Hugo a maintenant des bottes en peau de crocodile
    b) Hugo achète un parapluie parce qu'il pleut
    c) Hugo ouvre le parapluie et est couvert

Comprehension

1. Hugo likes: (Several possible answers)

    a) Buying clothes
    b) Dressing up
    c) Second-hand clothes
    d) Listening to music
    e) Bordeaux
    f) Complicated colors
    g) Ecology

2. Complete the text with the following words:

    buy - rain - umbrella - teachers - five - expensive - surprise

Hugo is unhappy, because he has to go _____ some clothes. He has a congress of _____ in Paris. Hugo likes second hand clothes, because they are less _____. It's Monday, and it _____, Hugo has to buy an _____. Hugo is happy to find an umbrella that only costs _____ euros, but he doesn't know that he is going to have a _____ when he opens it!

3. What happens when Hugo opens his new umbrella?

    a) It starts to rain
    b) Other people's clothes change color
    c) The sun shines
    d) Hugo travels
    e) Hugo's clothes are transformed

4. Put the phrases in chronological order:

    a) Hugo now has crocodile skin boots
    b) Hugo buys an umbrella because it's raining
    c) Hugo opens the umbrella and is covered with glitter

de paillettes
d) Hugo doit faire les magasins pour aller à un congrès de professeurs
e) Hugo achète une chemise et un bonnet
f) Hugo a de la chance, car il a maintenant tous les habits du monde
g) Hugo retourne au premier magasin, car il n'est pas content

5. Que se passe-t-il quand Hugo rentre chez lui ?

a) Hugo jette son parapluie à la poubelle
b) Hugo n'est pas content car il doit retourner faire du shopping
c) Hugo met de vieux vêtements pour les transformer
d) Hugo appelle sa mère pour lui raconter

d) Hugo has to go shopping for a teachers' convention
e) Hugo buys a shirt and a cap
f) Hugo is lucky because he now has all the clothes in the world
g) Hugo goes back to the first store, because he is not happy

5. What happens when Hugo returns home?

a) Hugo throws his umbrella in the trash can
b) Hugo is not happy because he has to go back shopping
c) Hugo puts on old clothes to transform them
d) Hugo calls his mother to tell her

Réponses

1 : réponses b, c, e et g
2 : dans l'ordre : acheter, professeurs, chers, pleut, parapluie, cinq, surprise

Hugo est malheureux, car il doit aller <u>acheter</u> des vêtements. Il a un congrès de <u>professeurs</u> à Paris. Hugo aime les vêtements de seconde main, car ils sont moins <u>chers</u>. C'est lundi, et il <u>pleut</u>, Hugo doit acheter un <u>parapluie</u>. Hugo est content de trouver un parapluie qui ne coûte que <u>cinq</u> euros, mais il ne sait pas qu'il va avoir une <u>surprise</u> quand il va l'ouvrir !

3 : réponse e
4 : 1d ; 2b ; 3c ; 4e; 5a ; 6g ; 7f
5 : réponse c

Answers

1 : answers b, c, e and g
2 : in order: to buy, professor, expensive, rain, umbrella, five, surprise

Hugo is unhappy, because he has to go <u>to buy</u> some clothes. He has a congress of <u>professors</u> in Paris. Hugo likes second hand clothes, because they are less <u>expensive</u>. It's Monday, and it <u>rains</u>, Hugo has to buy an <u>umbrella</u>. Hugo is happy to find an umbrella that only costs <u>five</u> euros, but he doesn't know that he is going to have a <u>surprise</u> when he opens it!

3 : answer e
4 : 1d ; 2b ; 3c ; 4e; 5a ; 6g ; 7f
5: answer c

Chapitre 5 : Le dîner parfait

Mickaël habite Lyon depuis peu. Il se fait de nouveaux amis. Comme il vient d'Angleterre, ses amis le taquinent sur ses talents culinaires. Il prépare un dîner qu'il veut parfait pour les impressionner, mais il ne sait pas que son livre de cuisine est un livre de recettes magiques… L'occasion de parler de :

- Faire des courses
- Nourriture
- Cuisine
- Traditions culinaires
- Les verbes acheter, préparer, cuisiner, faire, manger
- Futur proche

Déjà **samedi** matin… Et Mickaël n'a rien préparé ! Il a invité trois amis à manger ce soir. Mickaël est de Londres et il vit à Lyon **depuis** trois ans. Il a eu le temps de se faire de **nombreux** amis, et ils aiment tous manger. Mickaël sait que la grande passion des français, c'est de parler de **nourriture**. Ils en parlent tout le temps ! **Avant** de manger, **pendant** le dîner et même **après** le dessert. Quand ils ne parlent pas de politique, c'est pour parler de leur prochain **repas** ou de leurs **recettes** favorites.

Samedi (m) (nom commun) — Saturday
Depuis (adverbe) — Since
Nombreux (adjectif) — Numerous, a lot
Nourriture (f) (nom commun) — Food
Avant (préposition) — Before

Pendant (préposition) — During
Après (préposition) — After
Repas (m) (nom commun) — Meal
Recette (f) (nom commun) — Recipe

Mickaël veut faire plaisir à ses amis. C'est pour ça qu'il les a invités. Il leur a promis un bon repas. En fait, il veut les impressionner… Mais il ne sait pas quoi faire à manger ! Et il n'a pas de **livre de cuisine**. Dès dix heures du matin, il va **frapper chez** sa voisine pour lui demander si elle n'a pas, par hasard, un bon livre de cuisine à lui **prêter**.

- Ah, oui, Mickaël, j'en ai un ! C'est un vieux livre de ma grand-mère. Je l'adore, tiens, prends-le – mais **prends**-en grand **soin**, s'il te plaît ! Et suis bien les recettes, elles sont fantastiques.

- Merci Sophie. Bien sûr, je vais **faire attention**.

Livre de cuisine (m) (nom commun) — Cook book
Frapper chez quelqu'un (verbe) — To knock at someone's door
Prêter (verbe) — To lend
Prendre soin de (expression) — To take care of
Faire attention (expression) — To be careful

Rentré chez lui, dans sa cuisine, Mickaël **tourne les pages** du livre. C'est vrai qu'il a l'air vieux ! Il cherche des recettes. Il en trouve trois qui ont l'air **appétissantes** : une **entrée**, un **plat principal** et un **dessert**. C'est parfait. Un vrai dîner à la française… En entrée, il veut faire des **œufs mimosa**. Puis, en plat principal, Mickaël prévoit une **bavette de bœuf** accompagnée de **gratin dauphinois**. Il veut aussi offrir du **fromage**. Et, pour le dessert, il va cuisiner un **gâteau** au chocolat.

Tourner les pages d'un livre (verbe, expression) — To turn a book page
Appétissant (adjectif) — Appetizing, looking tasty
Entrée (f) (nom commun) — Starter (food)
Plat principal (m) (nom commun) — Main course
Dessert (m) (nom commun) — Dessert
Œufs mimosa (m. pl) (nom commun) — Deviled egg
Bavette de bœuf (f) (nom commun) — Flank steak
Gratin dauphinois (m) (nom commun) — Potato Gratin (typical dish from the Alps region)
Fromage (m) (nom commun) — Cheese
Gâteau (m) (nom commun) — Cake

Il fait sa **liste de courses**. Mais la liste d'ingrédients lui **semble** bien étrange… Les aliments sont surréalistes : pour les œufs mimosa, la recette dit d'ajouter du **sucre en poudre**. La bavette doit être **assaisonnée** de **poudre d'amande** et le gratin dauphinois doit être fait avec des **poires**. Enfin, le gâteau au chocolat doit être préparé avec des **haricots rouges**… Bon. Le livre a l'air sérieux. Mickaël ne sait pas cuisiner : il fait confiance au livre. C'est peut-être de la haute-cuisine !

Liste de courses (f) (nom commun) — Shopping list
Sembler (verbe) — To seem
Sucre en poudre (m) (nom commun) — Powdered sugar
Assaisonné (adjectif) — Seasoned
Poudre d'amande (f) (nom commun) — Almond powder
Poire (f) (nom commun) — Pear
Haricot (m) (nom commun) — Beans
Rouge (adjectif) — Red

En allant faire ses courses, Mickaël en **profite** pour acheter du fromage et des **fruits**. Il trouve tous les ingrédients dont il **a besoin** et il rentre chez lui, **les bras chargés**. Il commence à cuisiner. Il réalise que les ingrédients étranges sont en réalité en très **petite quantité**. Il ne s'inquiète pas et **suit** les recettes **à la lettre**.

Profiter d'une occasion (verbe, expression) — To use an opportunity
Fruit (m) (nom commun) — Fruit
Avoir besoin de (verbe, expression) — To need something
Les bras chargés (m. pl) (expression) — To be encumbered (while carrying groceries)
Petite quantité (f) (adjectif, nom commun) — Small quantity
Suivre quelque chose **à la lettre** (expression, verbe) — To follow instructions carefully

Le principal est au **four** ! Le gâteau doit être **cuit** en dernier. Mickaël **met la table**. Les **fourchettes** à gauche et les **couteaux** à droite. Une belle **nappe** blanche, des **bougies**. Les **bouteilles de vin**. Et, la **touche finale** : un bouquet de fleurs. Mickaël, un peu **nerveux**, s'assied dans le salon en attendant ses invités. Cela commence à sentir bon dans la cuisine…

Four (m) (nom commun) — Oven
Cuire (verbe) — To cook
Mettre la table (expression, verbe) — To set the table
Fourchette (f) (nom commun) — Fork
Couteau (m) (nom commun) — Knife
Nappe (f) (nom commun) — Tablecloth
Bougie (f) (nom commun) — Candle
Bouteille de vin (f) (nom commun) — Wine bottle
Touche finale (f) (nom commun, expression) — Putting the last touch to something
Nerveux (adjectif) — Nervous

Six heures du soir. Un premier invité **sonne à la porte**. C'est Clément, son **meilleur** ami. Il **apporte** du vin et du chocolat.

- Haha, ça sent bon chez toi, Mickaël ! Bravo ! J'ai hâte ! s'exclame-t-il en entrant dans l'appartement.

- Merci Clément ! Je suis un peu inquiet. J'espère que c'est bon !

- Qu'est-ce que c'est ?

- Une surprise !

Sonner à la porte (expression, verbe) — To ring the doorbell
Meilleur (adjectif) — Best
Apporter (verbe) — To bring

Clément ouvre une bouteille de vin : c'est pour faire venir les autres invités plus vite, dit-il. **Aussitôt**, on sonne à la porte : ce sont Marie et Matthieu. Ils **félicitent** également Mickaël pour la bonne odeur dans la cuisine puis chacun s'assied dans le salon, un **verre de vin** à la main. Les quatre amis **discutent** : ils parlent de la semaine, du travail, des prochaines vacances, de politique, et, bien sûr, de cuisine… Cette **discussion** sur la cuisine rend Mickaël un peu plus nerveux : que vont-ils penser de ce son dîner ? Il les écoute parler des plats extraordinaires qu'ils préfèrent, et il **a** un peu **peur** !

Aussitôt (adverbe) — Right away, immediately
Féliciter (verbe) — To congratulate
Verre de vin (m) (nom commun) — Wine glass
Discuter (verbe) — To discuss
Discussion (f) (nom commun) — Discussion
Avoir peur (verbe, expression) — To be scared

Il est huit heures du soir… C'est le moment de **passer à table**. Chacun s'assied autour de la jolie table. Tout le monde est content. Mickaël entre dans la cuisine et ressort avec l'entrée. Il annonce l'entrée : des œufs mimosa ! Clément rit.

- Pourquoi tu ris, Clément ? demande Mickaël, un peu inquiet.

- Oh, rien, ça me **rappelle** des souvenirs !

- Ah…

Passer à table (expresion, verbe) — To sit at the table to eat
Rappeler (verbe) — To recall, to remember

Marie explique à Mickaël que les œufs mimosa sont un plat **typique** pour les enfants : simple et toujours bon ! Il comprend que les œufs mimosa ne sont peut-être pas le plat le plus **fin**… Il **sert** ses invités, en attendant leurs réactions.

- **Incroyable** ! s'écrit Matthieu.

- Mais oui, dit Marie, qu'est-ce qu'il y a dans tes œufs mimosa ?

- Eh bien… Rien d'incroyable… répond Mickaël.

Typique (adjective) — Typical
Fin (pour la cuisine) (adjectif) — Fine, refined (the finest dish)
Servir (verbe) — To serve
Incroyable (adjectif) — Unbelievable

Il **goûte** son entrée, et en effet… Les œufs mimosa ont un **goût** incroyable. Il n'a jamais rien mangé d'aussi bon… Ou alors **si** : du **foie gras** !

- **Allez**, dis-le, tu as **ajouté** du foie gras dans tes œufs mimosa, demande Clément.

- Alors **pas du tout** Clément, je t'assure ! J'ai suivi la recette à la lettre ! Mais c'est vrai que c'est extrêmement bon…

Goûter (verbe) — To taste
Goût (m) (nom commun) — Taste
Si (confirmation) – Use to confirm something: indeed, actually (he indeed has tasted that dish before, he actually did taste that dish…)
Foie gras (m) (nom commun) — A specialty food product made of the liver of a duck or goose.
Allez ! (expression) — Come on
Ajouter (verbe) — To add
Pas du tout (expression) — Not at all

Les invités **se régalent** – Mickaël aussi. Quand les œufs mimosa sont finis, il va chercher le plat principal : « voilà, un gratin dauphinois et une bavette de bœuf », annonce-t-il. Les invités **sont** encore **sous le choc** de l'excellente entrée. Ils ont hâte de goûter la suite. **Malheureusement**, Mickaël a laissé le plat au four trop **longtemps**… Le gratin est un peu **brûlé**. **Pourtant**, à leur plus grande surprise, il est absolument divin !

- Comment cuisines-tu, Mickaël ? Quel est ton ingrédient secret ? C'est **fou**, cet **arôme** ! Tu as mis des **morilles**, ou des **truffes**, n'est-ce pas ? demandent ses amis.

- Pas d'ingrédient secret, je vous assure ! Je ne sais pas cuisiner ! répond-il, étonné.

- Mais alors quelle est la recette ?

- Attendez, voici le livre. Il est à ma voisine.

Se régaler (verbe) — To enjoy (a dish)
Être (encore) **sous le choc** (expression) — To be shocked
Malheureusement (adverbe) — Unfortunately
Longtemps (adverbe) — For too long
Brûlé (adjectif) — Burnt
Pourtant (adverbe) — Somehow, yet
Fou (adjective) — Crazy
Arôme (m) (nom commun) — Aroma
Morille (f) (nom commun) — Morel (a type of mushroom)
Truffe (f) (nom commun) — Truffle

Mickaël présente le livre à ses amis. Chacun le regarde et personne ne comprend. La bavette est **merveilleusement** cuite et **fondante**. Elle semble parfumée aux truffes. Le dîner est totalement excellent. Même les vins semblent meilleurs. **Quelle réussite** !

C'est finalement Marie qui découvre un étrange **détail** dans le livre : la date, en **première** page : 1387. Comment ça ? Le quatorzième siècle ? Qu'est-ce que c'est que cette histoire ? Elle regarde dans le détail les recettes et elle remarque les étranges ingrédients…

- Mais Mickaël, il est magique, ce livre ! 1387, c'est avant l'**invention de l'imprim-**

erie ! s'exclame-t-elle.

Tout le monde regarde la date avec **stupéfaction**.

- Ça alors, **génial** ! On se régale ! Apporte vite le dessert !

Merveilleusement (adverbe) — Fabulously, fantastically
Fondant (adjectif) — Melting
Quelle réussite ! (expression) — What a success!
Détail (m) (nom commun) — Detail
Premier (adjectif) — First
Invention de l'imprimerie (f) (nom commun, expression) — The invention of printing
Stupéfaction (f) (nom commun) — Astonishment, stupefaction
Génial (adjectif) — Amazing, brilliant

Compréhension

1. Pourquoi Mickaël prépare-t-il un repas ? (Plusieurs réponses possibles)

a) L'Angleterre lui manque
b) Pour faire plaisir à ses amis
c) Parce que c'est un très bon cuisinier
d) Parce qu'il est seul
e) Pour impressionner ses amis

2. Retrouve la liste de course de Mickaël : (Plusieurs réponses possibles)

a) Du lait
b) Du sucre en poudre
c) Des tomates
d) Des haricots rouges
e) Des fruits
f) De la poudre d'amande

3. Pourquoi la liste de courses de Mickaël est-elle étrange ?

a) Parce qu'il y a des ingrédients introuvables
b) Parce que certains ingrédients sont étranges
c) Parce que tous les ingrédients sont étranges
d) Parce qu'ils ne correspondent pas aux recettes
e) Parce que Mickaël ne sait pas cuisiner

4. Remets les phrases dans l'ordre chronologique :

a) Le premier invité sonne à la porte à six heures du soir
b) Mickaël veut préparer un bon repas pour ses amis
c) Les invités discutent de nombreuses choses autour d'un verre de vin
d) Mickaël emprunte un livre de cuisine à la voisine
e) Les œufs mimosas ont le goût de foie gras
f) On apprend que le livre date de 1387
g) Le gratin a le goût de champignon

5. Complète le texte avec les mots suivants :

succès - repas – français – nourriture - courses - la lettre - cuisiner – bizarres – vieux – voisine

Michael veut préparer un _____ pour ses amis _____ car ils parlent tout le temps de _____. Cependant, il ne sait pas _____ et est inquiet. Il demande à sa _____ de lui prêter un livre de recettes. C'est un livre très _____ avec des recettes très _____. Mickaël va faire des _____ et suit les recettes à _____. Ses amis sont très surpris mais le repas est un _____ !

Réponses

1 : réponses b et e
2 : réponses b, d, e et f
3 : réponse b
4 : 1b ; 2d ; 3a ; 4c ; 5e ; 6g ; 7f
5 : dans l'ordre : repas, français, nourriture, cuisiner, voisine, vieux, bizarres, courses, la lettre, succès

Michael veut préparer un <u>repas</u> pour ses amis <u>français</u> car ils parlent tout le temps de <u>nourriture</u>. Cependant, il ne sait pas <u>cuisiner</u> et est inquiet. Il demande à sa <u>voisine</u> de lui prêter un livre de recettes. C'est un livre très <u>vieux</u> avec des recettes très <u>bizarres</u>. Mickaël va faire des <u>courses</u> et suit les recettes à <u>la lettre</u>. Ses amis sont très surpris mais le repas est un <u>succès</u> !

Le dîner parfait	The perfect diner
Mickaël habite Lyon depuis peu. Il se fait de nouveaux amis. Comme il vient d'Angleterre, ses amis le taquinent sur ses talents culinaires. Il prépare un dîner qu'il veut parfait pour les impressionner, mais il ne sait pas que son livre de cuisine est un livre de recettes magiques… L'occasion de parler de :	Mickaël has recently moved to Lyon. He is making new friends. As he comes from England, his friends tease him about his culinary talents. He prepares a dinner that he wants to be perfect to impress them, but he doesn't know that his cookbook is a magical recipe book. The oppurtunity to talk about:
<ul><li>Faire des courses</li><li>Nourriture</li><li>Cuisine</li><li>Traditions culinaires</li><li>Les verbes acheter, préparer, cuisiner, faire, manger</li><li>Futur proche</li></ul>	<ul><li>Shopping</li><li>Food</li><li>Kitchen</li><li>Culinary traditions</li><li>Verbs to buy, to prepare, to cook, to make, to eat</li><li>Near future</li></ul>
Déjà samedi matin… Et Mickaël n'a rien préparé ! Il a invité trois amis à manger ce soir. Mickaël est de Londres et il vit à Lyon depuis trois ans. Il a eu le temps de se faire de nombreux amis, et ils aiment tous manger. Mickaël sait que la grande passion des français, c'est de parler de nourriture. Ils en parlent tout le temps ! Avant de manger, pendant le dîner et même après le dessert. Quand ils ne parlent pas de politique, c'est pour parler de leur prochain repas ou de leurs recettes favorites.	Already Saturday morning… And Mickaël hasn't prepared anything! He invited three friends to eat tonight. Mickaël is from London and he has lived in Lyon for three years. He has had time to make many friends, and they all like to eat. Mickaël knows that French people's passion is to talk about food. They talk about it all the time! Before eating, during dinner and even after dessert. When they don't talk about politics, it's to talk about their next meal or their favorite recipes.
Mickaël veut faire plaisir à ses amis. C'est pour ça qu'il les a invités. Il leur a promis un bon repas. En fait, il veut les impressionner… Mais il ne sait pas quoi faire à manger ! Et il n'a pas de livre de cuisine. Dès dix heures du matin, il va frapper chez sa voisine pour lui demander si elle n'a pas, par hasard, un bon livre de cuisine à lui prêter.	Mickaël wants to please his friends. That's why he invited them. He promised them a good meal. In fact, he wants to impress them… But he doesn't know what to cook! And he doesn't have a cookbook. At ten o'clock in the morning, he knocks on his neighbor's door to ask her if she, by chance, has a good cookbook to lend him.
"Ah, oui, Mickaël, j'en ai un ! C'est un vieux livre de ma grand-mère. Je l'adore, tiens, prends-le – mais prends-en grand soin, s'il te plait ! Et suis bien les recettes, elles sont fantastiques."	"Ah, yes, Mickaël, I have one! It's an old book from my grandmother. I love it, here, take it - but please take great care of it! And follow the recipes, they're fantastic."

"Merci Sophie. Bien sûr, je vais faire attention."

Rentré chez lui, dans sa cuisine, Mickaël tourne les pages du livre. C'est vrai qu'il a l'air vieux ! Il cherche des recettes. Il en trouve trois qui ont l'air appétissantes : une entrée, un plat principal et un dessert. C'est parfait. Un vrai dîner à la française… En entrée, il veut faire des œufs mimosa. Puis, en plat principal, Mickaël prévoit une bavette de bœuf accompagnée de gratin dauphinois. Il veut aussi offrir du fromage. Et, pour le dessert, il va cuisiner un gâteau au chocolat.

Il fait sa liste de courses. Mais la liste d'ingrédients lui semble bien étrange… Les aliments sont surréalistes : pour les œufs mimosa, la recette dit d'ajouter du sucre en poudre. La bavette doit être assaisonnée de poudre d'amande et le gratin dauphinois doit être fait avec des poires. Enfin, le gâteau au chocolat doit être préparé avec des haricots rouges… Bon. Le livre a l'air sérieux. Mickaël ne sait pas cuisiner : il fait confiance au livre. C'est peut-être de la haute-cuisine !

En allant faire ses courses, Mickaël en profite pour acheter du fromage et des fruits. Il trouve tous les ingrédients dont il a besoin et il rentre chez lui, les bras chargés. Il commence à cuisiner. Il réalise que les ingrédients étranges sont en réalité en très petite quantité. Il ne s'inquiète pas et suit les recettes à la lettre.

Le principal est au four ! Le gâteau doit être cuit en dernier. Mickaël met la table. Les fourchettes à gauche et les couteaux à droite. Une belle nappe blanche, des bougies. Les bouteilles de vin. Et, la touche finale : un bouquet de fleurs. Mickaël, un peu nerveux, s'assied dans le salon en attendant ses invités. Cela commence à sentir bon dans la cuisine…

"Thank you Sophie. Of course, I'll take care of it."

Once he got back home, in his kitchen, Mickaël turned the pages of the book. It is true that it looks old! He is looking for recipes. He found three of them which look appetizing: a starter, a main course and a dessert. It's perfect. A real French dinner... As a starter, he wants to make mimosa eggs. Then, as a main course, Mickaël plans a beef bavette accompanied by gratin dauphinois. He also wants to offer cheese. And, for dessert, he will cook a chocolate cake.

He is making his shopping list. But the list of ingredients seems quite strange to him... The food is surreal: for mimosa eggs, the recipe says to add powdered sugar. The bavette must be seasoned with almond powder and the gratin dauphinois must be made with pears. Finally, the chocolate cake must be made with red beans... Well. The book looks serious. Mickaël can't cook: he trusts the book. Maybe it's gastronomical cooking!

While going shopping, Mickaël takes the opportunity to buy cheese and fruits. He finds all the ingredients he needs and he goes back home, his arms full. He starts cooking. He realizes that the strange ingredients are actually in very small quantities. He's not worried and follows the recipes to the letter.

The main one is in the oven! The cake has to be baked last. Mickaël sets the table. Forks on the left and knives on the right. A beautiful white tablecloth, candles. The bottles of wine. And, the final touch: a bouquet of flowers. Mickaël, a little nervous, sits in the living room waiting for his guests. It starts to smell good in the kitchen...

Six heures du soir. Un premier invité sonne à la porte. C'est Clément, son meilleur ami. Il apporte du vin et du chocolat.	Six o'clock in the evening. The first guest rings the doorbell. It is Clément, his best friend. He brings wine and chocolate.
"Haha, ça sent bon chez toi, Mickaël ! Bravo ! J'ai hâte !" s'exclame-t-il en entrant dans l'appartement.	"Haha, it smells nice in your home Mickaël! Congratulations! I can't wait!" he exclaims as he enters the apartment.
"Merci Clément ! Je suis un peu inquiet. J'espère que c'est bon !"	"Thank you Clément! I'm a little worried. I hope it's good!"
"Qu'est-ce que c'est ?"	"What is it?"
"Une surprise !"	"A surprise!"
Clément ouvre une bouteille de vin : c'est pour faire venir les autres invités plus vite, dit-il. Aussitôt, on sonne à la porte : ce sont Marie et Matthieu. Ils félicitent également Mickaël pour la bonne odeur dans la cuisine puis chacun s'assied dans le salon, un verre de vin à la main. Les quatre amis discutent : ils parlent de la semaine, du travail, des prochaines vacances, de politique, et, bien sûr, de cuisine… Cette discussion sur la cuisine rend Mickaël un peu plus nerveux : que vont-ils penser de ce son dîner ? Il les écoute parler des plats extraordinaires qu'ils préfèrent, et il a un peu peur !	Clément opens a bottle of wine: it's to make the other guests come faster, he says. Immediately, the doorbell rings: it's Mary and Matthieu. They also congratulate Mickaël for the great smell in the kitchen, then everyone sits down in the living room, a glass of wine in hand. The four friends talk: they talk about the week, work, the next vacations, politics, and, of course, cooking... This discussion about cooking makes Mickaël a little more nervous: what will they think about his dinner? He listens to them talking about the extraordinary dishes they prefer, and he is a little bit afraid!
Il est huit heures du soir… C'est le moment de passer à table. Chacun s'assied autour de la jolie table. Tout le monde est content. Mickaël entre dans la cuisine et ressort avec l'entrée. Il annonce l'entrée : des œufs mimosa ! Clément rit.	It is eight o'clock in the evening... It's time to go to the table. Everyone sits down around the pretty table. Everyone is happy. Mickaël enters the kitchen and leaves with the appetizer. He announces the entry: mimosa eggs! Clément laughs.
"Pourquoi tu ris, Clément ?" demande Mickaël, un peu inquiet.	"Why are you laughing, Clément?" asks Mickaël, a little worried.
"Oh, rien, ça me rappelle des souvenirs !"	"Oh, nothing, it brings back memories!"
"Ah…"	"Ah…"
Marie explique à Mickaël que les œufs mimosa sont un plat typique pour les enfants : simple et toujours bon ! Il	Marie explains to Mickaël that mimosa eggs are a typical dish for children: simple and always good! He understands that

comprend que les œufs mimosa ne sont peut-être pas le plat le plus fin… Il sert ses invités, en attendant leurs réactions.

"Incroyable !" s'écrit Matthieu.

"Mais oui," dit Marie, "qu'est-ce qu'il y a dans tes œufs mimosa ?"

"Eh bien… Rien d'incroyable…" répond Mickaël.

Il goûte son entrée, et en effet… Les œufs mimosa ont un goût incroyable. Il n'a jamais rien mangé d'aussi bon…Ou alors si : du foie gras !

"Allez, dis-le, tu as ajouté du foie gras dans tes oeufs mimosa," demande Clément.

"Alors pas du tout Clément, je t'assure ! J'ai suivi la recette à la lettre ! Mais c'est vrai que c'est extrêmement bon…"

Les invités se régalent – Mickaël aussi. Quand les œufs mimosa sont finis, il va chercher le plat principal : "voilà, un gratin dauphinois et une bavette de bœuf," annonce-t-il. Les invités sont encore sous le choc de l'excellente entrée. Ils ont hâte de goûter la suite. Malheureusement, Mickaël a laissé le plat au four trop longtemps… Le gratin est un peu brûlé. Pourtant, à leur plus grande surprise, il est absolument divin !

"Comment cuisine-tu Mickaël ? Quel est ton ingrédient secret ? C'est fou, cet arôme ! Tu as mis des morilles, ou des truffes, n'est-ce pas ?" demandent ses amis.

"Pas d'ingrédient secret, je vous assure ! Je ne sais pas cuisiner !" répond-il, étonné.

"Mais alors quelle est la recette ?"

"Attendez, voici le livre. Il est à ma voisine." Mickaël présente le livre à ses amis. Chacun

mimosa eggs are perhaps not the finest dish... He serves his guests, waiting for their reactions.

"Unbelievable !" exclaims Matthieu.

"Indeed," says Marie, "what's in your mimosa eggs?"

"Well... Nothing incredible…" answers Mickaël.

He tastes his appetizer, and indeed... The mimosa eggs have an incredible taste. He has never eaten anything so good... As a matter of fact, actually he has, foie gras!

"Come on, say it, you added foie gras in your mimosa eggs," asks Clément.

"Not at all Clément, I assure you! I followed the recipe from the book! But it's true that it's extremely good…"

The guests enjoy themselves - so does Michael. When the mimosa eggs are finished, he goes to get the main course: "Here we are, a gratin dauphinois and a beef bavette," he announces. The guests are still in shock from the excellent starter. They can't wait to taste the rest. Unfortunately, Mickaël left the dish in the oven too long... The gratin is a little burnt. However, to their greatest surprise, it is absolutely divine!

"How do you cook, Mickaël? What is your secret ingredient? It's crazy, this aroma! You've put morels, or truffles, haven't you?" ask his friends.

"No secret ingredients, I assure you! I don't know how to cook!" he answers, astonished.

"But then what is the recipe?"

"Wait, here's the book. It's my neighbor's." Mickaël presents the book to his friends.

le regarde et personne ne comprend. La bavette est merveilleusement cuite et fondante. Elle semble parfumée aux truffes. Le dîner est totalement excellent. Même les vins semblent meilleurs. Quelle réussite !

C'est finalement Marie qui découvre un étrange détail dans le livre : la date, en première page : 1387. Comment ça ? Le quatorzième siècle ? Qu'est-ce que c'est que cette histoire ? Elle regarde dans le détail les recettes et elle remarque les étranges ingrédients…

"Mais Mickaël, il est magique, ce livre ! 1387, c'est avant l'invention de l'imprimerie ! " s'exclame-t-elle.

Tout le monde regarde la date avec stupéfaction.

"Ça alors, génial ! On se régale ! Apporte vite le dessert !"

Everyone looks at it and nobody understands. The flank steak is wonderfully cooked and melting. It seems scented with truffles. The dinner is absolutely excellent. Even the wines seem better. What a success!

It is finally Marie who discovers a strange detail in the book: the date, on the first page: 1387. What do you mean by that? The fourteenth century? What is this about? She looks in detail at the recipes and she notices the strange ingredients...

"But Mickaël, this book is magic! 1387, it is before the invention of the printing press!" she exclaimed.

Everyone looks at the date in amazement.

"Wow, great! We're having a great time! Bring the dessert quickly!"

Compréhension

1. Pourquoi Mickaël prépare-t-il un repas ? (Plusieurs réponses possibles)

a) L'Angleterre lui manque
b) Pour faire plaisir à ses amis
c) Parce que c'est un très bon cuisinier
d) Parce qu'il est seul
e) Pour impressionner ses amis

2. Retrouve la liste de course de Mickaël : (Plusieurs réponses possibles)

a) Du lait
b) Du sucre en poudre
c) Des tomates
d) Des haricots rouges
e) Des fruits
f) De la poudre d'amande

3. Pourquoi la liste de courses de Mickaël est-elle étrange ?

a) Parce qu'il y a des ingrédients introuvables
b) Parce que certains ingrédients sont étranges
c) Parce que tous les ingrédients sont étranges
d) Parce qu'ils ne correspondent pas aux recettes
e) Parce que Mickaël ne sait pas cuisiner

4. Remets les phrases dans l'ordre chronologique :

a) Le premier invité sonne à la porte à six heures du soir
b) Mickaël veut préparer un bon repas pour ses amis
c) Les invités discutent de nombreuses choses autour d'un verre de vin
d) Mickaël emprunte un livre de cuisine à la voisine
e) Les œufs mimosas ont le goût de foie

Comprehension

1. Why did Mickaël prepare a meal? (Several possible answers)

a) He misses England
b) To please his friends
c) Because he is a very good cook
d) Because he is alone
e) To impress his friends

2. Find Mickaël's shopping list: (Several possible answers)

a) Milk
b) Powdered sugar
c) Tomatoes
d) Red beans
e) Fruits
f) Almond powder

3. Why is Mickaël's shopping list weird?

a) Because there are ingredients that cannot be found
b) Because some ingredients are strange
c) Because all the ingredients are strange
d) Because they don't match the recipes
e) Because Mickaël can't cook

4. Put the phrases in chronological order:

a) The first guest rings the doorbell at six o'clock in the evening
b) Mickaël wants to prepare a good meal for his friends
c) Guests discuss many things over a glass of wine
d) Mickaël borrows a cookbook from the neighbor
e) Eggs mimosas have the taste of foie

gras
f) On apprend que le livre date de 1387
g) Le gratin a le goût de champignon

5. Complète le texte avec les mots suivants :

succès - repas – français – nourriture - courses - la lettre - cuisiner – bizarres – vieux – voisine

Mickaël veut préparer un _____ pour ses amis _____ car ils parlent tout le temps de _____. Cependant, il ne sait pas _____ et est inquiet. Il demande à sa _____ de lui prêter un livre de recettes. C'est un livre très _____ avec des recettes très _____. Mickaël va faire des _____ et suit les recettes à _____. Ses amis sont très surpris mais le repas est un _____ !

gras
f) We learn that the book dates from 1387
g) The gratin has the taste of mushroom

5. Complete the text with the following words:

success - meal - French - food - shopping - to the letter - to cook - strange - old - neighbor

Mickaël wants to prepare a _____ for his _____ friends because they talk about _____ all the time. However, he doesn't know how _____ and is worried. He asks his _____ to lend him a recipe book. It's a very _____ book with very _____ recipes. Mickaël is going _____ and follows the recipes _____. His friends are very surprised but the meal is a _____!

Réponses

1 : réponses b et e
2 : réponses b, d, e et f
3 : réponse b
4 : 1b ; 2d ; 3a ; 4c ; 5e ; 6g ; 7f
5 : dans l'ordre : repas, français, nourriture, cuisiner, voisine, vieux, bizarres, courses, la lettre, succès

Mickaël veut préparer un <u>repas</u> pour ses amis <u>français</u> car ils parlent tout le temps de <u>nourriture</u>. Cependant, il ne sait pas <u>cuisiner</u> et est inquiet. Il demande à sa <u>voisine</u> de lui prêter un livre de recettes. C'est un livre très <u>vieux</u> avec des recettes très <u>bizarres</u>. Mickael va faire des <u>courses</u> et suit les recettes à <u>la lettre</u>. Ses amis sont très surpris mais le repas est un <u>succès</u> !

Answers

1 : answers b and e
2 : answers b, d, e and f
3 : answer b
4 : 1b ; 2d ; 3a ; 4c ; 5e ; 6g ; 7f
5 : in order: meal, French, food, to cook, neighbor, old, strange, shopping, to the letter, success

Mickaël wants to prepare a <u>meal</u> for his <u>French</u> friends because they talk about <u>food</u> all the time. However, he doesn't know how <u>to cook</u> and is <u>worried</u>. He asks his <u>neighbor</u> to lend him a recipe book. It's a very <u>old</u> book with very <u>strange</u> recipes. Mickaël is going <u>shopping</u> and follows the recipes <u>to the letter</u>. His friends are very surprised but the meal is a <u>success</u>!

CHAPITRE 6 : TEL CHIEN, TEL MAÎTRE !

« Qui se ressemble s'assemble »... Comment les gens choisissent-ils leur animal de compagnie ? Sophie a toujours été fascinée. Quand elle se promène dans les rues de Marseille, elle constate que les maîtres ont toujours une ressemblance avec leurs chiens. Elle se demande si c'est un hasard... L'occasion de parler de :

- Description physique
- Parties du corps
- Caractères et personnalités

Sophie est une jolie blonde de 28 ans, aux cheveux **courts** et aux **traits** fins. Elle est pleine de **qualités** : talentueuse, **gentille** et pleine d'humour.

Court (adjectif) — Short
Traits (m, pl) (nom commun) — Personality traits
Qualité (f) (nom commun) — Quality
Gentil (adjectif) — Kind

Comme tous les jours – ou presque – Sophie se promène sur le port de Marseille. Elle regarde le soleil dans les **vagues**, cherche les **poissons** dans l'eau, observe les **bateaux** qui reviennent de la **pêche**. Puis elle va s'asseoir dans un café, en terrasse, pour regarder les gens qui passent. Regarder les passants... Son activité préférée. Il est sept heures et demie le matin, et Sophie a une heure avant d'aller au travail. Ce qu'elle aime, c'est regarder comment ils sont, de quoi ils ont l'air. Il y a des grands, des petits, des gros et des **maigres**. Des **moustachus**, des **barbus**, des blondes et des **rousses**. De jolies **vieilles** dames,

des jeunes filles **vulgaires**, de très belles jeunes femmes, des hommes élégants et d'autres, **grimaçants**.

Vague (f) (nom commun) — Wave
Poisson (m) (nom commun) — Fish
Bateau (m) (nom commun) — Boat
Pêche (f) (nom commun) — Fishing
Maigre (adjectif) — Thin, lean
Moustachu (adjective) — Mustachioed
Barbu (adjective) — Bearded
Roux (adjective) — Red haired
Vieux (adjective) — Old
Vulgaire (adjective) — Vulgar
Grimaçant (adjectif) — Grimace, make a face

C'est bien simple : elle adore ça. Et alors, ce qui la fascine complètement, ce sont les animaux de compagnie. Elle ne sait pas pourquoi, mais ils **ressemblent** toujours à leurs **maîtres** ! Parfois, c'est juste dans l'**attitude** : un air **pressé**, ou arrogant. Mais parfois, c'est **carrément** dans leurs **traits physiques** qu'ils se ressemblent !

Ressembler (verbe) — To look like something, to resemble
Maître (m) (nom commun) — Master
Attitude (f) (nom commun) — Attitude
Pressé (adjectif) – In a hurry
Carrément (adverbe) — Outright
Trait physique (m) (nom commun) — Physical trait

Tenez, par exemple, ce matin, cette jolie jeune femme qui passe a les cheveux tout **bouclés**. **Devinez** qui la suit ? Un **caniche**, tout **fier** et tout bouclé. Cette dame, qui marche **difficilement**, **traîne** derrière elle un chien vieux et **fatigué** qui ne rêve que d'une chose : rentrer à la maison. Cet homme aux lunettes de soleil, **là-bas** : vous voyez son air arrogant, presque agressif ? Un gangster ! Eh bien, son **berger allemand** semble tout aussi agressif. Il est d'ailleurs **musclé**.

Bouclé (adjectif) — Curly
Deviner (verb) — To guess
Caniche (m) (nom commun) — Poodle
Fier (adjectif) — Proud
Difficilement (adverbe) — With difficulty
Traîner (verbe) — To drag
Fatigué (adjectif) — Tired
Là-bas (adverbe) — Over there
Berger allemand (m) (nom commun) — German Shepherd
Musclé (adjectif) — Muzzled

Voici un **adolescent** qui passe ! Un peu **malaisé** dans son **corps**, il a les **jambes** et les **bras** un peu longs et le **visage** tout **pâle**. Son chien est un **lévrier** blanc, tout en longueur ! C'est vraiment drôle.

- Un café crème, comme d'habitude, Sophie ? demande le serveur en souriant.

- Oh, pardon Jean-Pierre, je ne t'avais pas vu ! Oui comme d'habitude, avec un verre d'eau, merci !

- Trop occupée à regarder les gens qui passent, hein ?

- Oh, ça va Jean-Pierre, ne te moque pas ! C'est mon plaisir du matin !

Adolescent (m) (nom commun) — Teenager
Malaisé (adjectif) — Awkward, not at ease with
Corps (m) (nom commun) — Body
Jambe (f) (nom commun) — Leg
Bras (m) (nom commun) — Arm
Visage (m) (nom commun) — Face
Pâle (adjectif) — Pale
Lévrier (m) (nom commun) — Greyhound

Sophie réchauffe ses **mains** sur la **tasse** de café que lui donne Jean-Pierre. Elle **ne quitte pas** les passants **des yeux**. Elle les regarde passer, **indifférents**. Celle-ci a les cheveux roux, elle a l'air **joyeuse**, et son chien est un jeune cocker roux tout heureux de sortir. Il essaye de **chasser** les pigeons. Celui-ci porte une **veste en cuir**, et son chien est un doberman. Et voici un jeune hippie qui passe, l'air un peu **sauvage**, avec un chat **tigré** sur l'**épaule**. Cette femme à l'allure de **sorcière possède** aussi un chat, noir avec une **patte** blanche.

Main (f) (nom commun) — Hand
Tasse (f) (nom commun) — Cup, mug, usually used for coffee/tea
Ne pas quitter (quelque chose) des yeux (expression) — To keep something in sight, to not take your eyes off
Indifférent (adjectif) — Indifferent, unconcerned
Joyeux (adjectif) — Happy
Chasser (verbe) — To hunt
Veste en cuir (f) (nom commun) — Leather jacket
Sauvage (adjectif) — Wild
Tigré (adjectif) — Tabby
Épaule (f) (nom commun) — Shoulder
Sorcière (f) (nom commun) — Witch
Posséder (verbe) — To possess, to own, to have
Patte (f) (nom commun) — Paw

C'est vraiment fascinant. Sophie sort de son sac un **cahier** et un **crayon à papier**, et elle **dessine** quelques passants avec leurs animaux de compagnie. Elle fait la collection de ces images, pour se souvenir. Une adolescente **déprimée** aux cheveux noirs passe devant elle avec un chien à l'air **triste** et vieux.

Tant de **ressemblances** ! Elle se tourne vers Jean-Pierre, qui **fume** une cigarette sur la terrasse de son café.

Cahier (m) (nom commun) — Notebook

Crayon à papier (m) (nom commun) — Pencil
Dessiner (verbe) — To draw
Déprimé (adjectif) — Depressed, dejected
Triste (adjectif) — Sad
Ressemblance (f) (nom commun) — Resemblance
Fumer (verbe) — To smoke

- Dis-moi, Jean-Pierre, tu as un animal de compagnie ? lui demande-t-elle.

- Oui Sophie. J'ai un chien. Il est un peu vieux, mais il est très gentil. Il a toujours envie de faire plaisir aux humains. Il est très **serviable**.

- Ah bah tu vois, ça ne m'**étonne** pas !

- Pourquoi dis-tu ça ?

- Parce que ton **métier**, c'est de **rendre service** aux gens. C'est normal que ton chien soit serviable.

- Ah, tiens… Peut-être. Je ne me suis jamais posé la question ! répond-il, souriant. Et toi, tu as un animal de compagnie ?

Serviable (adjectif) — Helpful, amenable
Être étonné (locution verbale) — To be surprised
Métier (m) (nom commun) — Profession, trade
Rendre service (expression) — To help someone, to oblige

Sophie réfléchit. Elle n'a pas d'animal de compagnie. Elle se demande pourquoi elle n'en a pas.

- Non, Jean-Pierre. Quel type d'animal je peux prendre, à ton avis ? demande-t-elle.

- Te **connaissant** un peu… Un **rat** ? dit-il pour se moquer.

- Oh Jean-Pierre ! Ce n'est pas drôle ! Suis-je si terrible ?

- Mais je **plaisante**, Sophie ! Je dis ça pour rire. En vrai, je ne sais pas ! Est-ce que tu veux un animal ? C'est des responsabilités, tu sais !

- Oui, je sais. Mais en fait, je me demande. Je crois que j'aime bien les chiens. Ils sont loyaux, **affectueux** et sympas.

- C'est vrai, ce sont de bons **compagnons** de vie, reconnaît Jean-Pierre en retournant dans son café pour ses clients.

Connaissant (adjectif) — To know something about someone/something
Rat (m) (nom commun) — Rat
Plaisanter (verbe) — To joke, to jest
Affectueux (adjectif) — Affectionate, friendly
Compagnon (m) (nom commun) — Companion

Bon, c'est l'heure d'aller au travail. Sophie paye son café, dit au revoir et se dirige vers son bureau. Elle est **illustratrice**. Elle travaille pour une entreprise de design. Elle aime l'art, mais elle aime surtout les humains. **Sur le chemin** de son travail, elle continue à regarder

les passants. Elle fait un petit détour par les rues qu'elle préfère, parce qu'il fait beau et que c'est **agréable**. Elle dit bonjour à quelques connaissances…

Illustratrice (f) (nom commun) — Illustrator
Sur le chemin (expression) — On the way to
Agréable (adjectif) — Pleasant

Puis, soudain, elle entend **un drôle de bruit**. Comme un petit animal qui **pleure**… Elle se dirige vers le bruit et découvre, derrière un **carton**, un tout petit **chiot** qui **tremble** de froid !

- Eh bien ! Tu as **perdu** ta maman, toi ? demande **doucement** Sophie.

Un drôle de bruit (expression) — A strange noise
Pleurer (verbe) — To cry
Carton (m) (nom commun) — Cardboard
Chiot (m) (nom commun) — Puppy
Trembler (verbe) — To shiver
Perdre (verbe) — To lose (someone or something)
Doucement (adverbe) — Slowly

Le petit chiot la regarde avec de grands yeux remplis de **tendresse**. Il est si **mignon** ! Il a l'air intelligent, très gentil, il a le poil court et il est tout blond, comme Sophie… Elle a le **cœur serré** à l'idée de le **laisser** là tout **seul**, et elle ne réfléchit pas **longtemps** avant de le prendre doucement dans ses bras pour l'emmener avec elle à son travail.

Tendresse (f) (nom commun) — Tenderness
Mignon (adjectif) — Cute
Cœur serré (expression) — To be sad about something
Laisser (verbe) — To leave something
Seul (adjectif) — Alone
Longtemps (adverbe) — For a long time

Voilà, c'est fait : Sophie a adopté un chien… Un chien qui lui ressemble !

Compréhension

1. Quel est le passe-temps favori de Sophie ?

    a) Travailler dans son agence
    b) Se promener à la mer
    c) Boire un thé sur une terrasse
    d) Regarder les passants et leurs animaux
    e) Faire du bateau dans le port de Marseille

2. Trouvez l'équivalent de l'expression « ne pas quitter des yeux ».

    a) Regarder fixement
    b) Mettre des lunettes de vue
    c) Jeter un coup d'œil
    d) Regarder ailleurs

3. Mettez ces évènements dans l'ordre du récit :

    a) Elle dessine les passants et leurs animaux de compagnie dans son carnet
    b) Sophie découvre un chiot abandonné et décide de l'adopter
    c) Sophie se promène sur le port de Marseille, comme tous les matins
    d) Elle s'arrête pour boire un café chez Jean-Pierre
    e) Sophie va au travail après avoir payé son café

4. Pourquoi le chiot ressemble-t-il à Sophie ?

    a) Parce qu'il est seul et abandonné
    b) Parce que c'est un bébé
    c) Parce qu'il est blond, gentil et intelligent
    d) Parce qu'il est méchant et bête

5. Complétez avec les mots manquants :

    animal — chiot — matin — compagnie — terrasse — ressemble — dessine

Sophie pense que les animaux de _____ ressemblent souvent à leurs maîtres. Elle adore les regarder passer, depuis la _____ d'un café, sur le port de Marseille. Elle les _____ en buvant son café. Elle regrette de ne pas avoir d'_____ de compagnie, elle aussi. Mais ce_____, sur le chemin du travail, une belle surprise l'attend : elle découvre un _____ abandonné, et elle décide de l'adopter ! Et ce chiot lui _____, comme dans l'expression : tel chien, tel maître !

Réponses

  1 : réponse d
  2 : réponse a
  3 : 1c ; 2d ; 3a ; 4e ; 5b
  4 : réponse c
  5 : dans l'ordre : compagnie, terrasse, dessine, animal, matin, chiot, ressemble

Sophie pense que les animaux de <u>compagnie</u> ressemblent souvent à leurs maîtres. Elle adore les regarder passer, depuis la <u>terrasse</u> d'un café, sur le port de Marseille. Elle les <u>dessine</u> en buvant son café. Elle regrette de ne pas avoir d'<u>animal</u> de compagnie, elle aussi. Mais ce <u>matin</u>, sur le chemin du travail, une belle surprise l'attend : elle découvre un <u>chiot</u> abandonné, et elle décide de l'adopter ! Et ce chiot lui <u>ressemble</u>, comme dans l'expression : tel chien, tel maître !

Tel chien, tel maître

« Qui se ressemble s'assemble »… Comment les gens choisissent-ils leur animal de compagnie ? Sophie a toujours été fascinée. Quand elle se promène dans les rues de Marseille, elle constate que les maîtres ont toujours une ressemblance avec leurs chiens. Elle se demande si c'est un hasard… L'occasion de parler de :

- Description physique
- Parties du corps
- Caractères et personnalités

Sophie est une jolie blonde de 28 ans, aux cheveux courts et aux traits fins. Elle est pleine de qualités : talentueuse, gentille et pleine d'humour.

Comme tous les jours – ou presque – Sophie se promène sur le port de Marseille. Elle regarde le soleil dans les vagues, cherche les poissons dans l'eau, observe les bateaux qui reviennent de la pêche. Puis elle va s'asseoir dans un café, en terrasse, pour regarder les gens qui passent. Regarder les passants… Son activité préférée. Il est sept heures et demie le matin, et Sophie a une heure avant d'aller au travail. Ce qu'elle aime, c'est regarder comment ils sont, de quoi ils ont l'air. Il y a des grands, des petits, des gros et des maigres. Des moustachus, des barbus, des blondes et des rousses. De jolies vieilles dames, des jeunes filles vulgaires, de très belles jeunes femmes, des hommes élégants et d'autres, grimaçants.

C'est bien simple : elle adore ça. Et alors, ce qui la fascine complètement, ce sont les animaux de compagnie. Elle ne sait pas pourquoi, mais ils ressemblent toujours à leurs maîtres ! Parfois, c'est juste dans l'attitude : un air pressé, ou arrogant. Mais parfois, c'est carrément dans leurs traits physiques qu'ils se ressemblent !

Like dog, like owner

«Birds of a feather flock together»… How do people choose their pets? Sophie has always been fascinated. When she walks through the streets of Marseille, she notices that the owners always have a resemblance with their dogs. She wonders if it's a coincidence… The opportunity to talk about:

- Physical description
- Body parts
- Characters and personalities

Sophie is a pretty blonde, 28 years old, with short hair and fine features. She is full of qualities: talented, kind, and full of humour.

Like every day - or almost every day - Sophie walks around the port of Marseille. She looks at the sun in the waves, looks for fish in the water, observes the boats returning from fishing. Then she goes to sit in a cafe, on the terrace, to watch the people passing by. Watching the passers-by… Her favorite activity. It's half past seven in the morning, and Sophie has an hour before going to work. What she likes is to look at how they are, what they look like. There are tall people, short people, fat and thin. Moustaches, bearded men, blondes and redheads. Pretty old ladies, vulgar young girls, beautiful young women, elegant men and others, grimacing.

It's quite simple: she loves it. And then, what fascinates her completely are the pets. She doesn't know why, but they always look like their owners! Sometimes it's just in the attitude: a hurried look, or arrogant. But sometimes, it is in their physical features that they look just like them!

Tenez, par exemple, ce matin, cette jolie jeune femme qui passe a les cheveux tout bouclés. Devinez qui la suit ? Un caniche, tout fier et tout bouclé. Cette dame, qui marche difficilement, traîne derrière elle un chien vieux et fatigué qui ne rêve que d'une chose : rentrer à la maison. Cet homme aux lunettes de soleil, là-bas : vous voyez son air arrogant, presque agressif ? Un gangster ! Eh bien, son berger allemand semble tout aussi agressif. Il est d'ailleurs musclé.

Voici un adolescent qui passe ! Un peu malaisé dans son corps, il a les jambes et les bras un peu longs et le visage tout pâle. Son chien est un lévrier blanc, tout en longueur ! C'est vraiment drôle.

"Un café crème, comme d'habitude, Sophie ?" demande le serveur en souriant.

"Oh, pardon Jean-Pierre, je ne t'avais pas vu ! Oui comme d'habitude, avec un verre d'eau, merci !"

"Trop occupée à regarder les gens qui passent, hein ?"

"Oh, ça va Jean-Pierre, ne te moque pas ! C'est mon plaisir du matin !"

Sophie réchauffe ses mains sur la tasse de café que lui donne Jean-Pierre. Elle ne quitte pas les passants des yeux. Elle les regarde passer, indifférents. Celle-ci a les cheveux roux, elle a l'air joyeuse, et son chien est un jeune cocker roux tout heureux de sortir. Il essaye de chasser les pigeons. Celui-ci porte une veste en cuir, et son chien est un doberman. Et voici un jeune hippie qui passe, l'air un peu sauvage, avec un chat tigré sur l'épaule. Cette femme à l'allure de sorcière possède aussi un chat, noir avec une patte blanche.

C'est vraiment fascinant. Sophie sort de son sac un cahier et un crayon à papier, et elle dessine quelques passants avec

For example, this morning, this pretty young woman passing by has curly hair. Guess who's following her? A poodle, all proud and curly. This lady, who walks with difficulty, is dragging behind her an old and tired dog who only dreams of one thing: going home. That man with sunglasses over there: you see his arrogant, almost aggressive look? A gangster! Well, his German shepherd looks just as aggressive. He is muzzled, by the way.

Here's a teenager passing by! A little uneasy in his body, his legs and arms are a little long and he has a pale face. His dog is a white greyhound, all in length! It's really funny.

"A cream coffee, as usual, Sophie?" asks the waiter with a smile.

"Oh, sorry Jean-Pierre, I didn't see you! Yes as usual, with a glass of water, thank you!"

"Too busy watching people passing by, eh?"

"Oh, it's all right Jean-Pierre, don't make fun of me! It's my morning delight!"

Sophie warmed her hands over the cup of coffee Jean-Pierre gave her. She doesn't take her eyes off the passers-by. She watches them pass by, indifferent. This one has red hair, she looks cheerful, and her dog is a young red cocker spaniel happy to go out. He is trying to chase the pigeons. This one wears a leather jacket, and his dog is a doberman. And here is a young hippie passing by, looking a bit wild, with a tiger cat on his shoulder. This woman looking like a witch also has a cat, black with a white paw.

It's really fascinating. Sophie takes a notebook and a pencil out of her bag, and she draws some passers-by with their pets.

leurs animaux de compagnie. Elle fait la collection de ces images, pour se souvenir. Une adolescente déprimée aux cheveux noirs passe devant elle avec un chien à l'air triste et vieux.

Tant de ressemblances ! Elle se tourne vers Jean-Pierre, qui fume une cigarette sur la terrasse de son café.

"Dis-moi, Jean-Pierre, tu as un animal de compagnie ?" lui demande-t-elle.

"Oui Sophie. J'ai un chien. Il est un peu vieux, mais il est très gentil. Il a toujours envie de faire plaisir aux humains. Il est très serviable."

"Ah bah tu vois, ça ne m'étonne pas !"

"Pourquoi dis-tu ça ?"

"Parce que ton métier, c'est de rendre service aux gens. C'est normal que ton chien soit serviable."

"Ah, tiens… Peut-être. Je ne me suis jamais posé la question !" répond-il, souriant. "Et toi, tu as un animal de compagnie ?"

Sophie réfléchit. Elle n'a pas d'animal de compagnie. Elle se demande pourquoi elle n'en a pas.

"Non, Jean-Pierre. Quel type d'animal je peux prendre, à ton avis ?" demande-t-elle.

"Te connaissant un peu… Un rat ?" dit-il pour se moquer.

"Oh Jean-Pierre ! Ce n'est pas drôle ! Suis-je si terrible ?"

"Mais je plaisante, Sophie ! Je dis ça pour rire. En vrai, je ne sais pas ! Est-ce que tu veux un animal ? C'est des responsabilités, tu sais !"

She collects these pictures to remember. A depressed black-haired teenage girl walks past her with a sad-looking old dog.

So many similarities! She turns to Jean-Pierre, who is smoking a cigarette on the terrace of his cafe.

"Tell me, Jean-Pierre, do you have a pet?" she asks him.

"Yes, Sophie. I have a dog. He's a little old, but he's very nice. He always wants to please humans. He is very helpful."

"Ah well, you see, that doesn't surprise me!"

"Why do you say that?"

"Because your job is to be of service to people. It's normal for your dog to be helpful."

"Ah, well… Maybe. I've never asked myself that question!" he answers, smiling. "And you, do you have a pet?"

Sophie thinks. She doesn't have a pet. She wonders why she doesn't have one.

"No, Jean-Pierre. What kind of animal do you think I can take?" she asks.

"Knowing you a little, a rat?" he says to mock.

"Oh Jean-Pierre! It's not funny! Am I so terrible?"

"I'm joking, Sophie! I'm just saying that as a joke. In real life, I don't know! Do you want an animal? It's a responsibility, you know!"

"Oui, je sais. Mais en fait, je me demande. Je crois que j'aime bien les chiens. Ils sont loyaux, affectueux et sympas."

"C'est vrai, ce sont de bons compagnons de vie," reconnaît Jean-Pierre en retournant dans son café pour ses clients.

Bon, c'est l'heure d'aller au travail. Sophie paye son café, dit au revoir et se dirige vers son bureau. Elle est illustratrice. Elle travaille pour une entreprise de design. Elle aime l'art, mais elle aime surtout les humains. Sur le chemin de son travail, elle continue à regarder les passants. Elle fait un petit détour par les rues qu'elle préfère, parce qu'il fait beau et que c'est agréable. Elle dit bonjour à quelques connaissances…

Puis, soudain, elle entend un drôle de bruit. Comme un petit animal qui pleure… Elle se dirige vers le bruit et découvre, derrière un carton, un tout petit chiot qui tremble de froid !

"Eh bien ! Tu as perdu ta maman, toi ?" demande doucement Sophie.

Le petit chiot la regarde avec de grands yeux remplis de tendresse. Il est si mignon ! Il a l'air intelligent, très gentil, il a le poil court et il est tout blond, comme Sophie… Elle a le cœur serré à l'idée de le laisser là tout seul, et elle ne réfléchit pas longtemps avant de le prendre doucement dans ses bras pour l'emmener avec elle à son travail.

Voilà, c'est fait : Sophie a adopté un chien… Un chien qui lui ressemble !

"Yes, I do know. But in fact, I wonder. I think I like dogs. They are loyal, affectionate, and nice."

"It's true, they're good companions," admits Jean-Pierre as he returns to his coffee shop for his customers.

Well, it's time to go to work. Sophie pays for her coffee, says goodbye and heads to her office. She is an illustrator. She works for a design company. She loves art, but she especially loves people. On her way to work, she continues to look at passers-by. She makes a little detour through the streets she prefers, because the weather is nice and it's pleasant. She says hello to some acquaintances…

Then, suddenly, she hears a funny noise. Like a small animal crying… She walks towards the noise and behind a cardboard box discovers a tiny puppy trembling with cold!

"Well! Have you lost your mommy?" asks Sophie softly.

The little puppy looks at her with big eyes filled with tenderness. He is so cute! He looks smart, very sweet, he's short-haired and he's all blond, just like Sophie… She's heartbroken at the thought of leaving him there all alone, and she doesn't think for long before gently taking him in her arms to take him with her to work.

There, it's done: Sophie has adopted a dog… A dog that looks like her!

Compréhension

1. Quel est le passe-temps favori de Sophie ?

  a) Travailler dans son agence
  b) Se promener à la mer
  c) Boire un thé sur une terrasse
  d) Regarder les passants et leurs animaux
  e) Faire du bateau dans le port de Marseille

2. Trouvez l'équivalent de l'expression « ne pas quitter des yeux ».

  a) Regarder fixement
  b) Mettre des lunettes de vue
  c) Jeter un coup d'œil
  d) Regarder ailleurs

3. Mettez ces évènements dans l'ordre du récit :

  a) Elle dessine les passants et leurs animaux de compagnie dans son carnet
  b) Sophie découvre un chiot abandonné et décide de l'adopter
  c) Sophie se promène sur le port de Marseille, comme tous les matins
  d) Elle s'arrête pour boire un café chez Jean-Pierre
  e) Sophie va au travail après avoir payé son café

4. Pourquoi le chiot ressemble-t-il à Sophie ?

  a) Parce qu'il est seul et abandonné
  b) Parce que c'est un bébé
  c) Parce qu'il est blond, gentil et intelligent
  d) Parce qu'il est méchant et bête

5. Complétez avec les mots manquants :

Comprehension

1. What is Sophie's favorite pass time?

  a) Working in her agency
  b) Strolling by the sea
  c) Drinking tea on a terrace
  d) Watching passers-by and their animals
  e) Boating in the port of Marseille

2. Find the equivalent expression for "ne pas quitter des yeux."

  a) Staring
  b) Wearing eyeglasses
  c) Taking a look
  d) Looking elsewhere

3. Put these events in the order of the story:

  a) She draws the passers-by and their pets in her notebook
  b) Sophie discovers an abandoned puppy and decides to adopt it
  c) Sophie walks around the port of Marseille, as she does every morning
  d) She stops for a coffee at Jean-Pierre's house
  e) Sophie goes to work after paying for her coffee

4. Why does the dog resemble Sophie?

  a) Because he is alone and abandoned
  b) Because it's a baby
  c) Because he is blond, kind, and intelligent
  d) Because he is wicked and stupid

5. Complete the missing words:

animal — chiot — matin — compagnie — terrasse — ressemble — dessine

Sophie pense que les animaux de _____ ressemblent souvent à leurs maîtres. Elle adore les regarder passer, depuis la _____ d'un café, sur le port de Marseille. Elle les _____ en buvant son café. Elle regrette de ne pas avoir d'_____ de compagnie, elle aussi. Mais ce_____, sur le chemin du travail, une belle surprise l'attend : elle découvre un _____ abandonné, et elle décide de l'adopter ! Et ce chiot lui _____, comme dans l'expression : tel chien, tel maître !

animal - puppy - morning - pets - terrace - resembles - draws

Sophie believes that _____ often look like their masters. She loves to watch them pass by, from the _____ of a cafe, on the port of Marseille. She _____ them while drinking her coffee. She regrets not having an _____ as a friend, too. But this_____, on her way to work, a nice surprise awaits her: she discovers an abandoned _____, and she decides to adopt it! And this puppy _____ her, as in the expression: Like dog, like owner!

Réponses

1 : réponse d
2 : réponse a
3 : 1c ; 2d ; 3a ; 4e ; 5b
4 : réponse c
5 : dans l'ordre : compagnie, terrasse, dessine, animal, matin, chiot, ressemble

Answers

1: answer d
2: answer a
3: 1c ; 2d ; 3a ; 4e ; 5b
4: answer c
5: in order: pet, terrace, draw, animal, morning, puppy, resembles

Sophie pense que les animaux de <u>compagnie</u> ressemblent souvent à leurs maîtres. Elle adore les regarder passer, depuis la <u>terrasse</u> d'un café, sur le port de Marseille. Elle les <u>dessine</u> en buvant son café. Elle regrette de ne pas avoir d'<u>animal</u> de compagnie, elle aussi. Mais ce <u>matin</u>, sur le chemin du travail, une belle surprise l'attend : elle découvre un <u>chiot</u> abandonné, et elle décide de l'adopter ! Et ce chiot lui <u>ressemble</u>, comme dans l'expression : tel chien, tel maître !

Sophie believes that <u>pets</u> often look like their masters. She loves to watch them pass by, from the <u>terrace</u> of a cafe, on the port of Marseille. She <u>draws</u> them while drinking her coffee. She regrets not having an <u>animal</u> as a friend, too. But this <u>morning</u>, on her way to work, a nice surprise awaits her: she discovers an abandoned <u>puppy</u>, and she decides to adopt it! And this puppy <u>resembles</u> her, as in the expression: Like dog, like owner!

Chapitre 7 : Le journal intime d'une sorcière

Sonia trouve le journal intime de sa mère. Elle se rappelle d'un Noël pas comme les autres, avec ses enfants, chez sa mère, en Écosse. Voici l'histoire de ce drôle de Noël. L'occasion de parler de :

- Météo
- Magie
- Famille
- Présent et futur proche

*J'ai retrouvé, dans le **grenier**, un vieux **journal intime**. C'est le journal intime d'une **sorcière**… Et cette sorcière, c'est ma mère ! C'est la lecture de cet **extrait** qui m'a permis de comprendre un **épisode** de notre vie, que je vais raconter ici.*

Grenier (m) (nom commun) — Attic
Journal intime (m) (nom commun) — Diary
Sorcière (f) (nom commun) — Witch
Extrait (m) (nom commun) — Excerpt
Épisode (m) (nom commun) — An episode, a moment (in a life)

Cher journal,

Cela fait bien longtemps que je n'écris plus. Je ne fais plus de magie depuis de longues années… Cela me **manque**, bien sûr, mais je ne veux pas **déranger** le calme de ma famille. J'adore la magie, mais voilà, je ne suis pas **douée** ! À chaque fois que j'**essaye** quelque

chose de nouveau, je fais des **bêtises**! Ma fille m'a souvent **interdit** de recommencer.

- Astarté (c'est mon prénom), **arrête** les bêtises! C'est **infernal**, nous n'avons pas besoin de magie. La vie est **assez** compliquée comme ça! me dit-elle.

- Je sais, Sonia chérie, je ne suis pas douée. Mais c'est si drôle d'essayer!

> **Manquer** (verbe) — To miss (something)
> **Déranger** (verbe) — To disturb
> **Doué** (adjectif) — Gifted
> **Essayer** (verbe) — To try
> **Bêtises** (f) (nom commun) — A mistake
> **Interdit** (adjectif) — Forbidden
> **Arrêter** (verbe) — To stop (doing something)
> **Infernal** (adjective) — Insufferable
> **Assez** (adverbe) — Enough

Mais voilà, je suis bien **solitaire** depuis quelque temps. Depuis que je suis revenue vivre dans mon **Écosse natale**, je suis seule **la plupart** du temps. Mais ma fille et ses enfants aiment venir en vacances chez moi. Et voilà, je veux du **beau temps** quand ils viennent! Une **météo** impeccable, un grand ciel bleu pour faire de belles promenades. Mais l'Écosse est un pays **pluvieux**…

Je veux reprendre la magie pour apporter du bonheur dans nos vacances. J'écris ici pour **prendre note** de mes progrès. J'espère **réussir** à transformer nos vacances!

Je reprends donc aujourd'hui mon vieux **grimoire** pour **m'entraîner.** Je vais essayer les **sortilèges** pour contrôler la météo. Au travail!

> **Solitaire** (adjectif) — Solitary, to live alone
> **Écosse natale** (expression) – The fact of being born somewhere (in Scotland in this example)
> **La plupart** (adverbe) — Most of
> **Beau temps** (expression) — Good weather
> **Météo** (f) (nom commun) – The weather
> **Pluvieux** (adjectif) — Rainy
> **Prendre note** (verbe, expression) — To take note of something
> **Réussir** (verbe) — To succeed
> **Grimoire** (m) (nom commun) — Spell book
> **M'entraîner** (verbe) – To train at something
> **Sortilège** (m) (nom commun) — (Magic) spell

Premier jour
Mon vieux grimoire est **poussiéreux**, mais je trouve quand même le sortilège de soleil. Je lis le sort **attentivement**. Je dois dire une **formule magique**, et placer un **concombre** dans du jus d'orange sous le ciel de **minuit**. Je fais tout à la lettre. Le **lendemain** matin, quand je me lève… Le soleil est bien là, mais il est tout **vert**! C'est raté… Il faut que j'**arrange** ça. Les voisins vont **se poser des questions**.

Je cherche la formule magique pour **réparer** ma bêtise. C'est facile ! **Peler** le concombre, le mixer avec le jus d'orange et tout **boire** après avoir récité une formule. Ouf ! Le soleil est à nouveau normal.

Poussiéreux (adjectif) — Dusty
Attentivement (adverbe) — Attentively
Formule magique (f) (nom commun) — Magic formula
Concombre (m) (nom commun) — Cucumber
Minuit (m) (nom commun) — Midnight
Lendemain (m) (nom commun) — The next day
Vert (adjectif) — Green
Arranger (verbe) — To (re)solve something
Se poser des questions (expression) — To ask oneself questions, to ponder
Réparer (verbe) — To fix
Peler (verbe) — To peel
Boire (verbe) — To drink

Deuxième jour

J'attends le matin, je regarde par la fenêtre. Le soleil **semble** normal, mais on ne le voit pas. Quel **mauvais temps** ! J'essaye un nouveau sortilège. Je place quatre **bouts de bois** dans la cheminée, j'arrose avec de l'**eau de coco**. Abracadabra, que le soleil soit là ! Je sors de ma maison pour observer les changements. La pluie s'arrête, il n'y a plus aucun **nuage**, pas de **vent**, mais, devinez quoi ? Il fait nuit !

Sembler (verbe) — To seem
Mauvais temps (expression) — Bad weather
Bout de bois (m) (nom commun) — A piece of wood
Eau de coco (f) (nom commun) — Coconut water
Nuage (m) (nom commun) — Cloud
Vent (m) (nom commun) — Wind

Troisième jour

Mon accident **fait la une des journaux**. Personne ne comprend ce qui s'est passé. Les cycles de jour et de nuit sont **inversés**. Bon, ça ne change pas beaucoup, les gens vont **s'habituer**. Il **vaut mieux** arrêter la magie. Les journalistes **font le lien** entre le soleil vert et l'inversion du jour et de la nuit… Tout le monde se réorganise en fonction des nouveaux horaires. **Flûte**… Je suis **nulle** !

Faire la une des journaux (expression) — To do something so remarkable it goes on the front page of newspapers
Inversé (adjectif) — Inverted
S'habituer (verbe) — To get used to something
Valoir mieux (expression) — When it is best to do something
Faire le lien (expression) — To make the link between
Flûte (expression) — Gosh
Nul (adjectif) — Lame

Septième jour

Je me dis que si je ne suis pas douée pour le soleil, je peux essayer la **neige**. C'est joli, la neige ! Noël approche. Un beau Noël sous la neige pour ma famille est tout ce que je veux ! Je ressors mon vieux grimoire. Je cherche la formule magique de la neige. Je m'applique. Il faut prendre une **citrouille**, quelques poils d'un vieux chien roux et les **ailes** d'une **chauve-souris**. C'est la partie la plus difficile. Je **chasse** toute la soirée pour **attraper** une chauve-souris. Quand je l'ai enfin attrapée, je me mets au travail. Cuisiner le tout dans un grand **chaudron**, en **chantant** des chansons de Noël. Le lendemain matin, je regarde par la fenêtre : tout est **pareil** ! Quelle déception. **Tout ça pour ça**.

Mais le soir, quand je vais me coucher, il fait froid dans ma chambre… Il y a de la neige sous mon **lit**. **Mince alors** ! Je prends une **pelle** et je **jette** la neige par la fenêtre. J'entends le fils de la voisine qui crie :

Maman, maman ! Viens voir ! Il y a de la neige qui tombe de la fenêtre de la vieille voisine ! La vieille voisine… Petit **morveux**. Bon, au moins, je n'ai pas fait de trop grosse bêtise, cette fois-ci.

Neige (f) (nom commun) — Snow
Citrouille (f) (nom commun) — Pumpkin
Aile (f) (nom commun) — Wing
Chauve-souris (f) (nom commun) — Bat (the animal; it literally means a bald mouse!)
Chasser (verbe) — To hunt
Attraper (verbe) — To catch
Chaudron (m) (nom commun) — Cauldron
Chantant (adjectif) — While singing
Pareil (adjective) — Same
Tout ça pour ça (expression) — All this for this
Lit (m) (nom commun) — Bed
Mince alors (expression) — What a shame
Pelle (f) (nom commun) — Shovel
Jeter (verbe) – To throw away something
Morveux (m) (nom commun) — Brat

Neuvième jour
Ma famille arrive dans une semaine. J'ai encore le temps de **faire des essais**. Je trouve un sortilège de neige beaucoup plus simple. Il faut que je sois **nue** dehors à minuit et que j'appelle les oiseaux blancs en chantant. Je chante mal, mais ce n'est pas grave.

Le lendemain matin, je regarde par la fenêtre… Les oiseaux blancs ont mal compris… Il neige, c'est vrai ! Mais il neige des **plumes** d'oiseau… Il y a un tapis de plumes dans le jardin. Je vois les voisins **remplir** des sacs de plumes pour faire des **oreillers** et les enfants **courir** en riant dans les plumes. Au moins, ça les fait rire ! **Zut** et flûte !

Faire des essais (expression) — To do some testing, to try
Nu (adjective) — Naked
Plume (f) (nom commun) — Feather
Remplir (verbe) — To fill
Oreiller (m) (nom commun) — Pillow

Courir (verbe) — To run
Zut (expression) — Damn

Douzième jour
J'ai fait beaucoup de progrès. La neige ne marche pas. Mais le soleil, je **maîtrise** enfin ! C'est un autre sortilège qui **fonctionne** bien. Il est un peu compliqué, mais je suis **sûre de mon coup** cette fois-ci ! Je suis prête pour l'arrivée de ma famille. Je n'ai plus qu'à préparer les cadeaux et le sapin !

Maîtrise (f) (nom commun) — Mastery
Fonctionner (verbe) — Something that works/functions
Sûre de mon coup (expression) — To be certain of something

Voici l'extrait de son journal. Et **maintenant**, *je me souviens… C'est Noël, mes enfants ont huit et dix ans. Nous sommes en Écosse chez Astarté, ma mère. Elle prépare une table dans son jardin, il y a des cadeaux, des gâteaux, des rires, des sourires et beaucoup d'amour. Il fait très beau, et chaud, les oiseaux chantent. Au mois de décembre… Nous sommes heureux, mais la météo est complètement surréaliste.*

Quand le repas est terminé, il est temps d'ouvrir les cadeaux. Les petits sont très joyeux. Soudain, je vois ma mère faire de drôles de **gestes**. *« Maman, ne fais pas de bêtise, je t'en prie ! », lui dis-je. Je la connais bien… Mais voilà que des nuages* **couvrent** *le ciel bleu. Une* **fine pluie** *tombe du ciel,* **douce** *et* **rafraîchissante**.

- Regardez, les enfants ! s'exclame alors Astarté en montrant le ciel.

Les enfants et moi, nous regardons le ciel : il y a un superbe **arc-en-ciel** *aux couleurs incroyablement belles ! C'est magnifique. Je regarde ma mère, un peu fâchée. Mais je ne peux pas m'empêcher de lui sourire.*

- On peut dire que tu as réussi ton coup, maman ! Joli, l'arc-en-ciel !
- Oh, c'est juste pour faire plaisir aux enfants…

Maintenant (adverbe) — Now
Geste (m) (nom commun) — A move, motion
Couvrir (verbe) — To cover
Fine pluie (expression) — A drizzle
Doux (adjectif) — Soft
Rafraîchissant (adjectif) — Refreshing
Arc-en-ciel (m) (nom commun) — Rainbow

Compréhension

1. Pourquoi la sorcière Astarté a-t-elle arrêté de faire de la magie ? (Plusieurs réponses possibles)

    a) C'est dangereux
    b) Ce n'est pas bien pour les femmes
    c) Elle n'est pas douée
    d) Cela dérange sa famille
    e) Parce qu'elle a un autre travail

2. Quels sont les mots en rapport avec la météo :

    a) La pluie
    b) La citrouille
    c) La plume
    d) La neige
    e) Le sapin
    f) Le soleil
    g) Le vent
    h) Les nuages
    i) Le chaudron
    j) L'arc-en-ciel

3. Quel est le sortilège qui fonctionne le mieux ?

    a) L'arc-en-ciel
    b) La neige
    c) La pluie

4. Remets les phrases dans l'ordre d'apparition dans l'histoire :

    a) Il neige des plumes d'oiseaux le matin
    b) Astarté reprend son vieux grimoire pour faire de la magie
    c) La famille d'Astarté arrive enfin pour fêter Noël
    d) Sonia retrouve, dans un grenier, le journal intime de sa mère
    e) Astarté découvre un sortilège de neige plus simple
    f) Le jour et la nuit sont inversés : ça fait la une des journaux
    g) Astarté arrose des bouts de bois avec de l'eau de coco
    h) Astarté chasse des chauves-souris

5. Complète le texte avec les mots suivants :

    douée – pays – plaisir – neige – seule – beaucoup – arc-en-ciel — sorcière – grimoire

Astarté est une _____. Elle aime la magie, mais n'est pas très _____. Elle retourne dans son _____ d'enfance, l'Écosse, elle se sent _____, et elle décide de faire _____ à sa famille.

Elle sort son vieux _____. Elle veut de la _____ pour Noël. Malheureusement, ce n'est pas facile. Elle travaille _____ et finalement, elle fait un bel _____ !

Réponses

1 : réponses a, c et d
2 : réponses a, d, f, g, h et j
3 : réponse a
4 : 1d ; 2b ; 3g ; 4f ; 5h ; 6e ; 7a ; 8c
5 : dans l'ordre : sorcière, douée, pays, seule, plaisir, grimoire, neige, beaucoup, arc-en-ciel

Astarté est une <u>sorcière</u>. Elle aime la magie, mais n'est pas très <u>douée</u>. Elle retourne dans son <u>pays</u> d'enfance, l'Écosse, elle se sent <u>seule</u>, et elle décide de faire <u>plaisir</u> à sa famille. Elle sort son vieux <u>grimoire</u>. Elle veut de la <u>neige</u> pour Noël. Malheureusement, ce n'est pas facile. Elle travaille <u>beaucoup</u> et finalement, elle fait un bel <u>arc-en-ciel</u> !

Le journal intime d'une sorcière

The diary of a witch

Sonia trouve le journal intime de sa mère. Elle se rappelle d'un Noël pas comme les autres, avec ses enfants, chez sa mère, en Écosse. Voici l'histoire de ce drôle de Noël. L'occasion de parler de :

- Météo
- Magie
- Famille
- Présent et futur proche

Sonia finds her mother's diary. She remembers a Christmas like no other, with her children, at her mother's home in Scotland. Here is the story of this strange Christmas. The pportunity to talk about:

- Weather
- Magic
- Family
- Present and near future

J'ai retrouvé, dans le grenier, un vieux journal intime. C'est le journal intime d'une sorcière… Et cette sorcière, c'est ma mère ! C'est la lecture de cet extrait qui m'a permis de comprendre un épisode de notre vie, que je vais raconter ici.

I found an old diary in the attic. It is the diary of a witch… And this witch is my mother! It is the reading of this extract which allowed me to understand an episode of our life, which I will tell here.

Cher journal,
Cela fait bien longtemps que je n'écris plus. Je ne fais plus de magie depuis de longues années… Cela me manque, bien sûr, mais je ne veux pas déranger le calme de ma famille. J'adore la magie, mais voilà, je ne suis pas douée ! À chaque fois que j'essaye quelque chose de nouveau, je fais des bêtises ! Ma fille m'a souvent interdit de recommencer.

Dear diary,
I haven't been writing for a long time. I haven't done magic for many years… I miss it, of course, but I don't want to disturb my family's peace and quiet. I love magic, but that's it, I'm not good at it! Every time I try something new, I do something stupid! My daughter has often forbidden me to try again.

"Astarté (c'est mon prénom), arrête les bêtises ! C'est infernal, nous n'avons pas besoin de magie. La vie est assez compliquée comme ça !" me dit-elle.

"Astarté (that's my first name), stop the nonsense! It's hell, we don't need magic. Life is complicated enough like that!" she says to me.

"Je sais, Sonia chérie, je ne suis pas douée. Mais c'est si drôle d'essayer !"

"I know, Sonia darling, I am not gifted. But it's so funny to try!"

Mais voilà, je suis bien solitaire depuis quelque temps. Depuis que je suis revenue vivre dans mon Écosse natale, je suis seule la plupart du temps. Mais ma fille et ses enfants aiment venir en vacances chez moi. Et voilà, je veux du beau temps quand ils viennent ! Une météo impeccable, un grand

But here I am, I've been quite lonely for some time. Since I moved back to my native Scotland, I've been alone most of the time. But my daughter and her children like to come on vacation to my home. I want good weather when they come! Perfect weather, a big blue sky to go for beautiful walks. But

ciel bleu pour faire de belles promenades. Mais l'Écosse est un pays pluvieux…

Je veux reprendre la magie pour apporter du bonheur dans nos vacances. J'écris ici pour prendre note de mes progrès. J'espère réussir à transformer nos vacances !

Je reprends donc aujourd'hui mon vieux grimoire pour m'entraîner. Je vais essayer les sortilèges pour contrôler la météo. Au travail !

Premier jour
Mon vieux grimoire est poussiéreux, mais je trouve quand même le sortilège de soleil. Je lis le sort attentivement. Je dois dire une formule magique, et placer un concombre dans du jus d'orange sous le ciel de minuit. Je fais tout à la lettre. Le lendemain matin, quand je me lève… Le soleil est bien là, mais il est tout vert ! C'est raté… Il faut que j'arrange ça. Les voisins vont se poser des questions.

Je cherche la formule magique pour réparer ma bêtise. C'est facile ! Peler le concombre, le mixer avec le jus d'orange et tout boire après avoir récité une formule. Ouf ! Le soleil est à nouveau normal.

Deuxième jour
J'attends le matin, je regarde par la fenêtre. Le soleil semble normal, mais on ne le voit pas. Quel mauvais temps ! J'essaye un nouveau sortilège. Je place quatre bouts de bois dans la cheminée, j'arrose avec de l'eau de coco. Abracadabra, que le soleil soit là ! Je sors de ma maison pour observer les changements. La pluie s'arrête, il n'y a plus aucun nuage, pas de vent, mais, devinez quoi ? Il fait nuit !

Troisième jour
Mon accident fait la une des journaux. Personne ne comprend ce qui s'est passé. Les cycles de jour et de nuit sont inversés. Bon, ça ne change pas beaucoup, les gens

Scotland is a rainy country…

I want to take back the magic to bring happiness to our vacations. I am writing here to take note of my progress. I hope to succeed in transforming our vacation!

So today I am taking back my old spell book to train. I will try the spells to control the weather. Let's get to work!

First day
My old spell book is dusty, but I still find the sun spell. I read the spell carefully. I have to say a magic spell, and place a cucumber in orange juice under the midnight sky. I follow everything to the letter. The next morning, when I get up… The sun is there, but it's all green! It's a failure… I have to fix it. The neighbors are going to ask themselves questions.

I'm looking for the magic formula to fix my stupidity. It's easy! Peel the cucumber, mix it with the orange juice and drink it all after reciting a formula. Phew! The sun is normal again.

Second day
I wait for the morning, I look out the window. The sun seems normal, but you can't see it. What bad weather! I try a new spell. I put four pieces of wood in the fireplace and sprinkle it with coconut water. Abracadabra, let the sun be there! I leave my house to observe the changes. The rain stops, there are no more clouds, no wind, but, guess what? It's dark!

Third day
My accident made the headlines. No one understands what happened. The day and night cycles are reversed. Well, it doesn't change much, people will get used to it. It's

vont s'habituer. Il vaut mieux arrêter la magie. Les journalistes font le lien entre le soleil vert et l'inversion du jour et de la nuit… Tout le monde se réorganise en fonction des nouveaux horaires. Flûte… Je suis nulle !

Septième jour
Je me dis que si je ne suis pas douée pour le soleil, je peux essayer la neige. C'est joli, la neige ! Noël approche. Un beau Noël sous la neige pour ma famille est tout ce que je veux !

Je ressors mon vieux grimoire. Je cherche la formule magique de la neige. Je m'applique. Il faut prendre une citrouille, quelques poils d'un vieux chien roux et les ailes d'une chauve-souris. C'est la partie la plus difficile. Je chasse toute la soirée pour attraper une chauve-souris. Quand je l'ai enfin attrapée, je me mets au travail. Cuisiner le tout dans un grand chaudron, en chantant des chansons de Noël. Le lendemain matin, je regarde par la fenêtre : tout est pareil ! Quelle déception. Tout ça pour ça.

Mais le soir, quand je vais me coucher, il fait froid dans ma chambre… Il y a de la neige sous mon lit. Mince alors ! Je prends une pelle et je jette la neige par la fenêtre. J'entends le fils de la voisine qui crie : "Maman, maman ! Viens voir ! Il y a de la neige qui tombe de la fenêtre de la vieille voisine !"

La vieille voisine… Petit morveux. Bon, au moins, je n'ai pas fait de trop grosse bêtise, cette fois-ci.

Neuvième jour
Ma famille arrive dans une semaine. J'ai encore le temps de faire des essais. Je trouve un sortilège de neige beaucoup plus simple. Il faut que je sois nue dehors à minuit et que j'appelle les oiseaux blancs en chantant. Je chante mal, mais ce n'est pas grave.

better to stop the magic. The journalists make the connection between the green sun and the inversion of day and night… Everyone reorganizes themselves according to the new schedules. Damn… I suck!

Seventh day
I tell myself that if I'm not good at sunshine, I can try snow. Snow is pretty! Christmas is coming. A beautiful Christmas in the snow for my family is all I want!

I take out my old spell book. I'm looking for the magic spell of snow. I apply myself. I need to take a pumpkin, a few hairs from an old red dog and the wings of a bat. This is the most difficult part. I hunt all evening to catch a bat. When I finally catch it, I get to work. Cook it in a big cauldron, singing Christmas carols. The next morning, I look out the window: everything is the same! What a disappointment. So much for that.

But in the evening, when I go to bed, it is cold in my room… There is snow under my bed. Blimey! I take a shovel and throw the snow out the window. I can hear the neighbor's son shouting: "Mommy, mommy! Come and see! There is snow falling from the old neighbor's window!"

The old neighbor, little brat. Well, at least I didn't make too big of a mistake this time.

Ninth day
My family is coming in a week. I still have time to try it out. I find a much simpler snow spell. I have to be naked outside at midnight and call the white birds singing. I sing badly, but it doesn't matter.

Le lendemain matin, je regarde par la fenêtre… Les oiseaux blancs ont mal compris… Il neige, c'est vrai ! Mais il neige des plumes d'oiseau… Il y a un tapis de plumes dans le jardin. Je vois les voisins remplir des sacs de plumes pour faire des oreillers et les enfants courir en riant dans les plumes. Au moins, ça les fait rire ! Zut et flûte !

Douzième jour
J'ai fait beaucoup de progrès. La neige ne marche pas. Mais le soleil, je maîtrise enfin ! C'est un autre sortilège qui fonctionne bien. Il est un peu compliqué, mais je suis sûre de mon coup cette fois-ci ! Je suis prête pour l'arrivée de ma famille. Je n'ai plus qu'à préparer les cadeaux et le sapin !

Voici l'extrait de son journal. Et maintenant, je me souviens… C'est Noël, mes enfants ont huit et dix ans. Nous sommes en Écosse chez Astarté, ma mère. Elle prépare une table dans son jardin, il y a des cadeaux, des gâteaux, des rires, des sourires et beaucoup d'amour. Il fait très beau et chaud, les oiseaux chantent. Au mois de décembre… Nous sommes heureux, mais la météo est complètement surréaliste.

Quand le repas est terminé, il est temps d'ouvrir les cadeaux. Les petits sont très joyeux. Soudain, je vois ma mère faire de drôles de gestes. « Maman, ne fais pas de bêtise, je t'en prie ! », lui dis-je. Je la connais bien… Mais voilà que des nuages couvrent le ciel bleu. Une fine pluie tombe du ciel, douce et rafraîchissante.

"Regardez, les enfants !" s'exclame alors Astarté en montrant le ciel.

Les enfants et moi, nous regardons le ciel : il y a un superbe arc-en-ciel aux couleurs incroyablement belles ! C'est magnifique. Je regarde ma mère, un peu fâchée. Mais je ne peux pas m'empêcher de lui sourire.

The next morning, I look out the window… The white birds have misunderstood… It's snowing, it's true! But it is snowing bird feathers… There is a carpet of feathers in the garden. I see the neighbors filling bags with feathers to make pillows and the children running around laughing in the feathers. At least it makes them laugh! Damn it!

Twelfth day
I have made a lot of progress. Snow doesn't work. But the sun, I finally mastered it! It's another spell that works well. It's a bit complicated, but I'm sure of my trick this time! I'm ready for my family's arrival. All I have to do now is prepare the gifts and the tree!

Here is an excerpt from her diary. And now I remember… It's Christmas, my children are eight and ten years old. We are in Scotland with Astarté, my mother. She is setting a table in her garden, there are gifts, cakes, laughter, smiles and lots of love. The weather is very nice and warm, the birds are singing. In December… We are happy, but the weather is completely surreal.

When the meal is over, it is time to open the presents. The little ones are very happy. Suddenly, I see my mother making strange gestures. "Mommy, don't do anything stupid, please!" I said to her. I know her well… But now clouds are covering the blue sky. A fine rain falls from the sky, soft and refreshing.

"Look, kids!" Astarté exclaimed, pointing to the sky.

The children and I are looking at the sky: there is a beautiful rainbow with incredibly beautiful colors! It's beautiful. I look at my mother, a little angry. But I can't help smiling at her.

"On peut dire que tu as réussi ton coup, maman ! Joli, l'arc-en-ciel !"

"Oh, c'est juste pour faire plaisir aux enfants…"

"We can say that you did it mom! Nice rainbow!"

"Oh, it's just to please the children…"

Compréhension

1. Pourquoi la sorcière Astarté a-t-elle arrêté de faire de la magie ? (Plusieurs réponses possibles)

    a) C'est dangereux
    b) Ce n'est pas bien pour les femmes
    c) Elle n'est pas douée
    d) Cela dérange sa famille
    e) Parce qu'elle a un autre travail

2. Quels sont les mots en rapport avec la météo :

    a) La pluie
    b) La citrouille
    c) La plume
    d) La neige
    e) Le sapin
    f) Le soleil
    g) Le vent
    h) Les nuages
    i) Le chaudron
    j) L'arc-en-ciel

3. Quel est le sortilège qui fonctionne le mieux ?

    a) L'arc-en-ciel
    b) La neige
    c) La pluie

4. Remets les phrases dans l'ordre d'apparition dans l'histoire :

    a) Il neige des plumes d'oiseaux le matin
    b) Astarté reprend son vieux grimoire pour faire de la magie
    c) La famille d'Astarté arrive enfin pour fêter Noël
    d) Sonia retrouve, dans un grenier, le journal intime de sa mère
    e) Astarté découvre un sortilège de neige plus simple
    f) Le jour et la nuit sont inversés : ça fait la une des journaux

Comprehension

1. Why did the witch Astarté stop practicing magic? (Several possible answers)

    a) It's dangerous
    b) It's not good for women
    c) She's not good
    d) It disturbs her family
    e) Because she has another job

2. What are the words linked to the weather:

    a) The rain
    b) The pumpkin
    c) The feather
    d) The snow
    e) The fir tree
    f) The sun
    g) The wind
    h) The clouds
    i) The cauldron
    j) The rainbow

3. What is the spell that worked best?

    a) The rainbow
    b) The snow
    c) The rain

4. Put the sentences in the order of the story:

    a) It snows bird feathers in the morning
    b) Astarté takes back his old spell book to make magic
    c) Astarté's family finally arrives to celebrate Christmas
    d) Sonia finds her mother's diary in an attic
    e) Astarté discovers a simpler snow spell
    f) Day and night are reversed: it makes the headlines

g) Astarté arrose des bouts de bois avec de l'eau de coco
h) Astarté chasse des chauves-souris

5. Complète le texte avec les mots suivants :

douée — pays — plaisir — neige — seule — beaucoup — arc-en-ciel — sorcière — grimoire

Astarté est une _____. Elle aime la magie, mais n'est pas très _____. Elle retourne dans son _____ d'enfance, l'Écosse, elle se sent _____, et elle décide de faire _____ à sa famille. Elle sort son vieux _____. Elle veut de la _____ pour Noël. Malheureusement, ce n'est pas facile. Elle travaille _____ et finalement, elle fait un bel _____ !

5. Complete the text with the following words:

gifted - country - please - snow - alone - a lot - rainbow - witch - spell book

Astarté is a _____. She loves magic, but she is not very _____. She goes back to her childhood _____, Scotland, she feels _____, and she decides to _____ her family. She takes out her old _____. She wants _____ for Christmas. Unfortunately, it's not easy. She works _____ and finally she makes a beautiful _____!

Réponses

1 : réponses a, c et d
2 : réponses a, d, f, g, h et j
3 : réponse a
4 : 1d ; 2b ; 3g ; 4f ; 5h ; 6e ; 7a ; 8c
5 : dans l'ordre : sorcière, douée, pays, seule, plaisir, grimoire, neige, beaucoup, arc-en-ciel

Answers

1 : answers a, c and d
2 : answers a, d, f, g, h and j
3 : answer a
4 : 1d ; 2b ; 3g ; 4f ; 5h ; 6e ; 7a ; 8c
5 : in order: witch, gifted, country, alone, please, spell book, snow, a lot, rainbow

Astarté est une <u>sorcière</u>. Elle aime la magie, mais n'est pas très <u>douée</u>. Elle retourne dans son <u>pays</u> d'enfance, l'Écosse, elle se sent <u>seule</u>, et elle décide de faire <u>plaisir</u> à sa famille. Elle sort son vieux <u>grimoire</u>. Elle veut de la <u>neige</u> pour Noël. Malheureusement, ce n'est pas facile. Elle travaille <u>beaucoup</u> et finalement, elle fait un bel <u>arc-en-ciel</u> !

Astarté is a <u>witch</u>. She loves magic, but she is not very <u>gifted</u>. She goes back to her childhood <u>country</u>, Scotland, she feels <u>alone</u>, and she decides to <u>please</u> her family. She takes out her old <u>spell book</u>. She wants <u>snow</u> for Christmas. Unfortunately, it's not easy. She works <u>a lot</u> and finally she makes a beautiful <u>rainbow</u>!

Chapitre 8 : Ah! Les voyages...

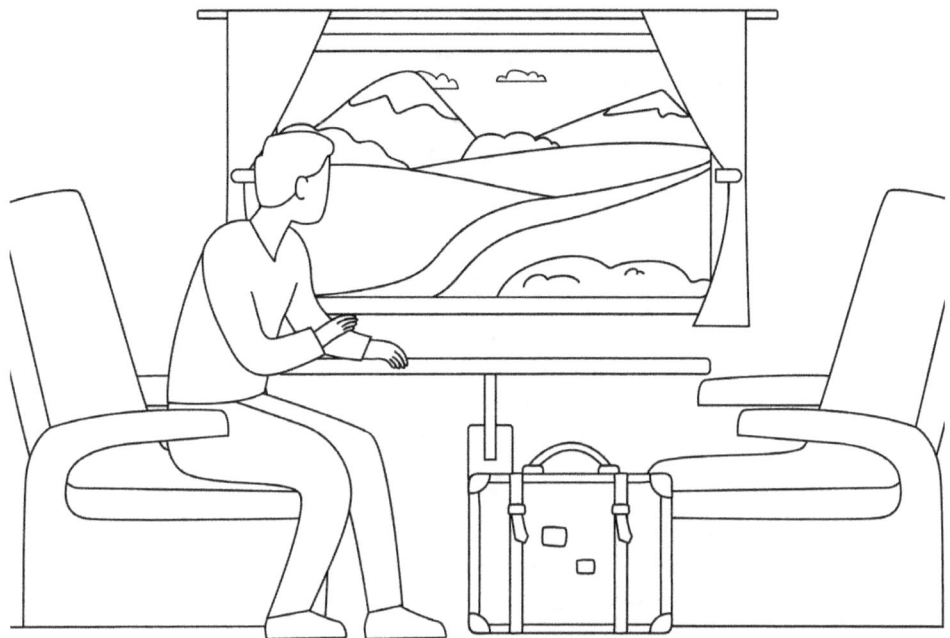

Voyager est le passe-temps préféré de Michel. Son rêve : prendre une année sabbatique pour partir au bout du monde pendant un an. Ses amis vont l'aider dans son voyage... L'occasion de parler de :

- Moyens de transport, train, avion, bateau
- Voyages, destinations, hôtels, restaurants
- Les pays et continents
- Vocabulaire : bagages, activités, loisirs
- Superlatif (le plus beau, le meilleur, le mieux...)
- Futur proche

Depuis hier, Michel est **retraité** – et il est tout heureux. Son **métier** de **fabricant** de valises est derrière lui maintenant. Son rêve de voyages va **se réaliser** ! Après avoir fabriqué des valises pour les autres toute sa vie, il peut enfin voyager **lui-même**. Il a tout préparé. Il y pense depuis longtemps !

Retraité (adjectif) — Retiree, retired person
Métier (m) (nom commun) — Trade, occupation
Fabricant (m) (nom commun) — Manufacturer
Se réaliser (verbe) — To come true
Lui-même (f) (pronom) — Himself

Michel est un éternel **célibataire**. Il n'est pas le **genre** d'homme qui **s'attache** aux femmes... Ce qu'il aime, lui, c'est la lecture, l'aventure, les documentaires, la musique,

la montagne… Et les voyages. Bien sûr il a déjà voyagé ! Il est allé en Asie, au Japon. En Corée et même en Chine ! Il a visité l'Amérique latine, et il a aussi découvert l'Asie centrale, l'Iran, l'Arménie, la Géorgie. Mais ce qu'il veut aujourd'hui, c'est **partir** longtemps. Trois **semaines** pour découvrir un pays, Michel pense que ce n'est pas **suffisant**. Michel aime **prendre son temps**. Il veut **s'imprégner** des cultures, prendre le train, marcher, prendre le **bateau**. Éviter l'avion **le plus possible**. Prendre le temps des rencontres. **Regarder passer le temps** et **s'immerger** dans les pays qu'il visite. Prendre un livre sur une terrasse de café, **quelque part** dans le monde, et attendre la fin de la journée en regardant les passants.

Célibataire (adjectif) — Single (not in a relationship)
Genre (d'homme) (m) (nom commun) — The kind of (man)
S'attacher (verbe) — To get attached to
Partir (verbe) — To leave
Semaine (f) (nom commun) — Week
Suffisant (adjectif) — Enough, satisfactory
Prendre son temps (expression) — To take time
S'imprégner (verbe) — To soak in, to impregnate
Bateau (m) (nom commun) — Boat
Le plus possible (expression) — As much as possible
Regarder passer le temps (expression) — To watch the time go by
S'immerger (verbe) — To immerse
Quelque part (locution adverbiale) — Somewhere

Voilà le projet ! Michel est tout **excité**. Il est aussi très content, car il faut préparer un voyage, et il adore ça : lire beaucoup, regarder les **cartes**, **se renseigner** sur les destinations, les **hébergements**, la gastronomie, la culture.

Michel a une valise. C'est une belle valise ! Il l'a fabriquée lui-même, en secret, dans les dernières années de son travail. Elle est spécialement **faite** pour lui. Elle est grande, mais **pas trop**, elle a des **roulettes**. Elle est solide et pratique. L'**extérieur** est en **cuir** rouge et l'**intérieur** est en **tissu** noir. Elle est élégante… Il en est très **fier** !

Excité (adjectif) — Excited
Carte (f) (nom commun) — Map
Se renseigner (verbe) – To look up (information)
Hébergement (m) (nom commun) — Lodging
Fait(e) (verbe) — Made of
Pas trop (locution) — Not too much
Roulettes (f) (nom commun) — (Small) wheel
Extérieur (m) (nom commun) — The outside
Cuir (m) (nom commun) — Leather
Intérieur (m) (nom commun) — The inside
Tissu (m) (nom commun) — Fabric
Fier (adjectif) — Proud

Il raconte son projet à son amie Martine, une **ancienne** collègue de travail. Martine travaille toujours à la fabrication de valises et elle est **ravie** que Michel réalise son rêve ! En

fait, dans son ancienne entreprise, **tout le monde** savait que Michel voulait partir. Chacun **se réjouit**!

Ancien (adjectif) — Old
Ravi (adjectif) — Delighted
Tout le monde (locution) — Everybody
Se réjouir (verbe) — To rejoice

La première **étape** de son voyage est donc la préparation. Pour se préparer, il part en voyage dans son **propre** pays : la Suisse. Il va se perdre dans les montagnes avec **quelques** bons livres et, bien sûr, sa valise, pour apprendre à **s'organiser** en voyage. Il s'installe **pendant** quelques semaines dans un **chalet** près d'un **lac**. Ici, il étudie la carte de l'Europe. Comme il adore le train, il décide d'acheter un billet de train « Euro Train ». Avec ce billet, Michel peut prendre le train **partout** en Europe, quand il veut, où il veut ! C'est un peu **cher**, mais ça en **vaut la peine**.

Étape (f) (nom commun) — Step, stop in a travel
Propre (adjectif) — His own something (as in his own country)
Quelques (adjectif) — Some
S'organiser (verbe) – To be organized
Pendant (adverbe) — During
Chalet (m) (nom commun) — Cabin
Lac (m) (nom commun) — Lake
Partout (adverbe) — Everywhere
Cher (adjectif) — Expensive
Valoir la peine (expression) — Worth the effort

C'est l'heure du **grand départ**. Michel fait sa valise et il **quitte** son appartement confortable. Il **ferme sa porte à clef** et se dirige vers la gare. Enfin! **Quel bonheur**. Assis dans le train, il lit un bon livre. Première étape : l'Italie. Il espère **passer** plus d'un mois dans ce beau pays qu'il adore. Les **vins**, la culture, les **paysages**, les églises, la gastronomie… Il regarde les paysages avec émotion. Il reçoit alors un appel téléphonique de Martine…

Grand départ (expression) — The start of something momentous (usually travels)
Quitter (verbe) — To leave something or someone
Fermer sa porte à clef (expression) — To lock the door
Quel bonheur (expression) — Such happiness
Passer (verbe) — To spend time
Vin (m) (nom commun) — Wine
Paysage (m) (nom commun) — Landscape

- Alors, tu es parti ? C'est le grand départ ? Tu nous **manques**, tu sais ! lui dit-elle, très **enjouée.**

- Oui Martine, je suis dans le train, et je suis si heureux… Vous me manquez aussi, mais cette nouvelle vie est un rêve pour moi.

- Michel, quand tu **seras** à l'hôtel, ce soir, dans ta valise, regarde dans le **fond**, derrière

le tissu, **compartiment** de gauche.

- Mais… Dans ma valise… Tu **connais** ma valise ?

- Voyons Michel, tout le monde connaît ta valise au travail !

- Je l'ai pourtant fabriquée discrètement… !

- Oh, tu n'es pas si discret, répond Martine en riant.

> **Manquer** (verbe) — To miss to someone
> **Enjoué** (adjectif) — Cheerful
> **Être** (verbe, futur de l'indicatif) — Will be
> **Fond** (m) (nom commun) — Bottom
> **Compartiment** (m) (nom commun) — Compartment
> **Connaître** (verbe) – To know/to be aware

Bon, Michel est très surpris. Et surtout, il est curieux. Qu'est-ce qu'il peut y avoir de spécial dans sa valise ? Il la connaît par cœur, c'est très étrange. Maintenant, Michel **n'a qu'une envie** : arriver dans son hôtel ce soir pour ouvrir la valise.

Arrivé à Como, dans la région des Grands Lacs du nord de l'Italie, Michel **saute** dans un taxi et **se rend** à son hôtel. L'**endroit** est charmant et sa chambre est très confortable, avec une splendide **vue** sur le lac. Il **s'assoit** avec un verre de vin et ouvre sa valise. Il regarde bien et il ne voit rien… Puis il réalise qu'il y a une **ouverture** dans le tissu noir. Une fermeture en zip… Il ouvre et découvre une **poche**, bien cachée. Et, dans cette poche, une belle enveloppe bleue. **Ça alors** ! Son prénom est écrit **dessus**. Michel l'ouvre **avec empressement**.

> **N'avoir qu'une envie** (expression) – To be able to think about only one thing, to be single minded about something
> **Sauter** (verbe) — To jump into (a taxi)
> **Se rendre** (verbe) — To go somewhere
> **Endroit** (m) (nom commun) — Place, location
> **Vue** (f) (nom commun) — A view
> **S'assoir** (verbe) — To sit
> **Ouverture** (f) (nom commun) — Opening
> **Poche** (f) (nom commun) — Pocket
> **Ça alors** (locution) — What a surprise
> **Dessus** (adverbe) — On
> **Avec empressement** (expression) — With haste, hastily

"Cher Michel, nous sommes heureux de te **souhaiter** un beau voyage ! Tu vas beaucoup nous manquer, et nous voulons te faire un cadeau de départ. Pour te **remercier** d'être le **meilleur** collègue et ami. Tu crois t'être caché en fabriquant cette valise ? Eh bien, nous, nous savons ! Voici notre cadeau. **Profite bien**, et écris-nous quelques **cartes postales, de temps en temps** !

Signé : tes collègues et amis."

Souhaiter (verbe) — To wish something to someone
Remercier (verbe) — To thank someone
Meilleur (adjectif) — The best
Profite bien (locution) — Enjoy
Cartes postales (f) (nom commun) — Postcard
De temps en temps (locution) — From time to time

Avec la lettre, Michel trouve un **chèque**… Ses collègues lui donnent tous un peu d'argent pour son voyage ! C'est **merveilleux**, car **grâce à** cela, Michel va **pouvoir** partir **plus longtemps**. Et profiter des restaurants ! Mais, ce qui est **encore mieux**, c'est la seconde lettre, derrière le chèque : ses amis sont merveilleux. **Car**, dans cette lettre, ils ont tous écrit leurs souvenirs de voyages personnels. Ils ont tout **décrit** : **conseils de voyage**, meilleurs restaurants, **plus jolis** hôtels, contacts **sur place**, idées de promenades.

Michel est **le plus heureux des hommes** : ce cadeau que ses amis lui font est **le plus beau** des **guides touristiques** !

Chèque (m) (nom commun) — A check (money)
Merveilleux (adjectif) — Wonderful
Grâce à (locution) — Thanks to
Pouvoir (verbe) — To be able to
Plus longtemps (locution) — Longer
Encore mieux (locution) — Even better
Car (conjonction de coordination) — Because
Décrire (verbe) — To describe
Conseils de voyage (expression) — Traveling tips
Plus jolis (locution) — Prettiest, nicest
Sur place (locution) — On location, local
Le plus heureux des hommes (expression) — Happiest man in the world
Le plus beau (locution) - The most beautiful
Guide touristique (m) (nom commun) — Travel guide

Compréhension

1. Quel est le métier de Michel ?

    a) Guide touristique
    b) Fabricant de valise
    c) Gérant dans un hôtel
    d) Professeur de lettres

2. Quelle est la première étape du voyage de Michel ?

    a) L'Espagne
    b) La Suisse
    c) L'Italie
    d) La France

3. Mettez ces évènements dans l'ordre chronologique :

    a) Michel découvre un compartiment secret dans sa valise
    b) Michel est fraîchement retraité et il est tout heureux
    c) Martine appelle Michel et lui parle d'une surprise de ses collègues
    d) Michel se fabrique une valise en secret à son travail
    e) Les collègues de Michel lui donnent de l'argent et des conseils pour son voyage
    f) Il part en Suisse, puis en Italie en train

4. Quels mots décrivent le mieux le caractère de Michel : (Plusieurs réponses possibles)

    a) Gourmand
    b) Marié
    c) Heureux
    d) Voyageur
    e) Pressé
    f) Curieux
    g) Dépressif
    h) Aventureux
    i) Désordonné

5. Complétez avec les mots manquants :

    cultures — guide — retraite — étape — voyage — Suisse — heureux — secret — destinations

Michel est fabricant de valise à la _____. Il est ravi de pouvoir enfin prévoir un beau et long _____. Il se prépare pour aller d'abord en _____, son pays, puis pour partir longtemps en train. La seconde _____ est l'Italie ! Il adore voyager, se cultiver, rencontrer des gens, aller au restaurant, et découvrir d'autres _____. Il voyage avec sa valise personnelle, spécialement

fabriquée, croit-il, en _____. Mais ses collègues lui réservent une belle surprise : une lettre cachée dans sa valise, avec de l'argent et un _____ touristique de leurs _____ préférées. Michel est le plus des _____ hommes !

Réponses

1 : réponse b
2 : réponse b
3 : 1d ; 2b ; 3f ; 4c ; 5a ; 6e
4 : réponses a, c, d, f et h
5 : dans l'ordre : retraite, voyage, Suisse, étape, cultures, secret, guide, destinations, heureux

Michel est fabricant de valise à la <u>retraite</u>. Il est ravi de pouvoir enfin prévoir un beau et long <u>voyage</u>. Il se prépare pour aller d'abord en <u>Suisse</u>, son pays, puis pour partir longtemps en train. La seconde <u>étape</u> est l'Italie ! Il adore voyager, se cultiver, rencontrer des gens, aller au restaurant, et découvrir d'autres <u>cultures</u>. Il voyage avec sa valise personnelle, spécialement fabriquée, croit-il, en <u>secret</u>. Mais ses collègues lui réservent une belle surprise : une lettre cachée dans sa valise, avec de l'argent et un <u>guide</u> touristique de leurs <u>destinations</u> préférées. Michel est le plus <u>heureux</u> des hommes !

Ah ! Les voyages... # Ah! Travel...

Voyager est le passe-temps préféré de Michel. Son rêve : prendre une année sabbatique pour partir au bout du monde pendant un an. Ses amis vont l'aider dans son voyage... L'occasion de parler de :

- Moyens de transport, train, avion, bateau
- Voyages, destinations, hôtels, restaurants
- Les pays et continents
- Vocabulaire : bagages, activités, loisirs
- Superlatif (le plus beau, le meilleur, le mieux...)
- Futur proche

Depuis hier, Michel est retraité – et il est tout heureux. Son métier de fabricant de valises est derrière lui maintenant. Son rêve de voyages va se réaliser ! Après avoir fabriqué des valises pour les autres toute sa vie, il peut enfin voyager lui-même. Il a tout préparé. Il y pense depuis longtemps !

Michel est un éternel célibataire. Il n'est pas le genre d'homme qui s'attache aux femmes... Ce qu'il aime, lui, c'est la lecture, l'aventure, les documentaires, la musique, la montagne... Et les voyages. Bien sûr il a déjà voyagé ! Il est allé en Asie, au Japon. En Corée et même en Chine ! Il a visité l'Amérique latine, et il a aussi découvert l'Asie centrale, l'Iran, l'Arménie, la Géorgie. Mais ce qu'il veut aujourd'hui, c'est partir longtemps. Trois semaines pour découvrir un pays, Michel pense que ce n'est pas suffisant. Michel aime prendre son temps. Il veut s'imprégner des cultures, prendre le train, marcher, prendre le bateau. Éviter l'avion le plus possible. Prendre le temps des rencontres. Regarder passer le temps et s'immerger dans les pays qu'il visite. Prendre un livre sur une terrasse de café, quelque part dans

Travelling is Michel's favorite hobby. His dream: to take a sabbatical year to travel around the world for a year. His friends are going to help him in his journey... The oppurtunity to talk about:

- Means of transportation, train, plane, boat
- Trips, destinations, hotels, restaurants
- Countries and continents
- Vocabulary: luggage, activities, leisure
- Superlative (the most beautiful, the better, the best...)
- Near future

Since yesterday, Michel has retired - and he is very happy. His job as a suitcase manufacturer is behind him now. His dream of traveling is going to come true! After making suitcases for others all his life, he can finally travel on his own. He has prepared everything. He has been thinking about it for a long time!

Michel is an eternal bachelor. He is not the kind of man who gets attached to women... What he likes is reading, adventure, documentaries, music, mountains... And travelling. Of course he has already traveled! He went to Asia, Japan. To Korea and even China! He visited Latin America, and he also discovered Central Asia, Iran, Armenia, Georgia. But what he wants today is to go away for a long time. Three weeks to discover a country, Michel thinks it's not enough. Michel likes to take his time. He wants to immerse himself in the cultures, take the train, walk, take the boat. Avoid flying as much as possible. Take the time to meet people. Watching time pass by and immersing himself in the countries he visits. Take a book to a cafe terrace, somewhere around the world, and wait for the end of the day while watching

le monde, et attendre la fin de la journée en regardant les passants.

Voilà le projet ! Michel est tout excité. Il est aussi très content, car il faut préparer un voyage, et il adore ça : lire beaucoup, regarder les cartes, se renseigner sur les destinations, les hébergements, la gastronomie, la culture.

Michel a une valise. C'est une belle valise ! Il l'a fabriquée lui-même, en secret, dans les dernières années de son travail. Elle est spécialement faite pour lui. Elle est grande, mais pas trop, elle a des roulettes. Elle est solide et pratique. L'extérieur est en cuir rouge et l'intérieur est en tissu noir. Elle est élégante… Il en est très fier !

Il raconte son projet à son amie Martine, une ancienne collègue de travail. Martine travaille toujours à la fabrication de valises et elle est ravie que Michel réalise son rêve ! En fait, dans son ancienne entreprise, tout le monde savait que Michel voulait partir. Chacun se réjouit !

La première étape de son voyage est donc la préparation. Pour se préparer, il part en voyage dans son propre pays : la Suisse. Il va se perdre dans les montagnes avec quelques bons livres et, bien sûr, sa valise, pour apprendre à s'organiser en voyage. Il s'installe pendant quelques semaines dans un chalet près d'un lac. Ici, il étudie la carte de l'Europe. Comme il adore le train, il décide d'acheter un billet de train (Euro Train). Avec ce billet, Michel peut prendre le train partout en Europe, quand il veut, où il veut ! C'est un peu cher, mais ça en vaut la peine.

C'est l'heure du grand départ. Michel fait sa valise et il quitte son appartement confortable. Il ferme sa porte à clef et se dirige vers la gare. Enfin ! Quel bonheur. Assis dans le train, il lit un bon livre. Première étape : l'Italie. Il espère passer

the passers-by.

That's the plan! Michel is very excited. He's also very happy, because he has to prepare a trip, and he loves it: reading a lot, looking at maps, finding out about destinations, accommodation, gastronomy, culture.

Michel has a suitcase. It's a beautiful suitcase! He made it himself, in secret, in the last years of his work. It is especially made for him. It is big, but not too big, it has wheels. It is solid and practical. The outside is in red leather and the inside is in black fabric. It is elegant… He is very proud of it!

He talks about his project to his friend Martine, a former co-worker. Martine is still working on suitcases and she is thrilled that Michel is making his dream come true! In fact, in his former company, everyone knew that Michel wanted to leave. Everyone is delighted!

So the first step of his journey is preparation. To prepare himself, he goes on a trip to his own country: Switzerland. He will get lost in the mountains with a few good books and, of course, his suitcase, to learn how to organize his trip. He settles for a few weeks in a cabin near a lake. Here, he studies the map of Europe. As he loves the train, he decides to buy a (Euro Train) ticket. With this ticket, Michel can take the train to anywhere in Europe, whenever he wants, wherever he wants! It's a bit expensive, but it's worth it.

It's time for the big departure. Michel is packing his suitcase and leaving his comfortable apartment. He locks his door and goes to the station. At last! He's so happy. Sitting in the train, he reads a good book. First step: Italy. He hopes

plus d'un mois dans ce beau pays qu'il adore. Les vins, la culture, les paysages, les églises, la gastronomie… Il regarde les paysages avec émotion. Il reçoit alors un appel téléphonique de Martine…

"Alors, tu es parti ? C'est le grand départ ? Tu nous manques, tu sais !" lui dit-elle, très enjouée.

"Oui Martine, je suis dans le train, et je suis si heureux… Vous me manquez aussi, mais cette nouvelle vie est un rêve pour moi."

"Michel, quand tu seras à l'hôtel, ce soir, dans ta valise, regarde dans le fond, derrière le tissu, compartiment de gauche."

"Mais… Dans ma valise… Tu connais ma valise ?"

"Voyons Michel, tout le monde connaît ta valise au travail !"

"Je l'ai pourtant fabriquée discrètement… ! "

"Oh, tu n'es pas si discret," répond Martine en riant.

Bon, Michel est très surpris. Et surtout, il est curieux. Qu'est-ce qu'il peut y avoir de spécial dans sa valise ? Il la connaît par cœur, c'est très étrange. Maintenant, Michel n'a qu'une envie : arriver dans son hôtel ce soir pour ouvrir la valise.

Arrivé à Como, dans la région des Grands Lacs du nord de l'Italie, Michel saute dans un taxi et se rend à son hôtel. L'endroit est charmant et sa chambre est très confortable, avec une splendide vue sur le lac. Il s'assoit avec un verre de vin et ouvre sa valise. Il regarde bien et il ne voit rien… Puis il réalise qu'il y a une ouverture dans le tissu noir. Une fermeture en zip… Il ouvre et découvre une poche, bien cachée.

to spend more than a month in this beautiful country he loves. The wines, the culture, the landscapes, the churches, the gastronomy… He looks at the landscapes with emotion. He then receives a phone call from Martine…

"So, did you leave? This is the big departure? We miss you, you know!" she says to him, very cheerful.

"Yes Martine, I'm on the train, and I am so happy… I miss you too, but this new life is a dream for me."

"Michel, when you are at the hotel tonight, in your suitcase, look in the back, behind the fabric, left compartment."

"But… In my suitcase… Do you know my suitcase?"

"Come on Michel, everyone knows your suitcase at work!"

"I however manufactured it discreetly…!"

"Oh, you're not so discreet," answers Martine, laughing.

Well, Michel is very surprised. And above all, he is curious. What could be special about his suitcase? He knows it by heart, it's very strange. Now, Michel has only one desire: to arrive at his hotel tonight to open the suitcase.

Arriving in Como, in the Great Lakes region of northern Italy, Michel jumps into a cab and goes to his hotel. The place is charming and his room is very comfortable, with a splendid view of the lake. He sits down with a glass of wine and opens his suitcase. He looks well and he does not see anything… Then he realizes that there is an opening in the black fabric. A zip closure… He opens and discovers a pocket, well

Et, dans cette poche, une belle enveloppe bleue. Ça alors ! Son prénom est écrit dessus. Michel l'ouvre avec empressement.

"Cher Michel, nous sommes heureux de te souhaiter un beau voyage ! Tu vas beaucoup nous manquer, et nous voulons te faire un cadeau de départ. Pour te remercier d'être le meilleur collègue et ami. Tu crois t'être caché en fabriquant cette valise ? Eh bien, nous, nous savons ! Voici notre cadeau. Profite bien, et écris-nous quelques cartes postales, de temps en temps !

Signé : tes collègues et amis."

Avec la lettre, Michel trouve un chèque... Ses collègues lui donnent tous un peu d'argent pour son voyage ! C'est merveilleux, car grâce à cela, Michel va pouvoir partir plus longtemps. Et profiter des restaurants ! Mais, ce qui est encore mieux, c'est la seconde lettre, derrière le chèque : ses amis sont merveilleux. Car, dans cette lettre, ils ont tous écrit leurs souvenirs de voyages personnels. Ils ont tout décrit : conseils de voyage, meilleurs restaurants, plus jolis hôtels, contacts sur place, idées de promenades.

Michel est le plus heureux des hommes : ce cadeau que ses amis lui font est le plus beau des guides touristiques !

hidden. And, in this pocket, a beautiful blue envelope. How about that! His first name is written on it. Michel opens it eagerly.

"Dear Michel, we are happy to wish you a nice trip! We are going to miss you very much, and we want to give you a parting gift. To thank you for being the best colleague and friend. Do you think you were hiding while making this suitcase? Well, we know! This is our gift. Enjoy, and write us a few postcards every now and then!

Signed: your colleagues and friends."

With the letter, Michel finds a check... His colleagues all give him some money for his trip! This is wonderful, because thanks to this, Michel will be able to travel longer. And enjoy the restaurants! But what is even better is the second letter, behind the check: his friends are wonderful. Because, in this letter, they all wrote their memories of personal trips. They described everything: travel tips, best restaurants, prettier hotels, local contacts, ideas for walks.

Michel is the happiest of men: this gift that his friends gave him is the most beautiful tourist guide!

Compréhension

1. Quel est le métier de Michel ?

   a) Guide touristique
   b) Fabricant de valise
   c) Gérant dans un hôtel
   d) Professeur de lettres

2. Quelle est la première étape du voyage de Michel ?

   a) L'Espagne
   b) La Suisse
   c) L'Italie
   d) La France

3. Mettez ces évènements dans l'ordre chronologique :

   a) Michel découvre un compartiment secret dans sa valise
   b) Michel est fraîchement retraité et il est tout heureux
   c) Martine appelle Michel et lui parle d'une surprise de ses collègues
   d) Michel se fabrique une valise en secret à son travail
   e) Les collègues de Michel lui donnent de l'argent et des conseils pour son voyage
   f) Il part en Suisse, puis en Italie en train

4. Quels mots décrivent le mieux le caractère de Michel : (Plusieurs réponses possibles)

   a) Gourmand
   b) Marié
   c) Heureux
   d) Voyageur
   e) Pressé
   f) Curieux
   g) Dépressif
   h) Aventureux
   i) Désordonné

Comprehension

1. What is Michel's job?

   a) Tourist guide
   b) Suitcase manufacturer
   c) Manager in a hotel
   d) Letters teacher

2. What is the first step of Michel's journey?

   a) Spain
   b) Switzerland
   c) Italy
   d) France

3. Put these events in chronological order:

   a) Michel discovers a secret compartment in his suitcase
   b) Michel is freshly retired and he is very happy
   c) Martine calls Michel and tells him about a surprise from his colleagues
   d) Michel makes a suitcase in secret at his work
   e) Michel's colleagues give him money and advice for his trip
   f) He leaves for Switzerland, then to Italy by train.

4. Which words describe best Michel's personality: (Several possible answers)

   a) Gourmet
   b) Married
   c) Heureux
   d) Traveller
   e) Pressed
   f) Curious
   g) Depressive
   h) Adventurous
   i) Disordered

5. Complétez avec les mots manquants :

cultures — guide — retraite — étape — voyage — Suisse — heureux — secret — destinations

Michel est fabricant de valise à la _____. Il est ravi de pouvoir enfin prévoir un beau et long _____. Il se prépare pour aller d'abord en _____, son pays, puis pour partir longtemps en train. La seconde _____ est l'Ita-lie ! Il adore voyager, se cultiver, rencontrer des gens, aller au restaurant, et découvrir d'autres _____. Il voyage avec sa valise personnelle, spécialement fabriquée, croit-il, en _____. Mais ses collègues lui réservent une belle surprise : une lettre cachée dans sa valise, avec de l'argent et un _____ touristique de leurs _____ préférées. Michel est le plus _____ des hommes !

5. Complete with the missing words:

cultures - guide - retired - stopover - travel - Switzerland - happiest - secret - destinations

Michel is a _____ suitcase manufacturer. He is delighted to finally be able to plan a beautiful and long _____. He is getting ready to go first to _____, his country, and then to leave for a long time by train. The second _____ is Italy! He loves to travel, to cultivate himself, to meet people, to go to restaurants, and to discover other _____. He travels with his personal suitcase, specially manufactured, he believes, in _____. But his colleagues have a nice surprise in store for him: a letter hidden in his suitcase with money and a tourist _____ info from their favorite _____. Michel is the _____ man!

Réponses

1 : réponse b
2 : réponse b
3 : 1d ; 2b ; 3f ; 4c ; 5a ; 6e
4 : réponses a, c, d, f et h
5 : dans l'ordre : retraite, voyage, Suisse, étape, cultures, secret, guide, destinations, heureux

Answers

1: answer b
2: answer b
3: 1d ; 2b ; 3f ; 4c ; 5a ; 6e
4: answers a, c, d, f and h
5: in order: retired, travel, Switzerland, stopover, cultures, secret, guide, destinations, happiest

Michel est fabricant de valise à la <u>retraite</u>. Il est ravi de pouvoir enfin prévoir un beau et long <u>voyage</u>. Il se prépare pour aller d'abord en <u>Suisse</u>, son pays, puis pour partir longtemps en train. La seconde <u>étape</u> est l'Italie ! Il adore voyager, se cultiver, rencontrer des gens, aller au restaurant, et découvrir d'autres <u>cultures</u>. Il voyage avec sa valise personnelle, spécialement fabriquée, croit-il, en <u>secret</u>. Mais ses collègues lui réservent une belle surprise : une lettre cachée dans sa valise, avec de l'argent et

Michel is a <u>retired</u> suitcase manufacturer. He is delighted to finally be able to plan a beautiful and long <u>travel</u>. He is getting ready to go first to <u>Switzerland</u>, his country, and then to leave for a long time by train. The second <u>stopover</u> is Italy! He loves to travel, to cultivate himself, to meet people, to go to restaurants, and to discover other <u>cultures</u>. He travels with his personal suitcase, specially manufactured, he believes, in <u>secret</u>. But his colleagues have a nice surprise in store for him: a letter hidden in

un guide touristique de leurs destinations préférées. Michel est le plus heureux des hommes !

his suitcase with money and a tourist guide from their favorite destinations. Michel is the happiest man!

CHAPITRE 9 : LE WEEK-END À LA CAMPAGNE

L'automne est arrivé. Avec lui les champignons, les jolies couleurs... Jean est fatigué de vivre en ville, au milieu des voitures, dans la pollution. Dès qu'il fait beau, il quitte la ville pour s'aventurer en vélo hors des sentiers battus à la recherche d'une plus grande connexion avec la nature. Il ne se doute pas que ce week-end, il va trouver la solution à tous ses problèmes... L'occasion de parler de :

- La nature (forêts, lacs, campagne, montagne, mer, rivières)
- Des paysages
- Couleurs
- Météo

Jean vient de Paris. Il est parisien depuis son enfance. Il vit depuis toujours dans une cité, en **banlieue**. Le **béton** est son **décor quotidien**. Pourtant, il ne rêve que de **verdure**, de **forêts** et de **fleurs**. Alors, dès qu'il peut, il **s'échappe** de la ville. Il prend sa voiture et il va vers la campagne. Ce qu'il préfère, c'est la montagne. Quand il a des vacances, il va dans les Pyrénées, ou dans les Alpes. En hiver, il aime aller en Normandie, près de la mer, pour voir les **vagues** et les plages désertes. En été, il préfère se baigner dans les lacs de montagne.

Banlieue (f) (nom commun) — Suburb
Béton (m) (nom commun) — Concrete
Décor quotidien (m) (nom commun) — Everyday environment
Verdure (f) (nom commun) — The green, vegetation
Forêt (f) (nom commun) — Forest

Fleur (f) (nom commun) — Flower
S'échapper (verbe) — To escape
Vague (f) (nom commun) — Wave

C'est l'**automne**, et Jean a un week-end de trois jours. C'est **suffisant** pour aller se perdre en forêt et **chercher des champignons**. Il se prépare : une veste chaude, des **chaussures de marche**, un **couteau** à champignons, une carte des **sentiers** et un **panier** pour les champignons. Il prend aussi son livre sur les champignons, pour ne pas **se tromper**. Il réserve une chambre dans une petite **auberge**, dans un village. Le **petit-déjeuner est compris**, et il peut aussi dîner avec ses **hôtes**. Ça a l'air très joli ! Jean se réjouit.

Automne (f) (nom commun) — Autumn
Suffisant (adjectif) — Enough
Chercher des champignons (expression) — To search for mushrooms
Chaussures de marche (f) (nom commun) — Walking shoes
Couteau (m) (nom commun) — Knife
Sentiers (m) (nom commun) — A trail
Panier (m) (nom commun) — A basket
Se tromper (verbe) — To be wrong
Auberge (f) (nom commun) — Inn, hostel
Le petit-déjeuner est compris (expression) — The breakfast is included
Hôte (m) (nom commun) — Host

Zeppelin aussi se réjouit ! Zeppelin, c'est le chien de Jean. Il regarde son maître faire les préparatifs ; comme il est intelligent, il comprend très vite ce qui se passe. Et Zeppelin adore les **balades** à la campagne avec son maître. C'est vrai que la ville est moins belle et moins verte que la campagne. Elle est aussi plus **polluée**. Zeppelin adore la ville parce qu'elle est animée et qu'il y a toujours des chats. Mais il préfère la campagne pour les **oiseaux**, et pour la forêt.

Balade (f) (nom commun) — A stroll
Pollué (adjectif) — Polluted
Oiseau (m) (nom commun) — Bird

Tous les deux **montent en voiture**, ravis de partir pour quelques jours. Sur la route, Jean observe les paysages : les couleurs de l'automne sont belles ! Le ciel est d'un **bleu éclatant**, et les arbres sont rouges, orange et jaunes. C'est sa saison favorite. Sur la droite, Jean et Zeppelin voient un joli lac. Au bord du lac, de **nombreux** oiseaux : **hérons**, **canards**… Puis la voiture arrive à destination. Jean **se gare** devant l'auberge, une vieille et belle maison en **pierre**. Zeppelin **se précipite** dans le jardin, tout heureux. Ah ! On **respire** enfin ! Quel joli jardin… Un chat passe en **miaulant** : génial ! Il y a même un chat. Il va bien **s'amuser**.

Monter en voiture (locution) — To get in a car
Bleu éclatant (adjectif) — Bright blue
Nombreux (adjectif) — Several, numerous
Hérons (m) (nom commun) — Heron
Canard (m) (nom commun) — Duck

Se garer (verbe) – To park
Pierre (f) (nom commun) — Stone
Se précipiter (verbe) — To hurry to
Respirer (verbe) — To breath
Miauler (verbe) — To meow
S'amuser (verbe) — To have fun

Jean sort sa petite valise et frappe à la porte. Une vieille dame l'accueille avec un large sourire.

- Entrez, je vous en prie ! Faites comme chez vous. Voici le salon. Ici, c'est la cuisine. Je vais vous montrer votre chambre. Vous pouvez garder vos chaussures ! Voici la salle de bain.

- C'est vraiment parfait, merci ! Zeppelin peut-il entrer ?

- Qui est Zeppelin ?

- C'est mon chien !

- Ah ! Mais oui, bien sûr ! Entre, Zeppelin !

Le chien entre dans la maison. Le chat **sort en courant** et en miaulant avec **rage**. Il se précipite **sous** la voiture pour **se cacher**. Zeppelin **est au comble du bonheur**. La vieille dame raconte :

- C'est le chat de ma voisine ! C'est une **sorcière**. Ce chat est plein de **qualités**, mais parfois il **joue des tours**. Il est un peu magique, voyez-vous ! Mais, il ne **fait** pas **exprès**. Parfois, ça donne de **drôles** de choses !

Sortir en courant (expression) — To rush out of somewhere
Rage (f) (nom commun) — Rage
Sous (préposition) — Under
Se cacher (verbe) — To hide
Être au comble du bonheur (expression) — To be blissfully happy, at the height of happiness
Sorcière (f) (nom commun) — Witch
Qualité (f) (nom commun) — Quality
Jouer des tours (verbe, expression) — To play a trick on someone
Faire exprès (locution) — To do something on purpose
Drôle (adjectif) — Strange, funny

Un chat magique. Bon… **Pourquoi pas** ! Jean ne fait pas attention à cette remarque, tout **occupé** qu'il est à **enlever** ses chaussures et à caresser son chien. Puis, la soirée se passe tranquillement, près de la **cheminée**. La vieille dame donne des idées de promenades à ses invités. Quand le dîner est terminé, elle **range** la table et Jean va se coucher, Zeppelin à sa suite.

Pourquoi pas (locution) — Why not
Occupé (adjectif) — Busy

Enlever (verbe) — To take off, to remove (shoes)
Cheminée (f) (nom commun) — Chimney
Ranger (verbe) — To tidy, to put away

Au deuxième jour, Jean **se réveille** tout heureux, ravi de n'entendre que le **bruit** des oiseaux par la fenêtre. Zeppelin, un peu **paresseux**, dort encore pendant que Jean prend son petit-déjeuner. Du **pain**, du **beurre** et de la **confiture**, avec un bon café.

Se réveiller (verbe) — To wake up
Bruit (m) (nom commun) — Noise
Paresseux (adjectif) — Lazy
Pain (m) (nom commun) — Bread
Beurre (m) (nom commun) — Butter
Confiture (f) (nom commun) — Jam

Et c'est parti pour une belle journée. Jean et Zeppelin **s'apprêtent** à sortir : chaussures, **sac à dos**, carte. Jean ouvre la porte… Et quelle n'est pas sa surprise ! Sa voiture a **changé de couleur**… Pourtant, c'est bien sa voiture. Il regarde la **plaque d'immatriculation** : pas de doute, c'est son véhicule ! Il va pour l'ouvrir, regarde à l'intérieur : rien n'a changé, si ce n'est qu'elle est verte et qu'elle n'a plus de … **volant**.

S'apprêter (verbe) — To get ready to
Sac à dos (m) (nom commun) — Backpack
Changer de couleur (verbe) — To change color
Plaque d'immatriculation (f) (nom commun) — Registration plate
Volant (m) (nom commun) — Steering wheel

- Pardon ? Pas de volant dans ma voiture ? Jean panique un peu.

Mais qu'est-ce qui se passe ici ? Zeppelin est assis à l'arrière, il regarde dehors : le chat de la voisine s'échappe de sous la voiture. Jean se demande : est-ce que c'est **un coup du** chat ? Quand même, cela **semble** tellement bizarre…

Un coup de (expression) — Something done by someone (often as a trick or in a negative way)
Sembler (verbe) — To seem

- Bon, et alors, maintenant, comment on fait pour **rentrer** à Paris, hein ? s'exclame-t-il, très **embêté**.

À peine a-t-il prononcé ces mots que… BAM ! Les voilà à Paris, dans la voiture, en plein centre-ville. Ça alors… Jean est **rassuré** et **inquiet** en même temps… Il regarde Zeppelin, qui a l'air **perplexe**.

Rentrer (verbe) — To get back to (location)
Embêter (verbe) — Annoyed
Rassuré (adjectif) — Appeased, reassured

Inquiet (adjectif) — Worried
Perplexe (adjective) — Perplexed, puzzled

- Mais… Notre week-end à l'auberge ?

Et zou ! Les voilà à l'auberge, en moins de temps qu'il faut pour le dire ! Zeppelin est rassuré, il ne veut pas rentrer à Paris tout de suite. De son côté, Jean n'est pas très rassuré… Il ne comprend pas du tout ce qui arrive. Alors, pour **tester**, Jean sort la carte de son sac à dos. Il cherche le nom du village où il souhaite se rendre. Et il prononce, à voix haute, **distinctement** :

- Maintenant, je veux aller à Saint Sylvain !

À sa plus grande surprise, voilà que la voiture se trouve dans le centre du village. Zeppelin et lui, à l'intérieur. Il regarde l'heure : moins de 10 minutes sont passées. Jean regarde Zeppelin, puis la carte. Puis la voiture. Il ouvre la porte, il sort. Entre **à nouveau** dans la voiture. **Précise** les **coordonnées GPS** de la forêt où il veut se promener. Tout **fonctionne**, la voiture est définitivement… Magique.

Tester (verbe) — To try
Distinctement (adverbe) — Distinctly
À nouveau (locution) — Again
Préciser (verbe) — To indicate
Coordonnées GPS (f) (nom commun) — GPS coordinates
Fonctionner (verbe) — To work, to function

- Mais, Zeppelin, tu sais ce que ça veut dire ? Que nous pouvons aller où nous voulons, quand nous voulons ! Comment est-ce possible ?

C'est alors que Jean se souvient en souriant des mots de la vieille dame, hier soir : « voyez-vous, il est un peu magique, ce chat. Mais, il ne fait pas exprès ! Parfois, ça donne de drôles de choses… ».

Compréhension

1. Jean habite :

    a) En Normandie
    b) En banlieue lyonnaise
    c) Dans le Limousin
    d) En banlieue parisienne
    e) Au centre-ville de Paris
    f) À la montagne

2. Que mange Jean pour son petit-déjeuner ?

    a) Des œufs et du bacon
    b) Du pain, du beurre et du miel avec du thé
    c) Du pain, du beurre et de la confiture avec du café
    d) Un café, et des croissants, bien sûr !

3. Complétez avec les mots manquants :

    campagne — chat — se cache — chien — champignons — partout — couleur

Jean et Zeppelin, son _____, quittent la ville pour un week-end à la _____. Ils vont en forêt pour chercher des _____. À l'auberge, il y a une gentille dame et un _____ de sorcière. Tout le monde est ravi ! Sauf le chat, qui n'aime pas les chiens. Il _____ sous la voiture de Jean, et BAM ! Il lui jette un sort. Mais un sort plutôt sympathique : la voiture de Jean a changé de _____ – et surtout, elle va _____ où Jean lui demande d'aller. Plus besoin de conduire !

4. Que peut-on prendre pour aller en randonnée ? (Plusieurs réponses possibles)

    a) Un couteau
    b) Un maillot de bain
    c) Une serviette de toilette
    d) Une valise
    e) Un sac à dos
    f) Des chaussures de marche
    g) Un panier
    h) Un tournevis
    i) Une carte

5. Quel est le passe-temps préféré de Zeppelin ?

    a) Faire la sieste
    b) Manger un os
    c) Faire peur aux chats
    d) Jouer à cache-cache

Réponses

1 : réponse d
2 : réponse c
3 : dans l'ordre : chien, campagne, champignons, chat, se cache, couleur, partout

Jean et Zeppelin, son <u>chien</u>, quittent la ville pour un week-end à la <u>campagne</u>. Ils vont en forêt pour chercher des <u>champignons</u>. À l'auberge, il y a une gentille dame et un <u>chat</u> de sorcière. Tout le monde est ravi ! Sauf le chat, qui n'aime pas les chiens. Il <u>se cache</u> sous la voiture de Jean, et BAM ! Il lui jette un sort. Mais un sort plutôt sympathique : la voiture de Jean a changé de <u>couleur</u> – et surtout, elle va <u>partout</u> où Jean lui demande d'aller. Plus besoin de conduire !

4 : réponses a, e, f, g et i
5 : réponse c

Le week-end à la campagne

L'automne est arrivé. Avec lui les champignons, les jolies couleurs… Jean est fatigué de vivre en ville, au milieu des voitures, dans la pollution. Dès qu'il fait beau, il quitte la ville pour s'aventurer en vélo hors des sentiers battus à la recherche d'une plus grande connexion avec la nature. Il ne se doute pas que ce week-end, il va trouver la solution à tous ses problèmes… L'occasion de parler de :

- La nature (forêts, lacs, campagne, montagne, mer, rivières)
- Des paysages
- Couleurs
- Météo

Jean vient de Paris. Il est parisien depuis son enfance. Il vit depuis toujours dans une cité, en banlieue. Le béton est son décor quotidien. Pourtant, il ne rêve que de verdure, de forêts et de fleurs. Alors, dès qu'il peut, il s'échappe de la ville. Il prend sa voiture et il va vers la campagne. Ce qu'il préfère, c'est la montagne. Quand il a des vacances, il va dans les Pyrénées, ou dans les Alpes. En hiver, il aime aller en Normandie, près de la mer, pour voir les vagues et les plages désertes. En été, il préfère se baigner dans les lacs de montagne.

C'est l'automne, et Jean a un week-end de trois jours. C'est suffisant pour aller se perdre en forêt et chercher des champignons. Il se prépare : une veste chaude, des chaussures de marche, un couteau à champignons, une carte des sentiers et un panier pour les champignons. Il prend aussi son livre sur les champignons, pour ne pas se tromper. Il réserve une chambre dans une petite auberge, dans un village. Le petit-déjeuner est compris, et il peut aussi dîner avec ses hôtes. Ça a l'air très joli ! Jean se réjouit.

The weekend in the country

Autumn has arrived. With it the mushrooms, the pretty colors… Jean is tired of living in the city, in the middle of cars, in the pollution. As soon as the weather is nice, he leaves the city to venture off the beaten track by bike in search of a greater connection with nature. He has no idea that this weekend he will find the solution to all his problems… The opportunity to talk about:

- Nature (forests, lakes, countryside, mountains, sea, rivers)
- Landscapes
- Colors
- Weather

Jean comes from Paris. He has been a Parisian since his childhood. He has always lived in a city, in the suburbs. Concrete is his daily decoration. However, he dreams only of greenery, forests, and flowers. So, as soon as he can, he escapes from the city. He takes his car and goes to the countryside. What he prefers is the mountains. When he has vacations, he goes to the Pyrenees, or to the Alps. In winter, he likes to go to Normandy, near the sea, to see the waves and deserted beaches. In summer, he prefers to swim in the mountain lakes.

It's autumn, and Jean has a three-day weekend. That's enough to get lost in the forest and look for mushrooms. He gets ready: a warm jacket, walking shoes, a mushroom knife, a map of the paths and a basket for mushrooms. He also takes his book on mushrooms, so as not to make a mistake. He books a room in a small inn in a village. Breakfast is included, and he can also have dinner with other guests. It looks very nice! Jean is delighted.

Zeppelin aussi se réjouit ! Zeppelin, c'est le chien de Jean. Il regarde son maître faire les préparatifs ; comme il est intelligent, il comprend très vite ce qui se passe. Et Zeppelin adore les balades à la campagne avec son maître. C'est vrai que la ville est moins belle et moins verte que la campagne. Elle est aussi plus polluée. Zeppelin adore la ville parce qu'elle est animée et qu'il y a toujours des chats. Mais il préfère la campagne pour les oiseaux, et pour la forêt.

Tous les deux montent en voiture, ravis de partir pour quelques jours. Sur la route, Jean observe les paysages : les couleurs de l'automne sont belles ! Le ciel est d'un bleu éclatant, et les arbres sont rouges, orange et jaunes. C'est sa saison favorite. Sur la droite, Jean et Zeppelin voient un joli lac. Au bord du lac, de nombreux oiseaux : hérons, canards… Puis la voiture arrive à destination. Jean se gare devant l'auberge, une vieille et belle maison en pierre. Zeppelin se précipite dans le jardin, tout heureux. Ah ! On respire enfin ! Quel joli jardin… Un chat passe en miaulant : génial! Il y a même un chat. Il va bien s'amuser.

Jean sort sa petite valise et frappe à la porte. Une vieille dame l'accueille avec un large sourire.

"Entrez, je vous en prie ! Faites comme chez vous. Voici le salon. Ici, c'est la cuisine. Je vais vous montrer votre chambre. Vous pouvez garder vos chaussures ! Voici la salle de bain."

"C'est vraiment parfait, merci ! Zeppelin peut-il entrer ?"

"Qui est Zeppelin ?"

"C'est mon chien !"

"Ah ! Mais oui, bien sûr ! Entre, Zeppelin !"

Zeppelin also rejoices! Zeppelin is Jean's dog. He watches his master making the preparations; as he is intelligent, he understands very quickly what is going on. And Zeppelin loves country walks with his master. It's true that the city is less beautiful and less green than the countryside. It is also more polluted. Zeppelin loves the city because it is lively and there are always cats. But he prefers the countryside for the birds, and for the forest.

Both of them get in the car, delighted to leave for a few days. On the road, Jean observes the landscapes: the colors of autumn are beautiful! The sky is bright blue, and the trees are red, orange and yellow. It is his favorite season. On the right, Jean and Zeppelin see a nice lake. At the edge of the lake, many birds: herons, ducks… Then the car arrives at its destination. Jean parks in front of the inn, an old and beautiful stone house. Zeppelin rushes into the garden, all happy. Ah! We breathe finally! What a pretty garden… A cat passes by meowing: great! There's even a cat. He is going to have a great time.

Jean takes out his little suitcase and knocks on the door. An old lady welcomes him with a broad smile.

"Please come in! Make yourself at home. This is the living room. This is the kitchen. I'll show you your bedroom. You can keep your shoes on! This is the bathroom."

"It's really perfect, thank you! Can Zeppelin come in?"

"Who is Zeppelin?"

"That's my dog!"

"Ah! Of course he can! Come in, Zeppelin!"

Le chien entre dans la maison. Le chat sort en courant et en miaulant avec rage. Il se précipite sous la voiture pour se cacher. Zeppelin est au comble du bonheur. La vieille dame raconte : "C'est le chat de ma voisine ! C'est une sorcière. Ce chat est plein de qualités, mais parfois il joue des tours. Il est un peu magique, voyez-vous ! Mais, il ne fait pas exprès. Parfois, ça donne de drôles de choses !"

Un chat magique. Bon… Pourquoi pas ! Jean ne fait pas attention à cette remarque, tout occupé qu'il est à enlever ses chaussures et à caresser son chien. Puis, la soirée se passe tranquillement, près de la cheminée. La vieille dame donne des idées de promenades à ses invités. Quand le dîner est terminé, elle range la table et Jean va se coucher, Zeppelin à sa suite.

Au deuxième jour, Jean se réveille tout heureux, ravi de n'entendre que le bruit des oiseaux par la fenêtre. Zeppelin, un peu paresseux, dort encore pendant que Jean prend son petit-déjeuner. Du pain, du beurre et de la confiture, avec un bon café.

Et c'est parti pour une belle journée. Jean et Zeppelin s'apprêtent à sortir : chaussures, sac à dos, carte. Jean ouvre la porte… Et quelle n'est pas sa surprise ! Sa voiture a changé de couleur… Pourtant, c'est bien sa voiture. Il regarde la plaque d'immatriculation : pas de doute, c'est son véhicule ! Il va pour l'ouvrir, regarde à l'intérieur : rien n'a changé, si ce n'est qu'elle est verte et qu'elle n'a plus de … volant.

Pardon ? Pas de volant dans ma voiture ? Jean panique un peu. Mais qu'est-ce qui se passe ici ? Zeppelin est assis à l'arrière, il regarde dehors : le chat de la voisine s'échappe de sous la voiture. Jean se demande : est-ce que c'est un coup du chat ? Quand même, cela semble tellement bizarre…

The dog enters the house. The cat runs out and meows with rage. It rushes under the car to hide. Zeppelin is at the height of happiness. The old lady says: "It's my neighbor's cat! It's a witch. This cat is full of qualities, but sometimes he plays tricks. It is a little magic, you see! But it doesn't do it on purpose. Sometimes, it gives funny things!"

A magic cat. Well… Why not! Jean does not pay attention to this remark, busy taking off his shoes and patting his dog. Then, the evening passes quietly, near the fireplace. The old lady gives her guests ideas for walks. When dinner is over, she tidies the table and Jean goes to bed, Zeppelin following him.

On the second day, Jean wakes up very happy, delighted to only hear the sound of birds through the window. Zeppelin, a little lazy, is still sleeping while Jean is having breakfast. Bread, butter and jam, with a good coffee.

And off we go for a nice day. Jean and Zeppelin are getting ready to go out: shoes, backpack, map. Jean opens the door… And what a surprise! His car has changed color… Yet, it is his car. He looks at the license plate: no doubt, it's his car! He goes to open it, looks inside: nothing has changed, except that it is green and that it has no steering wheel.

Excuse-me? No steering wheel in my car? Jean panics a little. But what's going on here? Zeppelin is sitting in the back seat, looking outside: the neighbor's cat escapes from under the car. Jean wonders: is it the cat's trick? Still, it seems so weird…

"Bon, et alors, maintenant, comment on fait pour rentrer à Paris, hein ?" s'exclame-t-il, très embêté.

À peine a-t-il prononcé ces mots que… BAM ! Les voilà à Paris, dans la voiture, en plein centre-ville. Ça alors… Jean est rassuré et inquiet en même temps… Il regarde Zeppelin, qui a l'air perplexe.

"Mais… Notre week-end à l'auberge ?"

Et zou ! Les voilà à l'auberge, en moins de temps qu'il faut pour le dire ! Zeppelin est rassuré, il ne veut pas rentrer à Paris tout de suite. De son côté, Jean n'est pas très rassuré… Il ne comprend pas du tout ce qui arrive. Alors, pour tester, Jean sort la carte de son sac à dos. Il cherche le nom du village où il souhaite se rendre. Et il prononce, à voix haute, distinctement : "Maintenant, je veux aller à Saint Sylvain !"

À sa plus grande surprise, voilà que la voiture se trouve dans le centre du village. Zeppelin et lui, à l'intérieur. Il regarde l'heure : moins de 10 minutes sont passées. Jean regarde Zeppelin, puis la carte. Puis la voiture. Il ouvre la porte, il sort. Entre à nouveau dans la voiture. Précise les coordonnées GPS de la forêt où il veut se promener. Tout fonctionne, la voiture est définitivement… Magique.

"Mais, Zeppelin, tu sais ce que ça veut dire ? Que nous pouvons aller où nous voulons, quand nous voulons ! Comment est-ce possible ?"

C'est alors que Jean se souvient en souriant des mots de la vieille dame, hier soir : "voyez-vous, il est un peu magique, ce chat. Mais, il ne fait pas exprès ! Parfois, ça donne de drôles de choses."

"Well, so what now, how do we get back to Paris, eh?" he exclaims, very annoyed.

No sooner had he uttered those words than… BAM! Here they are in Paris, in the car, in the city center. Jean is reassured and worried at the same time… He looks at Zeppelin, who looks puzzled.

"But… Our weekend at the inn?"

And zou! Here they are at the inn, in less time than it takes to say it! Zeppelin is comforted, he doesn't want to go back to Paris right away. On his side, Jean is not very reassured… He doesn't understand at all what is going on. So, to test, Jean takes the card out of his backpack. He looks for the name of the village he wants to go to. And he pronounces, out loud, distinctly: "Now I want to go to Saint Sylvain!"

To his great surprise, the car is in the center of the village. He and Zeppelin are inside. He looks at the time: less than 10 minutes have passed. Jean looks at Zeppelin, then at the map. Then the car. He opens the door, he gets out. He gets back in the car. He specifies the GPS coordinates of the forest where he wants to walk. Everything works, the car is definitely… Magic.

"But, Zeppelin, do you know what that means? That we can go where we want, when we want! How is that possible?"

It is then that Jean remembers with a smile the words of the old lady last night: "You see, it is a little magic, this cat. But he doesn't do it on purpose! Sometimes, it makes strange things happen."

Compréhension

1. Jean habite :

a) En Normandie
b) En banlieue lyonnaise
c) Dans le Limousin
d) En banlieue parisienne
e) Au centre-ville de Paris
f) À la montagne

2. Que mange Jean pour son petit-déjeuner ?

a) Des œufs et du bacon
b) Du pain, du beurre et du miel avec du thé
c) Du pain, du beurre et de la confiture avec du café
d) Un café, et des croissants, bien sûr !

3. Complétez avec les mots manquants :

campagne — chat — se cache — chien — champignons — partout — couleur

Jean et Zeppelin, son _____, quittent la ville pour un week-end à la _____. Ils vont en forêt pour chercher des _____. À l'auberge, il y a une gentille dame et un _____ de sorcière. Tout le monde est ravi ! Sauf le chat, qui n'aime pas les chiens. Il _____ sous la voiture de Jean, et BAM ! Il lui jette un sort. Mais un sort plutôt sympathique : la voiture de Jean a changé de _____ – et surtout, elle va _____ où Jean lui demande d'aller. Plus besoin de conduire !

4. Que peut-on prendre pour aller en randonnée ? (Plusieurs réponses possibles)

a) Un couteau
b) Un maillot de bain
c) Une serviette de toilette
d) Une valise

Comprehension

1. Jean lives:

a) In Normandy
b) In the suburbs of Lyon
c) In the Limousin
d) In the suburbs of Paris
e) In downtown Paris
f) In the mountains

2. What does Jean eat for breakfast?

a) Eggs and bacon
b) Bread, butter and honey with tea
c) Bread, butter and jam with coffee
d) Coffee and croissants, of course!

3. Complete with the missing words:

countryside - cat - hide - dog - mushrooms - everywhere - color

Jean and Zeppelin, his _____, are leaving town for a weekend at the _____. They go into the forest to look for _____. At the inn, there is a nice lady and a witch's _____. Everybody is delighted! Except the cat, who does not like dogs. He _____ under Jean's car, and BAM! He casts a spell on it. But a rather nice spell: Jean's car has changed its _____ - and above all, it goes _____ Jean asks it to go. No need to drive anymore!

4. What can we bring to a hike? (Several possible answers)

a) A knife
b) A swimsuit
c) A towel
d) One suitcase

e) Un sac à dos
f) Des chaussures de marche
g) Un panier
h) Un tournevis
i) Une carte

5. Quel est le passe-temps préféré de Zeppelin ?

a) Faire la sieste
b) Manger un os
c) Faire peur aux chats
d) Jouer à cache-cache

e) A backpack
f) Walking shoes
g) One basket
h) A screwdriver
i) A map

5. What is Zeppelin's hobby?

a) Taking a nap
b) Eating a bone
c) Scaring cats
d) Play hide and seek

Réponses

1 : réponse d
2 : réponse c
3 : dans l'ordre : chien, campagne, champignons, chat, se cache, couleur, partout

Jean et Zeppelin, son <u>chien</u>, quittent la ville pour un week-end à la <u>campagne</u>. Ils vont en forêt pour chercher des <u>champignons</u>. À l'auberge, il y a une gentille dame et un <u>chat</u> de sorcière. Tout le monde est ravi ! Sauf le chat, qui n'aime pas les chiens. Il <u>se cache</u> sous la voiture de Jean, et BAM ! Il lui jette un sort. Mais un sort plutôt sympathique : la voiture de Jean a changé de <u>couleur</u> – et surtout, elle va <u>partout</u> où Jean lui demande d'aller. Plus besoin de conduire !

4 : réponses a, e, f, g et i
5 : réponse c

Answers

1: answer d
2: answer c
3: in order: dog, countryside, mushrooms, cat, hide, color, everywhere

Jean and Zeppelin, his <u>dog</u>, are leaving town for a weekend at the <u>countryside</u>. They go into the forest to look for <u>mushrooms</u>. At the inn, there is a nice lady and a witch's <u>cat</u>. Everybody is delighted! Except the cat, who does not like dogs. He <u>hides</u> under Jean's car, and BAM! He casts a spell on it. But a rather nice spell: Jean's car has changed its <u>color</u> - and above all, it goes <u>everywhere</u> Jean asks it to go. No need to drive anymore!

4: answers a, e, f, g and i
5: answer c

Chapitre 10 : Les temps changent

Roger n'a plus vingt ans. Il vit à Paris, et son passe-temps favori est de s'asseoir en terrasse, boire son café et regarder les gens passer. Surtout les jeunes. Il est impressionné par la différence : dans sa jeunesse, le rythme était différent. On n'avait pas les mêmes technologies. Pas de téléphone. La vie était-elle plus douce ? Il compare et raconte sa routine quotidienne — à l'ancienne, car Roger n'a pas changé ! L'occasion de parler de :

- Vocabulaire du quotidien
- Comparaisons
- Présent des verbes pronominaux (routine quotidienne, se lever, se coucher, se laver...)

Tu les vois, ces **jeunes** qui passent, téléphone portable **collé** dans la **main**, **casque** sur les **oreilles**, **montre connectée** au **poignet** ? Tu les vois, ces jeunes femmes qui lisent sur des **liseuses**, ces jeunes qui **travaillent à distance** sur leurs ordinateurs portables dans les cafés ? Comme les temps changent...

Jeunes (m) (nom commun) — Young people
Coller (verbe) — To be glued (to their phones)
Main (f) (nom commun) — Hand
Casque (m) (nom commun) — Headphones
Oreille (f) (nom commun) — Ear
Montre connectée (f) (nom commun) — Smart watch
Poignet (m) (nom commun) — Wrist
Liseuse (f) (nom commun) – Electronic reader
Travailler à distance (expression) — To work remotely

Moi, je vis toujours **à l'ancienne**. Et je suis content. Je garde mes vieilles **habitudes**. Pas d'ordinateur, pas de montre digitale. Je n'ai pas internet chez moi — je vis très bien **sans**. Je lis mes livres en version **papier**, je les **emprunte** à la **librairie**. Je vais au cinéma, car je n'ai pas de télévision. Ma passion, c'est le musée. Le week-end, je **peins**.

À l'ancienne (locution) — The old-fashioned way
Habitude (f) (nom commun) — Habit
Sans (adverbe) — Without
Papier (m) (nom commun) — Paper
Emprunter (verbe) — To borrow, to rent (a book from the library)
Librairie (f) (nom commun) — Bookshop
Peindre (verbe) — To paint

Pourtant, j'admire les jeunes ! Ils **s'adaptent** à tout. Ils parlent plusieurs langues. Ils changent de travail plusieurs fois dans leur vie. Ils sont connectés avec des amis **au bout du monde**. Ils peuvent voyager ! Et ils voyagent beaucoup.

Pourtant (adverbe) — However
S'adapter (verbe) — To adapt
Au bout du monde (expression) — On the other side of the globe

Moi, je ne fais rien de tout **ceci**. Je ne parle que le français : je ne suis pas aussi adaptable que les jeunes ! Voyager est plus **difficile** pour moi. D'ailleurs, je n'aime pas prendre l'avion. Je ne sais pas me servir d'un smartphone et **je n'y connais rien** en ordinateur. Mais je suis heureux ainsi ! Quand il fait beau, je m'occupe de mes plantes sur mon balcon. Richard, mon chat, me regarde travailler entre deux **siestes**. Il **dort** tout le temps. Mes amis et moi aimons **jouer aux échecs** et aux **cartes**.

Ceci (pronom) — This, that (in a slightly more formal way)
Difficile (adjectif) — Hard
Je n'y connais rien (expression) — I don't know anything about it
Sieste (f) (nom commun) — Nap
Dormir (verbe) — To sleep
Jouer aux échecs (verbe, expression) — To play chess
Carte (f) (nom commun) — Playing card

Les jeunes, eux, jouent **en ligne** à des jeux compliqués. J'aimerais **essayer**, mais je n'y comprends rien. Est-ce que je suis ce qu'on appelle un « **vieux con** » ? Les jeunes sont plus intelligents. Ils sont aussi plus **ouverts d'esprit**. Regarde cette femme, au téléphone avec son patron, son enfant **dans les bras**, son ordinateur devant elle. Elle peut travailler, garder son enfant et être indépendante ! C'est tout de même **épatant**. De mon temps, ce n'était pas possible.

En ligne (adjectif) — Online
Essayer (verbe) — To try
Vieux con (expression familière) — Old fart, used to describe someone who complains about progress
Ouvert d'esprit (expression) — Open minded

Dans les bras (expression) — In her arm
Épatant (adjectif) — Impressive

Mais à quoi ressemble leur quotidien ? Le mien est bien simple. Le matin, je me lève **tôt**. Je donne à manger et à boire à mon chat. J'écoute la radio : la météo, les **informations**. Ensuite, je lis un peu. Si le temps est beau, je fais une promenade. Je vais au **marché** acheter des fruits et des légumes de saison, un peu de **viande**. Je ne suis pas végétarien, ah, ça, non ! Les jeunes, aujourd'hui, font des **allergies alimentaires**. Ou encore, ils **militent** pour les **droits** des animaux. Ils ont peut-être raison ! Mais changer mes habitudes alimentaires, c'est trop compliqué pour moi. **Cela dit**, j'admire les jeunes qui **se battent pour** leurs idées.

Tôt (adverbe) — Early
Informations (f) (nom commun) — The news
Marché (m) (nom commun) — Market
Viande (f) (nom commun) — Meat
Allergie alimentaire (f) (nom commun) — Food allergy
Militer (verbe) — To advocate and fight for something
Droits (m) (nom commun) — Rights (as in human or animal rights)
Cela dit (locution) — That said
Se battre pour (verbe, expression) — To fight for something (usually ideas and principles)

Il est vrai que de mon temps, on se battait pour des idées aussi. Pour avoir des **congés payés**, pour un gouvernement plus démocratique. Et puis, il y a eu les militantes féministes. Quelles **battantes** ! C'est impressionnant. Aujourd'hui, les femmes sont beaucoup plus **libres** ! Et elles peuvent vivre indépendamment de leurs **maris**. C'est merveilleux.

Congé payé (m) (nom commun) — Paid leave
Battant (m) (adjectif ou nom) — A fighter, someone who doesn't yield
Libre (adjectif) — Free
Mari (m) (nom commun) — Husband

Et donc, quand je rentre du marché... Eh bien je prépare à manger ! Je fais des soupes, je fais des salades. Des rôtis. Parfois, l'après-midi, je retrouve un ami pour jouer aux cartes.

Que font-ils, tous ces jeunes qui courent partout ? Je **m'imagine** que le matin, ils se lèvent et **allument** leurs téléphones. Ils regardent leurs messages, leurs emails. Ils **partagent** sur les **réseaux sociaux**. Ils ont une **machine à café** électrique qui prépare le café **toute seule**. Ils prennent un croissant à la boulangerie en partant au travail, le **regard** fixé sur leurs téléphones. À midi, ils **commandent** un plat dans un restaurant. La **livraison** est gratuite. Le soir, ils passent prendre leurs enfants à la **crèche** et rentrent chez eux en **vélo** électrique. À la maison, ils ont des **robots mixeurs** qui préparent à manger pour eux. Ils n'écoutent peut-être pas la radio... Mais ils ne regardent pas la télévision non plus ! C'est par internet que les informations passent aujourd'hui.

S'imaginer (verbe) — To suppose
Allumer (verbe) — To turn on something

Partager (verbe) — To share
Réseaux sociaux (m) (nom commun) — Social media
Machine à café (f) (nom commun) — Coffee machine
Tout seul (locution) — On its/his/her own
Regard (m) (nom commun) — Eyes, watching (to have your eyes on your phone, to watch the screen)
Commander (verbe) — To order (food)
Livraison (f) (nom commun) — A delivery
Crèche (f) (nom commun) — Nursery, daycare
Vélo (m) (nom commun) — Bike, bicycle
Robot mixeur (m) (nom commun) — Blender, food processor

Et les voyages. Les jeunes prennent des vacances et ils partent au bout du monde. Ils reviennent avec de l'inspiration, des histoires, des recettes de cuisine ! Des **épices**, de la musique, des idées plein la tête. De nouveaux amis, et des aventures à raconter.

Pourtant, moi, tu sais ? Mon passe-temps préféré, c'est de **m'asseoir** là, tous les soirs, sur cette terrasse de café. Je bois une bière — oh, juste une ! — et je regarde les jeunes. Ils me fascinent. Ils sont cultivés, ouverts d'esprit. **Vraiment**.

Les temps changent, et c'est vrai, on peut critiquer les **écrans**, on peut **avoir peur** du progrès. On a le droit de **s'inquiéter** de la pollution. L'environnement est en danger. C'est vrai ! Mais tout de même, à la fin : c'est beau le progrès, et ils sont beaux, nos jeunes.

Épice (f) (nom commun) — Spice
S'asseoir (verbe) — To sit oneself
Vraiment (adverbe) — Truly
Écran (m) (nom commun) — Screen (the electronic kind)
Avoir peur (verbe, locution) — To be scared
S'inquiéter (verbe) — To worry about something or someone

Compréhension

1. Quelles sont les activités préférées de Roger ? (Plusieurs réponses possibles)

a) Il va au cinéma
b) Il a un téléphone collé dans la main
c) Il a un casque sur les oreilles
d) Il peint
e) Il va à la librairie
f) Il parle plusieurs langues

2. Utilise ces mots pour décrire le quotidien de Roger : (Plusieurs réponses possibles)

a) Il se lève tard
b) Il regarde la télévision
c) Il va au marché
d) Il donne à manger à son chat
e) Il va courir
f) Il joue aux cartes avec des amis

3. Comment vivent les jeunes aujourd'hui ? (Plusieurs réponses possibles)

a) Ils voyagent
b) Ils regardent la télévision
c) Ils se font livrer leurs repas
d) Ils se battent pour les congés payés
e) Ils jouent à des jeux en ligne

4. Remets les phrases dans l'ordre d'apparition dans le texte :

a) Roger prépare des soupes en rentrant du marché
b) Roger pense que c'est beau le progrès
c) Les jeunes militent pour le droit des animaux
d) Roger vit toujours à l'ancienne
e) Roger réfléchit à la terrasse d'un café : les temps changent
f) Roger n'aime pas prendre l'avion
g) Les jeunes sont ouverts d'esprit

5. Complète le texte avec les mots suivants :

temps — courses — vieilles — chat — indépendants — beau — regardent — casque

Roger réfléchit. Il pense que les _____ changent. Il a de _____ habitudes, et il s'occupe de son _____. Il va souvent au marché pour faire ses _____. Il achète des légumes pour préparer des soupes. Ils pensent aux jeunes, qui _____ tout le temps leurs téléphones, qui ont un _____ sur les oreilles mais surtout, qui sont _____. Mais Roger n'est pas critique : il

pense que c'est _____ le progrès !

Réponses

1 : réponses a, d et e
2 : réponses c, d et f
3 : réponses a, c et e
4 : 1e ; 2d ; 3f ; 4g ; 5c ; 6a ; 7b
5 : dans l'ordre : temps, vieilles, chat, courses, regardent, casque, indépendants, beau

Roger réfléchit. Il pense que les <u>temps</u> changent. Il a de <u>vieilles</u> habitudes, et il s'occupe de son <u>chat</u>. Il va souvent au marché pour faire ses <u>courses</u>. Il achète des légumes pour préparer des soupes. Il pense aux jeunes, qui <u>regardent</u> tout le temps leurs téléphones, qui ont un <u>casque</u> sur les oreilles mais surtout, qui sont <u>indépendants</u>. Mais Roger n'est pas critique : il pense que c'est <u>beau</u> le progrès !

Les temps changent

Roger n'a plus vingt ans. Il vit à Paris, et son passe-temps favori est de s'asseoir en terrasse, boire son café et regarder les gens passer. Surtout les jeunes. Il est impressionné par la différence : dans sa jeunesse, le rythme était différent. On n'avait pas les mêmes technologies. Pas de téléphone. La vie était-elle plus douce ? Il compare et raconte sa routine quotidienne — à l'ancienne, car Roger n'a pas changé ! L'occasion de parler de :

- Vocabulaire du quotidien
- Comparaisons
- Présent des verbes pronominaux (routine quotidienne, se lever, se coucher, se laver...)

Tu les vois, ces jeunes qui passent, téléphone portable collé dans la main, casque sur les oreilles, montre connectée au poignet ? Tu les vois, ces jeunes femmes qui lisent sur des liseuses, ces jeunes qui travaillent à distance sur leurs ordinateurs portables dans les cafés ? Comme les temps changent...

Moi, je vis toujours à l'ancienne. Et je suis content. Je garde mes vieilles habitudes. Pas d'ordinateur, pas de montre digitale. Je n'ai pas internet chez moi — je vis très bien sans. Je lis mes livres en version papier, je les emprunte à la librairie. Je vais au cinéma, car je n'ai pas de télévision. Ma passion, c'est le musée. Le week-end, je peins.

Pourtant, j'admire les jeunes ! Ils s'adaptent à tout. Ils parlent plusieurs langues. Ils changent de travail plusieurs fois dans leur vie. Ils sont connectés avec des amis au bout du monde. Ils peuvent voyager ! Et ils voyagent beaucoup.

Moi, je ne fais rien de tout ceci. Je ne parle que le français : je ne suis pas aussi adaptable que les jeunes ! Voyager est plus

Times are changing

Roger is no longer twenty years old. He lives in Paris, and his favorite pastime is sitting on the terrace, drinking his coffee and watching people pass by. Especially young people. He is impressed by the difference: in his youth, the rhythm was different. We didn't have the same technology. No phones. Was life sweeter? He compares and relates his daily routine - the old-fashioned way, because Roger hasn't changed! The oppurtunity to talk about:

- Everyday vocabulary
- Comparisons
- Present pronominal verbs (daily routine, getting up, going to bed, washing...)

You see them, these young people passing by, cell phone glued in the hand, headset on the ears, connected watch to the wrist? You see them, these young women reading on a reading pad, these young people working remotely on their laptops in cafes? How times change...

I still live the old-fashioned way. And I'm happy. I'm keeping my old habits. No computer, no digital watch. I don't have Internet at home - I live very well without it. I read my books on paper, I borrow them from the bookstore. I go to the cinema, because I don't have a television. My passion is museums. On weekends, I paint.

However, I admire young people! They adapt well to everything. They speak several languages. They change jobs several times in their lives. They are connected with friends across the world. They can travel! And they travel a lot.

I don't do any of this. I only speak French: I'm not as adaptable as young people! Traveling is more difficult for me. Besides,

difficile pour moi. D'ailleurs, je n'aime pas prendre l'avion. Je ne sais pas me servir d'un smartphone et je n'y connais rien en ordinateur. Mais je suis heureux ainsi ! Quand il fait beau, je m'occupe de mes plantes sur mon balcon. Richard, mon chat, me regarde travailler entre deux siestes. Il dort tout le temps. Mes amis et moi aimons jouer aux échecs et aux cartes.

Les jeunes, eux, jouent en ligne à des jeux compliqués. J'aimerais essayer, mais je n'y comprends rien. Est-ce que je suis ce qu'on appelle un "vieux con?" Les jeunes sont plus intelligents. Ils sont aussi plus ouverts d'esprit. Regarde cette femme, au téléphone avec son patron, son enfant dans les bras, son ordinateur devant elle. Elle peut travailler, garder son enfant et être indépendante ! C'est tout de même épatant. De mon temps, ce n'était pas possible.

Mais à quoi ressemble leur quotidien ? Le mien est bien simple. Le matin, je me lève tôt. Je donne à manger et à boire à mon chat. J'écoute la radio : la météo, les informations. Ensuite, je lis un peu. Si le temps est beau, je fais une promenade. Je vais au marché acheter des fruits et des légumes de saison, un peu de viande. Je ne suis pas végétarien, ah, ça, non ! Les jeunes, aujourd'hui, font des allergies alimentaires. Ou encore, ils militent pour les droits des animaux. Ils ont peut-être raison ! Mais changer mes habitudes alimentaires, c'est trop compliqué pour moi. Cela dit, j'admire les jeunes qui se battent pour leurs idées.

Il est vrai que de mon temps, on se battait pour des idées aussi. Pour avoir des congés payés, pour un gouvernement plus démocratique. Et puis, il y a eu les militantes féministes. Quelles battantes ! C'est impressionnant. Aujourd'hui, les femmes sont beaucoup plus libres ! Et elles peuvent vivre indépendamment de leurs maris. C'est merveilleux.

I don't like flying. I don't know how to use a smartphone and I don't know anything about computers. But I'm happy this way! When the weather is nice, I take care of my plants on my balcony. Richard, my cat, watches me work between naps. He sleeps all the time. My friends and I like to play chess and cards.

Young people play complicated games online. I'd like to try it, but I don't understand it. Am I what they call an "old asshole?" Young people are smarter. They are also more open-minded. Look at this woman, on the phone with her boss, her child in her arms, her computer in front of her. She can work, look after her child, and be independent! It's still amazing. In my day, it wasn't possible.

But what is their daily life like? Mine is quite simple. I get up early in the morning. I feed and give water to my cat. I listen to the radio: the weather, the news. Then I read a little. If the weather is good, I take a walk. I go to the market to buy seasonal fruits and vegetables, some meat. I'm not a vegetarian, hell no! Young people today have food allergies. Or they are campaigning for animal rights. Maybe they're right! But changing my eating habits is too complicated for me. That said, I admire young people who fight for their ideas.

It's true that in my day, we fought for ideas too. For paid vacations, for a more democratic government. And then there were the feminist activists. What fighters! It's impressive. Today, women are much more free! And they can live independently of their husbands. It's wonderful.

Et donc, quand je rentre du marché… Eh bien je prépare à manger ! Je fais des soupes, je fais des salades. Des rôtis. Parfois, l'après-midi, je retrouve un ami pour jouer aux cartes.	And so, when I come back from the market... Well, I prepare food! I make soups, I make salads. I make roasts. Sometimes in the afternoon I meet a friend to play cards.
Que font-ils, tous ces jeunes qui courent partout ? Je m'imagine que le matin, ils se lèvent et allument leurs téléphones. Ils regardent leurs messages, leurs emails. Ils partagent sur les réseaux sociaux. Ils ont une machine à café électrique qui prépare le café toute seule. Ils prennent un croissant à la boulangerie en partant au travail, le regard fixé sur leurs téléphones. À midi, ils commandent un plat dans un restaurant. La livraison est gratuite. Le soir, ils passent prendre leurs enfants à la crèche et rentrent chez eux en vélo électrique. À la maison, ils ont des robots mixeurs qui préparent à manger pour eux. Ils n'écoutent peut-être pas la radio… Mais ils ne regardent pas la télévision non plus ! C'est par internet que les informations passent aujourd'hui.	What do they do, all these young people running around everywhere? I imagine that in the morning they get up and turn on their phones. They look at their messages, their emails. They share on social networks. They have an electric coffee machine that brews coffee by itself. They take a croissant from the bakery on their way to work, staring at their phones. At noon, they order a dish in a restaurant. Delivery is free. In the evening, they pick up their children at the daycare center and ride their electric bikes home. At home, they have blenders that prepare food for them. They may not listen to the radio... But they don't watch TV either! It is through Internet that the news is transmitted today.
Et les voyages. Les jeunes prennent des vacances et ils partent au bout du monde. Ils reviennent avec de l'inspiration, des histoires, des recettes de cuisine ! Des épices, de la musique, des idées plein la tête. De nouveaux amis, et des aventures à raconter.	And travels. Young people take vacations and go around the world. They come back with inspiration, stories, recipes! Spices, music, ideas in their heads. New friends, and adventures to tell.
Pourtant, moi, tu sais ? Mon passe-temps préféré, c'est de m'asseoir là, tous les soirs, sur cette terrasse de café. Je bois une bière — oh, juste une ! — et je regarde les jeunes. Ils me fascinent. Ils sont cultivés, ouverts d'esprit. Vraiment.	And yet, me, you know? My favorite pastime is sitting there, every night, on that cafe terrace. I drink a beer - oh, just one! - and I watch the young people. They fascinate me. They are cultured, open-minded. They really are.
Les temps changent, et c'est vrai, on peut critiquer les écrans, on peut avoir peur du progrès. On a le droit de s'inquiéter de la pollution. L'environnement est en danger. C'est vrai ! Mais tout de même, à la fin : c'est beau le progrès, et ils sont beaux, nos jeunes.	Times change, and it's true, you can criticize the screens, you can be afraid of progress. We have the right to worry about pollution. The environment is in danger. It's true! But all the same, in the end: progress is beautiful, and they are beautiful, our young people.

Compréhension

1. Quelles sont les activités préférées de Roger ? (Plusieurs réponses possibles)

   a) Il va au cinéma
   b) Il a un téléphone collé dans la main
   c) Il a un casque sur les oreilles
   d) Il peint
   e) Il va à la librairie
   f) Il parle plusieurs langues

2. Utilise ces mots pour décrire le quotidien de Roger : (Plusieurs réponses possibles)

   a) Il se lève tard
   b) Il regarde la télévision
   c) Il va au marché
   d) Il donne à manger à son chat
   e) Il va courir
   f) Il joue aux cartes avec des amis

3. Comment vivent les jeunes aujourd'hui ? (Plusieurs réponses possibles)

   a) Ils voyagent
   b) Ils regardent la télévision
   c) Ils se font livrer leurs repas
   d) Ils se battent pour les congés payés
   e) Ils jouent à des jeux en ligne

4. Remets les phrases dans l'ordre d'apparition dans le texte :

   a) Roger prépare des soupes en rentrant du marché
   b) Roger pense que c'est beau le progrès
   c) Les jeunes militent pour le droit des animaux
   d) Roger vit toujours à l'ancienne
   e) Roger réfléchit à la terrasse d'un café : les temps changent
   f) Roger n'aime pas prendre l'avion
   g) Les jeunes sont ouverts d'esprit

Comprehension

1. What are Roger's favorite activities? (Several possible answers)

   a) He goes to the movies
   b) He has a phone glued in his hand
   c) He has a headset on his ears
   d) He paints
   e) He goes to the bookstore
   f) He speaks several languages

2. Use these words to describe Roger's everyday life: (Several possible answers)

   a) He gets up late
   b) He watches television
   c) He goes to the market
   d) He feeds his cat
   e) He's going to run
   f) He plays cards with friends

3. How do young people live nowadays?

   a) They travel
   b) They watch television
   c) They get their meals delivered
   d) They fight for paid vacations
   e) They play online games

4. Put the sentences back in order according to the text:

   a) Roger prepares soups at home when coming back from the market
   b) Roger thinks that progress is beautiful
   c) Young people campaign for animal rights
   d) Roger still lives the old-fashioned way
   e) Roger thinks on the terrace of a cafe: times change
   f) Roger doesn't like to fly
   g) Young people are open-minded

5. Complète le texte avec les mots suivants :

temps — courses — vieilles — chat — indépendants — beau — regardent — casque

Roger réfléchit. Il pense que les _____ changent. Il a de _____ habitudes, et il s'occupe de son _____. Il va souvent au marché pour faire ses _____. Il achète des légumes pour préparer des soupes. Ils pensent aux jeunes, qui _____ tout le temps leurs téléphones, qui ont un _____ sur les oreilles mais surtout, qui sont _____. Mais Roger n'est pas critique : il pense que c'est _____ le progrès !

5. Complete the text with the missing words:

times - shopping - old - cat - independent - beautiful - watch - headset

Roger is thinking. He thinks that the _____ are changing. He has _____ habits, and he is taking care of his _____. He often goes to the market to do _____. He buys vegetables to prepare soups. He thinks of the young people, who _____ all the time their phones, who have a _____ on their ears but above all, who are _____. But Roger is not critical: he thinks that progress is _____ !

Réponses

1 : réponses a, d et e
2 : réponses c, d et f
3 : réponses a, c et e
4 : 1e ; 2d ; 3f ; 4g ; 5c ; 6a ; 7b
5 : dans l'ordre : temps, vieilles, chat, courses, regardent, casque, indépendants, beau

Answers

1 : answers a, d and e
2 : answers c, d and f
3 : answers a, c and e
4 : 1e ; 2d ; 3f ; 4g ; 5c ; 6a ; 7b
5 : in order: times, old, cat, shopping, looking, headphones, independant, beautiful

Roger réfléchit. Il pense que les <u>temps</u> changent. Il a de <u>vieilles</u> habitudes, et il s'occupe de son <u>chat</u>. Il va souvent au marché pour faire ses <u>courses</u>. Il achète des légumes pour préparer des soupes. Il pense aux jeunes, qui <u>regardent</u> tout le temps leurs téléphones, qui ont un <u>casque</u> sur les oreilles mais surtout, qui sont <u>indépendants</u>. Mais Roger n'est pas critique : il pense que c'est <u>beau</u> le progrès !

Roger is thinking. He thinks that the <u>times</u> are changing. He has <u>old</u> habits, and he is taking care of his <u>cat</u>. He often goes to the market to do <u>shopping</u>. He buys vegetables to prepare soups. He thinks of the young people, who are <u>looking</u> at their phones all the time, who have <u>headphones</u> on their ears but above all, who are <u>independent</u>. But Roger is not critical: he thinks that progress is <u>beautiful</u>!

Chapitre 11 : Conte des temps modernes

Une jeune femme rend visite à son antiquaire préféré. Elle découvre un manuscrit qui l'intrigue. Elle le lit en rentrant chez elle ; il s'agit des mémoires d'une vieille dame. Mais quand son ami rentre chez elle le soir, il lit le manuscrit et se rend compte qu'il a un lien avec cette dame. L'occasion de parler de :

- Les liens familiaux
- La vie quotidienne
- Les liens d'amitié

Il y a, chez mon **antiquaire**, **juste en dessous** de chez moi, de très jolis objets. Mon passe-temps favori est d'aller lui rendre visite le dimanche matin, quand il reçoit de nouvelles **choses**. Ce matin, je me lève de bonne humeur et je regarde par la fenêtre. Il fait très beau !

Comme chaque matin, je **nourris** Philibert, mon poisson rouge, et j'allume la radio. Je me fais un thé noir, je mets un pull confortable et je m'assois pour le boire près de la fenêtre. Quand j'ai terminé mon thé, je prends une douche et je m'habille. Une jolie robe noire, des **mocassins** verts. Je prends un sac de courses. Je veux aller faire le marché. Mais avant, bien sûr, je **fais un tour** chez mon antiquaire.

Antiquaire (m) (nom commun) — Antique dealer, antiquary
Juste en dessous (locution) — Just below
Chose (f) (nom commun) — Thing
Nourrir (verbe) — To feed
Mocassin (m) (nom commun) — Loafers

Faire un tour (expression) — To pay a quick visit

Aujourd'hui, Saïd, mon antiquaire, a un **nouvel arrivage**. Je **farfouille** avec plaisir dans les nouveaux livres et les nouveaux objets. Je n'achète presque jamais rien, mais parfois je trouve un trésor ! Et j'aime me raconter des histoires en imaginant les propriétaires des objets. Je regarde **distraitement** un petit **cheval** en porcelaine à la patte **cassée**, quand mon regard est **attiré** par une **pile** de papiers attachés d'un ruban en **satin** bleu. Je **tends la main** et je prends le **manuscrit**. L'écriture est caractéristique de la **machine à écrire**. Je comprends vite que ce sont les mémoires d'une dame **âgée**. L'écriture est très belle, et je décide de **demander le prix** du manuscrit à Saïd.

Nouvel arrivage (expression) — New shipment, new stock
Farfouiller (verbe) — To rummage, to look through
Distraitement (verbe) — Idly, absent-mindedly
Cheval (m) (nom commun) — Horse
Cassé (adjectif) — Broken
Attirer (verbe) — To attracted
Pile (f) (nom commun) — A pile
Satin (m) (nom commun) — Satin
Tendre la main (verbe, expression) — To reach out (with the hand)
Manuscrit (m) (nom commun) — Manuscript
Écriture (f) (nom commun) — Writing
Machine à écrire (f) (nom commun) — Typewriter
Âgé (adjectif) — Aged, old
Demander le prix (verbe, expression) — To ask for the price

- Oh, ça ! Tu peux le garder, c'est gratuit. Ça n'a pas vraiment de **valeur**. C'est la machine à écrire qui est intéressante **en revanche** ! Une belle Remington, me dit-il.

- Merci Saïd ! lui réponds-je, ravie de ma nouvelle **acquisition**.

Je **repars** de chez Saïd avec mon manuscrit. Les mémoires d'une vieille dame. J'**ai hâte** de le lire. Je fais un tour **rapidement** au marché : quelques légumes, quelques fruits, et bien sûr, du fromage. Je rentre chez moi presque en courant pour me mettre à ma **lecture**.

Valeur (f) (nom commun) — Value
En revanche (locution) — Though
Acquisition (f) (nom commun) — Acquisition (purchase in this case)
Repartir (verbe) — To leave from where you just arrived
Avoir hâte (verbe, expression) — To be eager to
Rapidement (adverbe) — Quickly
Lecture (f) (nom commun) — A reading

Arrivée à la maison, je prépare un thé avec des biscuits, je mets un pull confortable, des **chaussons** et je m'installe dans mon **canapé** avec le manuscrit sur les **genoux**. La vieille dame raconte ses jeunes années, sa vie au Vietnam pendant la **guerre d'indépendance** de l'Indochine. Elle est mariée à un **militaire** et elle doit le **suivre** dans ses missions. Sa vie au Vietnam semble difficile, mais elle raconte aussi la belle histoire d'une grande **ami-**

tié : elle rencontre une autre jeune Française, Jeanne, qui vit **près de** chez elle, à Hanoï. Les deux femmes **se lient d'une amitié sincère** et solide, et ma **narratrice** raconte comme elles **passent l'essentiel de leurs journées** à parler, à **s'aider**, à préparer à manger et à s'occuper de leurs enfants… Les deux amies semblent devenir comme des sœurs. Je **pose** le manuscrit et j'essaye d'imaginer la vie de ces deux-là.

Chausson (m) (nom commun) — Slipper
Canapé (m) (nom commun) — Couch, sofa
Genoux (m) (nom commun) — Knee
Guerre d'indépendance (f) (nom commun) — Independence war
Militaire (m) (nom commun) — Serviceman, someone who is in the military
Suivre (verbe) – To follow
Amitié (f) (nom commun) — Friendship
Près de (locution) — Close to
Se lier d'amitié (expression, verbe) — To become friends with someone
Sincère (adjectif) — Sincere
Narrateur (m) (nom commun) — Narrator
Passent l'essentiel de leurs journées (expression) — To spend the biggest part of a day doing something
S'aider (verbe) — To help one another
Poser (verbe) — To put down (a manuscript)

Si **loin** de leurs familles, sous les tropiques, dans un pays où tout semble différent… Leur amitié n'est pas **surprenante** ! Quelle chance d'avoir pu se rencontrer. Elles vivent ainsi plusieurs années, voisines, amies et sœurs. Mais quand vient la **fin** de la guerre, elles **doivent** quitter le pays : le Vietnam a **gagné** son indépendance. Séparées par les **événements**, les deux jeunes femmes ne se revoient plus. Elles **perdent contact**. Je comprends le drame que cela représente dans la vie de ma narratrice. Elle raconte sa **peine** lorsqu'elle **perd de vue** son amie Jeanne.

Puis, l'histoire continue. Ma vieille dame raconte sa nouvelle vie de **retour** en France, dans un petit village, puis à Paris, où elle a deux enfants, une fille et un garçon. Les enfants **grandissent**, la vie semble douce. Je **feuillette** le manuscrit un peu plus vite. La suite de l'histoire est finalement moins passionnante que le début ! Je laisse le manuscrit sur la table et je vais préparer à manger pour le dîner. Ce soir, Vincent, mon copain, vient me voir. Je veux lui préparer une soupe de tomates et des carottes.

Loin (adverbe) — Far
Surprenant (adjectif) — Surprising
Fin (f) (nom commun) — The end
Devoir (verbe) — Must, have to
Gagner (verbe) – To win
Événement (m) (nom commun) — An event
Perdre contact (expression, verbe) — To lose touch with someone
Peine (f) (nom commun) — Sorrow, grief
Perdre de vue (verbe, expression) — To lose sight of someone or something
Retour (m) (nom commun) — Return
Grandir (verbe) — To grow

Feuilleter (verbe) — To leaf/to look through, to browse

Quand il arrive chez moi, il s'installe sur le canapé et voit mon manuscrit.

- C'est quoi, je peux lire ?
- Oui, bien sûr ! Rien de bien passionnant, j'ai trouvé ça chez Saïd ce matin. Mais c'est joli !
- Je n'ai **pas encore** fini. C'est une dame qui raconte ses mémoires.

Vincent prend le manuscrit et le feuillette rapidement jusqu'à la fin.

- Il y a des photos, tu as vu ? Eh ! Mais attends ! Ces photos… C'est ma famille !
- Pardon ? Ta famille ?
- Mais oui ! Regarde, ici, c'est ma grand-mère, Jeanne ! Et là, c'est ma mère, quand elle était petite… C'est **fou** ! C'est qui cette dame ?
- C'est pas possible… Ta grand-mère, c'est Jeanne ?

Je suis complètement **sous le choc**. Cette histoire est **incroyable**. Nous regardons les photos **ensemble**. Il y a même des photos du Vietnam. Vincent apprend alors quelque chose de la **jeunesse** de sa grand-mère. Nous lisons ensemble l'histoire de la vieille dame. Elle raconte où elle vit, à Paris, ce qu'elle fait… Je demande à Vincent :

Pas encore (locution) — Not yet
Fou (adjective) — Crazy
Sous le choc (expression) — Shaken, in shock
Incroyable (adjectif) — Incredible, unbelievable
Ensemble (adverbe) — Together
Jeunesse (f) (nom commun) — Youth

- Mais, ta grand-mère, elle habite où ?
- Elle habite le quartier. **Juste à côté** du Luxembourg.

Quand nous **cherchons** dans le livre, nous réalisons ensemble que la narratrice et son amie ont habité le même quartier, **toute leur vie durant**. Sans jamais **s'**être **retrouvées**.

- C'est merveilleux, me dit Vincent. Demain matin, j'appelle mon frère, et je vais voir ma grand-mère avec ton manuscrit. Elle va être **tellement** surprise ! Je suis sûre qu'elle sera heureuse de retrouver des souvenirs du **temps passé**.

Juste à côté (locution) — Right next to
Chercher (verbe) — To search
Toute leur vie durant (locution) — Throughout their lives
Se retrouver (verbe) — To find each other again, to reunite
Tellement (adverbe) — So many, so much, (so surprised in this context)

Temps passé (expression) — Past time

Compréhension

1. Comment commence la journée de la jeune femme ? (Plusieurs réponses possibles)

    a) Elle écoute la radio
    b) Elle mange un bon petit-déjeuner
    c) Elle s'habille avec une robe verte
    d) Elle nourrit son poisson
    e) Elle va au travail
    f) Elle veut aller faire le marché

2. Quelle est l'histoire du manuscrit ? (Plusieurs réponses possibles)

    a) Une histoire de chiens
    b) Une histoire d'amour
    c) Une histoire d'amitié
    d) Une histoire de guerre
    e) Une histoire de voyage
    f) Une histoire de science-fiction

3. Que fait la dame du manuscrit en Indochine ? (Plusieurs réponses possibles)

    a) Elle suit son mari militaire
    b) Elle travaille
    c) Elle se lie d'amitié
    d) Elle s'occupe de ses enfants
    e) Elle regarde des photos

4. Remets les phrases dans l'ordre d'apparition dans le texte :

    a) La jeune femme est sous le choc
    b) Vincent rend visite à son amie
    c) La jeune femme trouve un manuscrit chez l'antiquaire
    d) Les amies perdent contacts
    e) La jeune femme lit le manuscrit chez elle
    f) Le Vietnam gagne son indépendance
    g) La jeune femme se prépare un thé noir

5. Complète le texte avec les mots suivants :

marché — lire — Saïd — journée — grand-mère — guerre — mari — manuscrit

Une jeune femme raconte sa _____. Elle se réveille et décide d'aller au _____. Elle s'arrête d'abord chez l'antiquaire, qui s'appelle _____. Elle farfouille et elle trouve un vieux _____. Elle rentre pour _____ chez elle. C'est une histoire très émouvante, une femme vit en Indochine avec son _____. Elle rencontre une amie et elles passent beaucoup de temps

ensemble. Mais bientôt, la _____ est finie, elle rentre en France. Quand Vincent lit le manuscrit, il découvre que la femme de l'histoire est sa _____ Jeanne!

Réponses

1 : réponses a, d et f
2 : réponses c, d et e
3 : réponses a, c et d
4 : 1g ; 2c ; 3e ; 4f ; 5d ; 6b ; 7a
5 : dans l'ordre : journée, marché, Saïd, manuscrit, lire, mari, guerre, grand-mère

Une jeune femme raconte sa journée. Elle se réveille et décide d'aller au marché. Elle s'arrête d'abord chez l'antiquaire, qui s'appelle Saïd. Elle farfouille et elle trouve un vieux manuscrit. Elle rentre pour lire chez elle. C'est une histoire très émouvante, une femme vit en Indochine avec son mari. Elle rencontre une amie et elles passent beaucoup de temps ensemble. Mais bientôt, la guerre est finie, et elle rentre en France. Quand Vincent lit le manuscrit, il découvre que la femme de l'histoire est sa grand-mère Jeanne !

Conte des temps modernes

A modern-day tale

Une jeune femme rend visite à son antiquaire préféré. Elle découvre un manuscrit qui l'intrigue. Elle le lit en rentrant chez elle ; il s'agit des mémoires d'une vieille dame. Mais quand son ami rentre chez elle le soir, il lit le manuscrit et se rend compte qu'il a un lien avec cette dame. L'occasion de parler de :

- Les liens familiaux
- La vie quotidienne
- Les liens d'amitié

Il y a, chez mon antiquaire, juste en dessous de chez moi, de très jolis objets. Mon passe-temps favori est d'aller lui rendre visite le dimanche matin, quand il reçoit de nouvelles choses. Ce matin, je me lève de bonne humeur et je regarde par la fenêtre. Il fait très beau !

Comme chaque matin, je nourris Philibert, mon poisson rouge, et j'allume la radio. Je me fais un thé noir, je mets un pull confortable et je m'assois pour le boire près de la fenêtre. Quand j'ai terminé mon thé, je prends une douche et je m'habille. Une jolie robe noire, des mocassins verts. Je prends un sac de courses. Je veux aller faire le marché. Mais avant, bien sûr, je fais un tour chez mon antiquaire.

Aujourd'hui, Saïd, mon antiquaire, a un nouvel arrivage. Je farfouille avec plaisir dans les nouveaux livres et les nouveaux objets. Je n'achète presque jamais rien, mais parfois je trouve un trésor ! Et j'aime me raconter des histoires en imaginant les propriétaires des objets. Je regarde distraitement un petit cheval en porcelaine à la patte cassée, quand mon regard est attiré par une pile de papiers attachés d'un ruban en satin bleu. Je tends la main et je prends le manuscrit. L'écriture est caractéristique de la machine à écrire.

A young woman visits her favorite antique dealer. She discovers a manuscript that intrigues her. She reads it on her way home; it is the memoirs of an old lady. But when her friend comes home in the evening, he reads the manuscript and realizes that he has a connection with this lady. The oppurtunity to talk about:

- Family ties
- Everyday life
- The bonds of friendship

In my antique shop just below my house there are some very nice objects. My favorite hobby is to visit him on Sunday morning when he gets new things. This morning I got up in a good mood and looked out the window. The weather was very nice!

Like every morning, I feed Philibert, my goldfish, and turn on the radio. I make myself a black tea, put on a comfortable sweater and sit down to drink it near the window. When I finish my tea, I take a shower and get dressed. A nice black dress, green loafers. I take a shopping bag. I want to go to the market. But first, of course, I go to my antique shop.

Today, Saïd, my antique dealer, has a new arrival. I rummage with pleasure in the new books and new objects. I almost never buy anything, but sometimes I find a treasure! And I like to tell myself stories by imagining the owners of the objects. I look distractedly at a small porcelain horse with a broken leg, when my gaze is drawn to a pile of papers tied with a blue satin ribbon. I reach out my hand and take the manuscript. The writing is characteristic of the typewriter. I quickly understand that

Je comprends vite que ce sont les mémoires d'une dame âgée. L'écriture est très belle, et je décide de demander le prix du manuscrit à Saïd.

"Oh, ça ! Tu peux le garder, c'est gratuit. Ça n'a pas vraiment de valeur. C'est la machine à écrire qui est intéressante en revanche ! Une belle Remington," me dit-il.

"Merci Saïd !" lui réponds-je, ravie de ma nouvelle acquisition.

Je repars de chez Saïd avec mon manuscrit. Les mémoires d'une vieille dame. J'ai hâte de le lire. Je fais un tour rapidement au marché : quelques légumes, quelques fruits, et bien sûr, du fromage. Je rentre chez moi presque en courant pour me mettre à ma lecture.

Arrivée à la maison, je prépare un thé avec des biscuits, je mets un pull confortable, des chaussons et je m'installe dans mon canapé avec le manuscrit sur les genoux. La vieille dame raconte ses jeunes années, sa vie au Vietnam pendant la guerre d'indépendance de l'Indochine. Elle est mariée à un militaire et elle doit le suivre dans ses missions. Sa vie au Vietnam semble difficile, mais elle raconte aussi la belle histoire d'une grande amitié : elle rencontre une autre jeune Française, Jeanne, qui vit près de chez elle, à Hanoï. Les deux femmes se lient d'une amitié sincère et solide, et ma narratrice raconte comme elles passent l'essentiel de leurs journées à parler, à s'aider, à préparer à manger et à s'occuper de leurs enfants…

Les deux amies semblent devenir comme des sœurs. Je pose le manuscrit et j'essaye d'imaginer la vie de ces deux-là.

Si loin de leurs familles, sous les tropiques, dans un pays où tout semble différent… Leur amitié n'est pas surprenante ! Quelle chance d'avoir pu se rencontrer. Elles vivent ainsi plusieurs années, voisines, amies et

these are the memories of an elderly lady. The writing is very beautiful, and I decided to ask Saïd for the price of the manuscript.

"Oh, that! You can keep it, it's free. This has no real value. It is the typewriter which is interesting on the other hand! A beautiful Remington," he tells me.

"Thank you Saïd!" I answered him, delighted with my new acquisition.

I leave Saïd's with my manuscript. The memoirs of an old lady. I can't wait to read it. I make a quick trip to the market: some vegetables, some fruits, and of course, some cheese. I almost ran home to start reading.

When I get home, I make tea with cookies, put on a comfortable sweater, slippers and settle down on my couch with the manuscript on my knees. The old lady recounts her younger years, her life in Vietnam during the Indochina War of Independence. She is married to a soldier and she has to follow him in his missions. Her life in Vietnam seems difficult, but she also tells the beautiful story of a great friendship: she meets another young French woman, Jeanne, who lives near her home in Hanoi. The two women develop a sincere and solid friendship, and the narrator tells how they spend most of their days talking, helping each other, preparing food and taking care of their children…

The two friends seem to become like sisters. I put the manuscript down and try to imagine the lives of these two.

So far away from their families, in the tropics, in a country where everything seems different… Their friendship is not surprising! What a chance to have met each other. They live together for several

sœurs. Mais quand vient la fin de la guerre, elles doivent quitter le pays : le Vietnam a gagné son indépendance. Séparées par les événements, les deux jeunes femmes ne se revoient plus. Elles perdent contact. Je comprends le drame que cela représente dans la vie de ma narratrice. Elle raconte sa peine lorsqu'elle perd de vue son amie Jeanne.

Puis, l'histoire continue. La vieille dame raconte sa nouvelle vie de retour en France, dans un petit village, puis à Paris, où elle a deux enfants, une fille et un garçon. Les enfants grandissent, la vie semble douce. Je feuillette le manuscrit un peu plus vite. La suite de l'histoire est finalement moins passionnante que le début ! Je laisse le manuscrit sur la table et je vais préparer à manger pour le dîner. Ce soir, Vincent, mon copain, vient me voir. Je veux lui préparer une soupe de tomates et des carottes.

Quand il arrive chez moi, il s'installe sur le canapé et voit mon manuscrit.

"C'est quoi, je peux lire ?"

"Oui, bien sûr! Rien de bien passionnant, j'ai trouvé ça chez Saïd ce matin. Mais c'est joli ! Je n'ai pas encore fini. C'est une dame qui raconte ses mémoires."

Vincent prend le manuscrit et le feuillette rapidement jusqu'à la fin.

"Il y a des photos, tu as vu ? Eh ! Mais attends ! Ces photos… C'est ma famille !"

"Pardon ? Ta famille ?"

"Mais oui ! Regarde, ici, c'est ma grand-mère, Jeanne ! Et là, c'est ma mère, quand elle était petite… C'est fou ! C'est qui cette dame ?"

"C'est pas possible… Ta grand-mère, c'est Jeanne ?"

years, neighbors, friends and sisters. But when the end of the war comes, they have to leave the country: Vietnam has gained its independence. Separated by events, the two young women never see each other again. They lose contact. I understand the drama that this represents in the life of the narrator. She recounts her grief when she loses sight of her friend Jeanne.

Then the story continues. The old lady talks about her new life back in France, in a small village, then in Paris, where she has two children, a girl and a boy. The children grow up, life seems sweet. I flip through the manuscript a little faster. The rest of the story is finally less exciting than the beginning! I leave the manuscript on the table and go and prepare food for dinner. Tonight, Vincent, my boyfriend, comes to see me. I want to prepare him a tomato and carrot soup.

When he arrives at my house, he sits on the couch and sees my manuscript.

"What is it, can I read it?"

"Yes, of course you can! Nothing very exciting, I found it at Saïd's this morning. But it's pretty! I haven't finished it yet. It's a lady telling her memoirs."

Vincent takes the manuscript and flips through it quickly to the end.

"There are photos, did you see? Hey! But wait! These photos… It's my family!"

"Pardon? Your family?"

"Of course they are! Look, here is my grandmother, Jeanne! And here's my mother, when she was little… It's crazy! Who is this lady?"

"It's not possible… Your grandmother is Jeanne?"

Je suis complètement sous le choc. Cette histoire est incroyable. Nous regardons les photos ensemble. Il y a même des photos du Vietnam. Vincent apprend alors quelque chose de la jeunesse de sa grand-mère. Nous lisons ensemble l'histoire de la vieille dame. Elle raconte où elle vit, à Paris, ce qu'elle fait… Je demande à Vincent : "Mais, ta grand-mère, elle habite où ?"

"Elle habite le quartier. Juste à côté du Luxembourg."

Quand nous cherchons dans le livre, nous réalisons ensemble que la narratrice et son amie ont habité le même quartier, toute leur vie durant. Sans jamais s'être retrouvées.

"C'est merveilleux," me dit Vincent. "Demain matin, j'appelle mon frère, et je vais voir ma grand-mère avec ton manuscrit. Elle va être tellement surprise ! Je suis sûre qu'elle sera heureuse de retrouver des souvenirs du temps passé."

I'm completely shocked. This story is unbelievable. We look at the pictures together. There are even pictures from Vietnam. Vincent then learns something about his grandmother's youth. Together we read the story of the old lady. She tells where she lives, in Paris, what she does… I ask Vincent: "But, your grandmother, where does she live?"

"She lives in the neighborhood. Right next to Luxembourg."

When we look through the book, we realize together that the narrator and her friend have lived in the same neighborhood all their lives. Without ever finding each other again.

"It's wonderful," Vincent tells me. "Tomorrow morning, I'll call my brother, and I'm going to see my grandmother with your manuscript. She will be so surprised! I'm sure she will be happy to recover memories of the past."

Compréhension

1. Comment commence la journée de la jeune femme ? (Plusieurs réponses possibles)

   a) Elle écoute la radio
   b) Elle mange un bon petit-déjeuner
   c) Elle s'habille avec une robe verte
   d) Elle nourrit son poisson
   e) Elle va au travail
   f) Elle veut aller faire le marché

2. Quelle est l'histoire du manuscrit ? (Plusieurs réponses possibles)

   a) Une histoire de chiens
   b) Une histoire d'amour
   c) Une histoire d'amitié
   d) Une histoire de guerre
   e) Une histoire de voyage
   f) Une histoire de science-fiction

3. Que fait la dame du manuscrit en Indochine ? (Plusieurs réponses possibles)

   a) Elle suit son mari militaire
   b) Elle travaille
   c) Elle se lie d'amitié
   d) Elle s'occupe de ses enfants
   e) Elle regarde des photos

4. Remets les phrases dans l'ordre d'apparition dans le texte :

   a) La jeune femme est sous le choc
   b) Vincent rend visite à son amie
   c) La jeune femme trouve un manuscrit chez l'antiquaire
   d) Les amies perdent contacts
   e) La jeune femme lit le manuscrit chez elle
   f) Le Vietnam gagne son indépendance
   g) La jeune femme se prépare un thé noir

Comprehension

1. How does the young lady's day starts off? (Several possible answers)

   a) She listens to the radio
   b) She eats a good breakfast
   c) She dresses in a green dress
   d) She feeds her fish
   e) She goes to work
   f) She wants to go to the market

2. What is the manuscript story? (Several possible answers)

   a) A story about dogs
   b) A love story
   c) A story of friendship
   d) A war story
   e) A travel story
   f) A science fiction story

3. What does the woman from the manuscript do in Indochina? (Several possible answers)

   a) She follows her military husband
   b) She works
   c) She befriends
   d) She takes care of her children
   e) She looks at pictures

4. Put the sentences in chronological order according to the text:

   a) The young woman is in shock
   b) Vincent visits his friend
   c) The young woman finds a manuscript in the antique shop
   d) Friends lose contact
   e) The young woman reads the manuscript at home
   f) Vietnam gains independence
   g) The young woman prepares a black tea

5. Complète le texte avec les mots suivants :

marché — lire — Saïd — journée — grand-mère — guerre — mari — manuscrit

Une jeune femme raconte sa _____. Elle se réveille et décide d'aller au _____. Elle s'arrête d'abord chez l'antiquaire, qui s'appelle _____. Elle farfouille et elle trouve un vieux _____. Elle rentre pour _____ chez elle. C'est une histoire très émouvante, une femme vit en Indochine avec son _____. Elle rencontre une amie et elles passent beaucoup de temps ensemble. Mais bientôt, la _____ est finie, elle rentre en France. Quand Vincent lit le manuscrit, il découvre que la femme de l'histoire est sa _____ Jeanne !

5. Complete the text with the following words:

market - read - Saïd - day - grandmother - war - husband - manuscript

A young woman recounts her _____. She wakes up and decides to go to the _____. She first stops at the antique shop, which is called _____. She rummages around and finds an old _____. She goes home for _____. It's a very moving story, a woman lives in Indochina with her _____. She meets a friend and they spend a lot of time together. But soon, the _____ is over, and she goes back to France. When Vincent reads the manuscript, he discovers that the woman in the story is his _____ Jeanne!

Réponses

1 : réponses a, d et f
2 : réponses c, d et e
3 : réponses a, c et d
4 : 1g ; 2c ; 3e ; 4f ; 5d ; 6b ; 7a
5 : dans l'ordre : journée, marché, Saïd, manuscrit, lire, mari, guerre, grand-mère

Answers

1 : answers a, d and f
2 : answers c, d and e
3 : answers a, c and d
4 : 1g ; 2c ; 3e ; 4f ; 5d ; 6b ; 7a
5 : in order: day, market, Saïd, manuscript, read, husband, war, grandmother

Une jeune femme raconte sa <u>journée</u>. Elle se réveille et décide d'aller au <u>marché</u>. Elle s'arrête d'abord chez l'antiquaire, qui s'appelle <u>Saïd</u>. Elle farfouille et elle trouve un vieux <u>manuscrit</u>. Elle rentre pour <u>lire</u> chez elle. C'est une histoire très émouvante, une femme vit en Indochine avec son <u>mari</u>. Elle rencontre une amie et elles passent beaucoup de temps ensemble. Mais bientôt, la <u>guerre</u> est finie, et elle rentre en France. Quand Vincent lit le manuscrit, il découvre que la femme de l'histoire est sa <u>grand-mère</u> Jeanne !

A young woman recounts her <u>day</u>. She wakes up and decides to go to the <u>market</u>. She first stops at the antique shop, which is called <u>Saïd</u>. She rummages around and finds an old <u>manuscript</u>. She goes home to <u>read</u> it. It's a very moving story, a woman lives in Indochina with her <u>husband</u>. She meets a friend and they spend a lot of time together. But soon, the <u>war</u> is over, and she goes back to France. When Vincent reads the manuscript, he discovers that the woman in the story is his <u>grandmother</u> Jeanne!

CHAPITRE 12 : UNE BELLE RENCONTRE

Anouk écrit une lettre à son amie Margaux pour lui raconter une rencontre qu'elle a faite récemment. L'occasion de parler de :

- Cinéma
- Goûts et émotions
- Rencontres amicales et amoureuses

Ma très **chère** Margaux,

Je veux te raconter ce qui m'est arrivé le mois **dernier** au cinéma. C'est une histoire étonnante et très jolie.

Alors voilà, c'est dimanche. Comme il ne fait pas beau du tout, je décide d'aller au cinéma. Tu sais que j'adore le cinéma, surtout les films historiques. Je regarde le programme tout en buvant mon café. Il n'y a pas beaucoup de **choix** ce jour-là. C'est **principalement** des comédies romantiques, et je **déteste** ça.

> **Cher** (adjectif) — Dear
> **Dernier** (adjectif) — Last (month)
> **Choix** (m) (nom commun) — Choice
> **Principalement** (adverbe) — Mainly
> **Détester** (verbe) — To hate

En regardant mieux, je trouve un film historique. Mais ça a l'air terriblement triste. C'est

une histoire sur la **Seconde Guerre mondiale**, et les **juifs** pendant la guerre. Mais bon, c'est le seul film qui a l'air intéressant. Alors je me décide, et je me rends dans le quartier du cinéma. Comme je suis en avance, j'achète mon ticket de cinéma et je vais boire un **chocolat chaud** dans un café **juste à côté**. Le serveur du café est **typiquement** parisien : **désagréable**.

Seconde Guerre mondiale (f) (nom propre) — Second World War
Juif (m) (nom commun) — Jew
Chocolat chaud (m) (nom commun) — Hot chocolate
Juste à côté (locution) — Right next to
Typiquement (adverbe) — Typically
Désagréable (adjectif) — Obnoxious, rude, unpleasant

Mais bon, rien de grave, je paye mon chocolat, et je vais au cinéma **à l'heure**. J'entre dans la salle et m'installe **confortablement**. Il n'y a pas beaucoup de monde pour **assister à la séance** : c'est un film **dur**, et les gens préfèrent les films **légers**. Le film commence. Franchement, je ne te raconte pas. Déjà, parce que c'est un bon film et que tu devrais aller le voir. Mais aussi parce que c'est très triste et que je ne veux pas te **démoraliser**.

A l'heure (locution) — On time
Confortablement (adverbe) — Comfortably
Assister à la séance (verbe, expression) — Attending a screening
Dur (adjectif) — Rough, hard, harsh
Léger (adjectif) — Light, weightless
Démoraliser (verbe) — To demoralize

Ce qui arrive, après le film, c'est que je vais aux toilettes. Jusque-là, tout est normal. Je suis encore dans l'**ambiance** du film, assez choquée, plutôt **bouleversée**. Tu me connais, je suis **émotive**. La porte derrière moi s'ouvre, et je **sursaute** en criant ! Tu vois, je suis très **sensible**. La dame qui a ouvert la porte rit en me voyant. « Excusez-moi », lui dis-je, un peu **gênée**. Je lui explique que je suis encore sous le choc du film.

Ambiance (f) (nom commun) — Atmosphere
Bouleversé (adjectif) — Shaken, upset
Émotif (adjective) — Emotional
Sursauter (verbe) — To startle, to jump
Sensible (adjectif) — Sensitive
Gêné (adjectif) — Embarrassed

Alors la dame, très gentiment, me **propose** d'aller boire un café avec elle. J'accepte avec plaisir, et nous **voilà** toutes les deux, assises dans un adorable petit café du quartier Saint-Germain-des-Prés, **discutant de choses et d'autres**. Il y a un beau jeune homme à côté de nous, je le regarde **en douce**. Il me fait un sourire, et je **rougis**. Cela fait rire Françoise, et elle me demande si j'ai un copain. Je dis que non, et j'essaye de changer de conversation, car je suis un peu gênée. J'ai peur que le beau jeune homme m'entende…

Proposer (verbe) — To offer, to suggest
Voilà (préposition) — Here we are

Discutant de choses et d'autres (expression) — To make small talk
En douce (locution) — Surreptitiously, discreetly
Rougir (verbe) — To blush

Cette dame s'appelle Françoise, elle a 60 ans, et elle est comme moi : elle aime aller au cinéma et lire des livres historiques. Nous nous posons des questions sur nos vies. Et puis, pourquoi aller voir un film aussi dur le dimanche ? Alors voilà, Françoise est juive et son père est un **survivant** des **camps de concentration**. Françoise me raconte son enfance, le sourire aux lèvres malgré l'**amertume** de ses souvenirs. Bien sûr, elle est trop jeune pour avoir connu cette époque. Mais elle me raconte la vie de son père, et ses **liens très forts** avec lui. Aujourd'hui, Françoise est dans une **association** et elle va dans les écoles pour **témoigner** auprès des enfants et des adolescents.

Survivant (m) (nom commun) — Survivor
Camps de concentration (m) (nom commun) — Concentration camps
Amertume (f) (nom commun) — Bitterness
Lien très fort (expression) — Strong bonds/connections
Association (f) (nom commun) — Association (as a group of people)
Témoigner (verbe) — To testify, to recount

Tout cela est passionnant, et Françoise a une très belle **manière** de raconter son histoire. Elle n'est pas triste, non : elle pense qu'en parlant, en racontant les **faits du passé**, les hommes peuvent **se relever** de leurs **erreurs** passées et **agir** mieux. Je veux croire dans ce qu'elle me dit.

Manière (f) (nom commun) — A way of (telling a story)
Faits du passé (expression) — Historical facts
Se relever (verbe) — To learn from their mistakes, bounce back
Erreur (f) (nom commun) — Mistake
Agir (verbe) — To act

Nous nous entendons si bien, que nous allons au musée ensemble après le café. Et nous nous entendons encore si bien qu'elle m'invite à manger chez elle le soir !

C'est très joli, chez Françoise. C'est petit et charmant. Elle habite le dernier **étage** d'un bel immeuble, dans le quartier des Gobelins. Dans l'entrée, il y a un joli **tapis** qui vient de Turquie, me dit-elle. Le **salon** est petit, mais très cosy. Sur la table, devant le canapé, il y a une pile de livres : tous des livres d'histoire. Françoise m'en **prête** un, *Seul dans Berlin*, de Hans Fallada. Nous allons dans la cuisine, où Françoise prépare une soupe de **courge** et un gâteau au chocolat. Ça sent bon ! Françoise ouvre une bouteille de vin rouge que nous **dégustons** à l'apéritif puis pendant le repas.

Étage (m) (nom commun) — Floor, story (in a building)
Tapis (m) (nom commun) — Carpet
Salon (m) (nom commun) — Living room
Prêter (verbe) — To lend
Courge (f) (nom commun) — Squash
Déguster (verbe) – To enjoy, to taste

Je pose beaucoup de questions à Françoise : sur sa vie, sur ses activités… Elle n'a pas d'enfant, mais elle a une vie **chargée** ! Elle voyage beaucoup, car elle aime découvrir d'autres cultures. C'est aussi pour ça que son appartement est si joliment décoré. Françoise vit à Paris, mais elle a une maison familiale à la campagne, dans le Limousin — là où elle est née. L'été, elle le passe là-bas, quand elle n'est pas en voyage au **Proche-Orient** ou en Amérique latine. Elle parle cinq langues ! Le russe, l'allemand, l'anglais, l'italien et l'arabe. Quelle culture… C'est **inspirant**. Je rêve moi aussi de parler plusieurs langues. Mais même en anglais, je suis **mauvaise**…

Chargé (adjectif) — Rich, full (life)
Proche-Orient (m) (nom propre) — Middle East
Inspirant (adjectif) — Inspiring
Mauvais (adjectif) — Bad (at something)

Alors voilà ! Voilà ma belle rencontre. Mais **ce n'est pas tout** : depuis, tous les week-ends, nous allons au cinéma ensemble. Nous choisissons le film ensemble, nous allons le voir, puis nous allons boire un chocolat chaud en sortant. Et, dans ce café où nous allons, il y a toujours le beau jeune homme dont je t'ai parlé, qui me regarde **intensément**. Il me sourit, et **plus il me sourit, plus je rougis**. Je voudrais savoir qui il est, mais je n'**ose** pas lui parler. Margaux, je crois que je suis **amoureuse**…

Ce n'est pas tout (expression) — That's not all
Intensément (adverbe) — Intensely
Plus il me sourit, plus je rougis (expression) — The more he smiles at me, the more I blush
Oser (verbe) — To dare
Amoureux (Adjectif) — In love

Donne-moi de tes nouvelles ! Je pense souvent à toi et j'ai hâte de te revoir.
Je t'embrasse comme je t'aime.

Ton amie, Anouk

Compréhension

1. Anouk va au cinéma. Quel genre de film regarde-t-elle ? (Plusieurs réponses possibles)

    a) Une comédie romantique
    b) De la science-fiction
    c) Un film sur la Seconde Guerre mondiale
    d) Un film parisien
    e) Un film dur
    f) Un film russe

2. Qui est Françoise ? (Plusieurs réponses possibles)

    a) Une dame de 60 ans
    b) Elle travaille dans une association
    c) Elle est juive
    d) Elle travaille au musée
    e) La mère d'Anouk

3. Où est la maison familiale de Françoise ?

    a) Au Proche-Orient
    b) En Russie
    c) En Allemagne
    d) Dans le Limousin

4. Remets les phrases dans l'ordre chronologique :

    a) Anouk va aux toilettes, car elle est bouleversée
    b) Anouk va au cinéma
    c) Françoise a un très joli appartement
    d) Anouk et Françoise vont au cinéma ensemble tous les week-ends
    e) Elle rencontre Françoise

5. Complète le texte avec les mots suivants :

    comédies romantiques — cinéma — discutent — nouvelle — émotive — Paris — sympathique

Anouk vit à _____. C'est le week-end et elle va au _____. Elle n'aime pas les _____ et décide de voir un film sur la Seconde Guerre mondiale. Le film est très dur, et Anouk est très _____. Heureusement, après le film, elle rencontre Françoise, qui est très_____. Elles boivent un café ensemble et _____ de la vie de Françoise. Anouk a maintenant une _____ amie !

Réponses

1 : réponses c et e
2 : réponse a, b et c
3 : réponse d
4 : 1b ; 2a ; 3e, 4c ; 5d
5 : dans l'ordre : Paris, cinéma, comédies romantiques, émotive, sympathique, discutent, nouvelle

Anouk vit à <u>Paris</u>. C'est le week-end et elle va au <u>cinéma</u>. Elle n'aime pas les <u>comédies romantiques</u> et décide de voir un film sur la Seconde Guerre mondiale. Le film est très dur, et Anouk est très <u>émotive</u>. Heureusement, après le film, elle rencontre Françoise, qui est très <u>sympathique</u>. Elles boivent un café ensemble et <u>discutent</u> de la vie de Françoise. Anouk a maintenant une <u>nouvelle</u> amie !

Une belle rencontre

Anouk écrit une lettre à son amie Margaux pour lui raconter une rencontre qu'elle a faite récemment. L'occasion de parler de :

- Cinéma
- Goûts et émotions
- Rencontres amicales et amoureuses

Ma très chère Margaux,

Je veux te raconter ce qui m'est arrivé le mois dernier au cinéma. C'est une histoire étonnante et très jolie.

Alors voilà, c'est dimanche. Comme il ne fait pas beau du tout, je décide d'aller au cinéma. Tu sais que j'adore le cinéma, surtout les films historiques. Je regarde le programme tout en buvant mon café. Il n'y a pas beaucoup de choix ce jour-là. C'est principalement des comédies romantiques, et je déteste ça.

En regardant mieux, je trouve un film historique. Mais ça a l'air terriblement triste. C'est une histoire sur la Seconde Guerre mondiale, et les juifs pendant la guerre. Mais bon, c'est le seul film qui a l'air intéressant. Alors je me décide, et je me rends dans le quartier du cinéma. Comme je suis en avance, j'achète mon ticket de cinéma et je vais boire un chocolat chaud dans un café juste à côté. Le serveur du café est typiquement parisien : désagréable.

Mais bon, rien de grave, je paye mon chocolat, et je vais au cinéma à l'heure. J'entre dans la salle et m'installe confortablement. Il n'y a pas beaucoup de monde pour assister à la séance : c'est un film dur, et les gens préfèrent les films légers. Le film commence. Franchement, je ne te raconte pas. Déjà, parce que c'est un bon film et que tu devrais aller le voir. Mais aussi parce que c'est très triste et que je ne veux pas te

A beautiful meeting

Anouk writes a letter to her friend Margaux to tell her about a recent meeting she had. The oppurtunity to talk about:

- The cinema
- Tastes and emotions
- Friendly and loving encounters

My dearest Margaux,

I want to tell you what happened to me last month at the movies. It's an amazing story and it's very pretty.

So here it is, it's Sunday. Since the weather is not nice at all, I decide to go to the movies. You know I love movies, especially historical movies. I watch the program while drinking my coffee. There isn't much choice that day. It's mostly romantic comedies, and I hate it.

While looking closer, I find a historical movie. But it looks terrible! It's a story about World War II, and the Jews during the war. But hey, it's the only film that looks interesting. So I made up my mind, and I went to the cinema. Since I'm early, I buy my cinema ticket and go and drink hot chocolate in a cafe right next door. The waiter at the cafe is a typical Parisian: unpleasant.

But hey, nothing serious, I pay for my chocolate, and I go to the movies on time. I go into the room and make myself comfortable. There aren't many people to attend the screening: it's a heavy film, and people prefer lighter films. The film starts. Honestly, I'm not going to tell you. First of all, because it's a good film and you should go and see it. But also because it's very sad and I don't want to demoralize you.

démoraliser.

Ce qui arrive après le film, c'est que je vais aux toilettes. Jusque-là, tout est normal. Je suis encore dans l'ambiance du film, assez choquée, plutôt bouleversée. La porte derrière moi s'ouvre, et je sursaute en criant ! Tu vois, je suis très sensible. La dame qui a ouvert la porte rit en me voyant. "Excusez-moi," lui dis-je, un peu gênée. Je lui explique que je suis encore sous le choc du film.

Alors la dame, très gentiment, me propose d'aller boire un café avec elle. J'accepte avec plaisir, et nous voilà toutes les deux, assises dans un adorable petit café du quartier Saint Germain des Prés, discutant de choses et d'autres. Il y a un beau jeune homme à côté de nous, je le regarde en douce. Il me fait un sourire, et je rougis. Cela fait rire Françoise, et elle me demande si j'ai un copain. Je dis que non, et j'essaye de changer de conversation, car je suis un peu gênée. J'ai peur que le beau jeune homme m'entende…

Cette dame s'appelle Françoise, elle a 60 ans, et elle est comme moi : elle aime aller au cinéma et lire des livres historiques. Nous nous posons des questions sur nos vies. Et puis, pourquoi aller voir un film aussi dur le dimanche ? Alors voilà, Françoise est juive et son père est un survivant des camps de concentration. Françoise me raconte son enfance, le sourire aux lèvres malgré l'amertume de ses souvenirs. Bien sûr, elle est trop jeune pour avoir connu cette époque. Mais elle me raconte la vie de son père, et ses liens très forts avec lui. Aujourd'hui, Françoise est dans une association et elle va dans les écoles pour témoigner auprès des enfants et des adolescents.

Tout cela est passionnant, et Françoise a une très belle manière de raconter son histoire. Elle n'est pas triste, non : elle

What happens after the movie is that I go to the bathroom. Until then, everything is normal. I'm still in the atmosphere of the film, quite shocked, rather shaken. The door behind me opens, and I jump screaming! You see, I'm very sensitive. The lady who opened the door laughs when she sees me. "Excuse me," I tell her, a little embarrassed. I explain to her that I am still in shock from the film.

Then the lady, very kindly, offers me to go and have a coffee with her. I accept with pleasure, and here we are, the two of us, sitting in an adorable little cafe in the Saint Germain des Prés neighborhood, discussing this and that. There's a handsome young man next to us, I sneakily look at him. He gives me a smile, and I blush. This makes Françoise laugh, and she asks me if I have a boyfriend. I say no, and I try to change the conversation, because I am a little embarrassed. I am afraid that the handsome young man will hear me...

This lady's name is Françoise, she is 60 years old, and she is like me: she likes to go to the cinema and read historical books. We ask ourselves questions about our lives. And then, why go to such a heavy movie on Sunday? So here we are, Françoise is Jewish and her father is a survivor of the concentration camps. Françoise tells me about her childhood, with a smile on her face despite the bitterness of her memories. Of course, she is too young to have known that time. But she tells me about her father's life, and her very strong ties with him. Today, Françoise is in an association and she goes to schools to testify to children and teenagers.

It's all very exciting, and Françoise has a beautiful way of telling her story. She is not sad, no: she thinks that by talking, by telling

pense qu'en parlant, en racontant les faits du passé, les hommes peuvent se relever de leurs erreurs passées et agir mieux. Je veux croire dans ce qu'elle me dit.

Nous nous entendons si bien, que nous allons au musée ensemble après le café. Et nous nous entendons encore si bien qu'elle m'invite à manger chez elle le soir !

C'est très joli, chez Françoise. C'est petit et charmant. Elle habite le dernier étage d'un bel immeuble, dans le quartier des Gobelins. Dans l'entrée, il y a un joli tapis qui vient de Turquie, me dit-elle. Le salon est petit, mais très cosy. Sur la table, devant le canapé, il y a une pile de livres : tous des livres d'histoire. Françoise m'en prête un, Seul dans Berlin, de Hans Fallada. Nous allons dans la cuisine, où Françoise prépare une soupe de courge et un gâteau au chocolat. Ça sent bon! Françoise ouvre une bouteille de vin rouge que nous dégustons à l'apéritif puis pendant le repas.

Je pose beaucoup de questions à Françoise : sur sa vie, sur ses activités... Elle n'a pas d'enfant, mais elle a une vie chargée ! Elle voyage beaucoup, car elle aime découvrir d'autres cultures. C'est aussi pour ça que son appartement est si joliment décoré. Françoise vit à Paris, mais elle a une maison familiale à la campagne, dans le Limousin — là où elle est née. L'été, elle le passe là-bas, quand elle n'est pas en voyage au Proche-Orient ou en Amérique latine. Elle parle cinq langues ! Le russe, l'allemand, l'anglais, l'italien et l'arabe. Quelle culture... C'est inspirant. Je rêve moi aussi de parler plusieurs langues. Mais même en anglais, je suis mauvaise...

Alors voilà ! Voilà ma belle rencontre. Mais ce n'est pas tout : depuis, tous les weekends, nous allons au cinéma ensemble. Nous choisissons le film ensemble, nous allons le voir, puis nous allons boire un chocolat chaud en sortant. Et, dans ce café

the facts of the past, people can get over their past mistakes and act better. I want to believe in what she tells me.

We get along so well that we go to the museum together after coffee. And we still get along so well that she invites me to eat at her place in the evening!

It's very nice at Françoise's place. It's small and charming. She lives on the top floor of a beautiful building in the Gobelins district. In the entrance, there is a pretty carpet which comes from Turkey she tells me. The living room is small, but very cosy. On the table, in front of the sofa, there is a pile of books: all history books. Françoise lends me one, Seul dans Berlin, by Hans Fallada. We go into the kitchen, where Françoise prepares a squash soup and a chocolate cake. It smells good! Françoise opens a bottle of red wine that we enjoy as a pre-dinner drink and then during the meal.

I ask Françoise a lot of questions: about her life, about her activities... She doesn't have children, but she has a busy life! She travels a lot because she likes to discover other cultures. That's also why her apartment is so nicely decorated. Françoise lives in Paris, but she has a family home in the countryside, in the Limousin - where she was born. She spends her summer there, when she is not traveling to the Middle East or Latin America. She speaks five languages! Russian, German, English, Italian and Arabic. What a culture... It's inspiring. I too dream of speaking several languages. But even in English, I'm bad...

So there you go! Here is my beautiful meeting. But that's not all: since then, every weekend, we go to the movies together. We choose the movie together, we go to see it, and then we go out for hot chocolate. And, in this cafe where we go, there is always the

où nous allons, il y a toujours le beau jeune homme dont je t'ai parlé, qui me regarde intensément. Il me sourit, et plus il me sourit, plus je rougis. Je voudrais savoir qui il est, mais je n'ose pas lui parler. Margaux, je crois que je suis amoureuse…

Donne-moi de tes nouvelles ! Je pense souvent à toi et j'ai hâte de te revoir.

Je t'embrasse comme je t'aime.

Ton amie, Anouk

handsome young man I told you about, who looks at me intensely. He smiles at me, and the more he smiles at me, the more I blush. I would like to know who he is, but I don't dare to talk to him. Margaux, I think I'm in love...

Let me hear from you! I often think about you and can't wait to see you again.

Hugs and kisses with love.

Your friend, Anouk

Compréhension

1. Anouk va au cinéma. Quel genre de film regarde-t-elle ? (Plusieurs réponses possibles)

a) Une comédie romantique
b) De la science-fiction
c) Un film sur la Seconde Guerre mondiale
d) Un film parisien
e) Un film dur
f) Un film russe

2. Qui est Françoise ? (Plusieurs réponses possibles)

a) Une dame de 60 ans
b) Elle travaille dans une association
c) Elle est juive
d) Elle travaille au musée
e) La mère d'Anouk

3. Où est la maison familiale de Françoise ?

a) Au Proche-Orient
b) En Russie
c) En Allemagne
d) Dans le Limousin

4. Remets les phrases dans l'ordre chronologique :

a) Anouk va aux toilettes, car elle est bouleversée
b) Anouk va au cinéma
c) Françoise a un très joli appartement
d) Anouk et Françoise vont au cinéma ensemble tous les week-ends
e) Elle rencontre Françoise

5. Complète le texte avec les mots suivants :

comédies romantiques — cinéma — discutent — nouvelle — émotive —

Comprehension

1. Anouk goes to the cinema. What kind of movie does she watch? (Several possible answers)

a) A romantic comedy
b) From science fiction
c) A film about the Second World War
d) A Parisian film
e) A hard film
f) A Russian film

2. Who is Françoise? (Several possible answers)

a) A 60-year-old lady
b) She works in an association
c) She is Jewish
d) She works at the museum
e) Anouk's mother

3. Where is Françoise's family house?

a) In the Middle East
b) In Russia
c) In Germany
d) In the Limousin

4. Put the sentences in chronological order:

a) Anouk goes to the bathroom because she is upset
b) Anouk goes to the movies
c) Françoise has a very nice apartment
d) Anouk and Françoise go to the movies together every weekend
e) She meets Françoise

5. Complete the text with the following words:

romantic comedies - cinema - talk - new - emotional - Paris - sympathetic

Paris — sympathique

Anouk vit à _____. C'est le week-end et elle va au _____. Elle n'aime pas les _____ et décide de voir un film sur la Seconde Guerre mondiale. Le film est très dur, et Anouk est très _____. Heureusement, après le film, elle rencontre Françoise, qui est très_____. Elles boivent un café ensemble et _____ de la vie de Françoise. Anouk a maintenant une _____ amie !

Anouk lives in _____. It's the weekend and she goes to _____. She doesn't like _____ and decides to see a movie about World War II. The movie is very hard, and Anouk is very _____. Fortunately, after the movie, she meets Françoise, who is very_____. They drink coffee together and _____ about Françoise's life. Anouk now has a _____ friend!

Réponses

1 : réponses c et e
2 : réponse a, b et c
3 : réponse d
4 : 1b ; 2a ; 3e; 4c ; 5d
5 : dans l'ordre : Paris, cinéma, comédies romantiques, émotive, sympathique, discutent, nouvelle

Answers

1 : answer c and e
2 : answers a, b and c
3 : answer d
4 : 1b ; 2a ; 3e; 4c ; 5d
5 : in order: Paris, cinema, romantic comedies, emotional, sympathetic, discuss, new

Anouk vit à <u>Paris</u>. C'est le week-end et elle va au <u>cinéma</u>. Elle n'aime pas les <u>comédies romantiques</u> et décide de voir un film sur la Seconde Guerre mondiale. Le film est très dur, et Anouk est très <u>émotive</u>. Heureusement, après le film, elle rencontre Françoise, qui est très <u>sympathique</u>. Elles boivent un café ensemble et <u>discutent</u> de la vie de Françoise. Anouk a maintenant une <u>nouvelle</u> amie !

Anouk lives in <u>Paris</u>. It's the weekend and she goes to <u>cinema</u>. She doesn't like <u>romantic comedies</u> and decides to see a movie about World War II. The movie is very hard, and Anouk is very <u>emotional</u>. Fortunately, after the movie, she meets Françoise, who is very <u>sympathetic</u>. They drink coffee together and <u>discuss</u> Françoise's life. Anouk now has a <u>new</u> friend!

Chapitre 13 : La grande évasion

Les animaux du zoo du Parc de la Tête d'Or, à Lyon, préparent une grande évasion. L'occasion de parler :

- Des animaux sauvages
- De comment s'enfuir

J'habite à Lyon depuis des années, et je suis heureuse ici. J'adore me promener en ville, faire les magasins, et lire au bord de la **rivière**. Pourtant, la nature me manque. Il y a beaucoup de jolis parcs à Lyon, et pour retrouver un peu de nature, je vais souvent me promener au zoo du Parc de la Tête d'Or. Le Parc de la Tête d'Or est **magnifique** et grand. Mais son zoo est un peu triste, vieux et **mal entretenu**. Pourtant il y a quelque chose qui me **retient** là-bas. J'adore cet **endroit**. Je pense que j'ai une connexion avec les animaux. Ils me connaissent et je les connais. Je peux même vous dire un secret : je sais qu'ils ont le projet de **s'évader**. Comment je le sais ? Eh bien, je le sais, c'est tout ! Et même, je vais vous en dire plus : je vais les **aider** à **se sauver**.

Rivière (f) (nom commun) — River
Magnifique (adjectif) — Beautiful, magnificent
Mal entretenu (locution, adjectif) — Run down, in poor condition
Retenir (verbe) — To hold someone/something
Endroit (m) (nom commun) — Location, place
S'évader (verbe) — To escape
Aider (verbe) — To help
Se sauver (verbe) — To escape, to flee

J'ai bien compris leur **petit jeu**. Je **vois clair** dans le projet. Chacun à sa manière prépare sa **fuite**, mais ils vont tous partir le même jour… Pour mieux les comprendre, je **prends** des photos et des **notes** sur leurs activités.

Petit jeu (m) (nom commun) — Ruse, ploy
Voir clair (adjectif) — To see right through (your ruse)
Fuite (f) (nom commun) — Flight, escape
Prendre (verbe) — To take (pictures)
Note (nom commun) — (To take) notes

Les lions, le matin, **bavardent** tranquillement dans leur cage. Il ne faut pas leur **faire confiance** : car en réalité, ils parlent de leur **évasion** future. Ils se présentent **sagement** à l'heure du repas. Ils mangent de la **viande crue** et boivent des litres d'**eau**. Je vois bien qu'ils ont froid ! Les lions sont faits pour vivre en Afrique, pas en France. L'après-midi, ils font leur **sieste** en **rêvant** de leur **sortie triomphante** dans la ville. Leur projet pour **s'enfuir** ? Manger la jeune femme qui leur apporte à manger le midi. Tout est **prévu** : le premier s'approche, et le second la **surprend** par-derrière. Le troisième tient la porte ouverte pendant ce temps. Et hop ! **Le tour est joué**.

Bavarder (verbe) — To chat
Faire confiance (verbe, expression) — To trust
Évasion (f) (nom commun) — Getaway
Sagement (adverbe) — Quietly, calmly
Viande crue (f) (nom commun) — Raw meat
Eau (f) (nom commun) — Water
Sieste (f) (nom commun) — A nap
Rêvant (adverbe) — While dreaming about
Sortie triomphante (expression) — Grand exit
S'enfuir (verbe) — To flee
Prévoir (verbe) — To plan
Surprendre (verbe) — To surprise
Le tour est joué (expression) – And that's it !

Les **loups** vivent dans un grand espace. Ils ont de la chance… Mais ils veulent plus grand. Ils veulent vivre en forêt. Et on les comprend bien. Pour **s'échapper**, leur plan est simple, mais il demande un sacrifice. Ils vont se faire la **courte échelle**. Le plus vieux des loups **se dévoue** pour rester dans l'**enclos**, et les autres loups vont **monter** sur son **dos** pour s'enfuir par-dessus la **barrière**. Toute la **meute** va s'enfuir, sauf le vieux loup. C'est triste, mais c'est un **beau geste** !

Loup (m) (nom commun) — Wolf
S'échapper (verbe) — To escape
Courte échelle (f) (nom commun) — Leg up
Se dévouer (verbe) — To sacrifice yourself, to take on the job nobody wants to do
Enclos (m) (nom commun) — Pen, enclosure
Monter (verbe) — To climb
Dos (m) (nom commun) — The back (of someone)
Barrière (f) (nom commun) — Barrier

Meute (f) (nom commun) — A pack (of wolves)
Beau geste (expression) — A noble gesture

Pour les hippopotames, un peu gros et pas franchement délicats, c'est un peu plus compliqué. Ils n'ont pas la possibilité de manger le **personnel** du zoo. Ils ne peuvent pas **escalader** la barrière non plus. Il faut être plus **malin**. Moi, j'ai compris leur plan : le soir, quand chacun va se coucher, les hippopotames vont pousser ensemble la **vitre** de leur **cage de verre**. Ils sont **lourds** et **costauds**, à deux, je suis sûre que c'est possible.

Personnel (m) (nom commun) — The staff
Escalader (verbe) — To climb
Malin (adjective) — Smart
Vitre (f) (nom commun) — Pane, glass window
Cage de verre (f) (nom commun) — Glass cage
Lourd (adjectif) — Heavy
Costaud (adjective) — Burly, strong

Les éléphants, eux, vont s'échapper comme les hippopotames : par la **force**. Ils ont l'air bien tranquilles, c'est vrai. Mais, s'ils le veulent, ils peuvent facilement **démolir** la porte de l'enclos ! Ils **s'ennuient** toute la journée sur leur **morceau de terre**. Ce n'est qu'une question de temps, car bientôt, pour eux, c'est la liberté. Les éléphants ont **bon caractère** : ils ont décidé d'aider les girafes. Ils vont simplement ouvrir la porte. Rien de plus simple, car ils sont très costauds. Les girafes **piaffent d'impatience** !

Force (f) (nom commun) — Strength
Démolir (verbe) — To destroy
S'ennuyer (verbe) — To be bored
Morceau de terre (m) (nom commun) — A piece of land
Bon caractère (expression) — Good natured
Piaffer d'impatience (expression) — To squeal in anticipation

Les **ratons laveurs** sont petits et un peu **faibles**. Ils ont donc un plan bien différent. Avec leurs **griffes**, je les vois **s'entraîner** chaque matin : ils **grattent le sol** de leur enclos. Ils font un **trou** dans leur enclos. Chaque matin, sans que personne les voie, ils **creusent**. Puis, ils mettent des **feuilles** pour cacher le trou. Dans quelques mois, le tunnel sera fini ! D'ailleurs, les kangourous copient leur plan. Ils sont plus gros, le trou est juste plus grand. Mais il est caché derrière un **arbre**, et personne ne les voit faire.

Raton laveur (m) (nom commun) — Racoon
Faible (adjectif) — Feeble, weak
Griffe (f) (nom commun) — Claw
S'entraîner (verbe) — To train, to practice
Gratter le sol (verbe) — To scratch the ground, to claw at the ground
Trou (m) (nom commun) — Hole
Creuser (verbe) — To dig
Feuille (f) (nom commun) — Leaf
Arbre (m) (nom commun) — Tree

Les **singes** sont des malins. Ils ne s'ennuient jamais! Quand ils ne **dorment** pas sur leur unique arbre, ils bavardent et rient ensemble en mangeant des bananes. Ils rient aussi bien sûr parce que leur plan est très bien préparé. Ils connaissent par cœur les **horaires** du personnel qui **fait le ménage** dans leur cage. Avez-vous **deviné** l'idée? Les singes vont **se déguiser**. C'est bien simple. Ils vont **attraper** la personne qui vient faire le ménage, la **déshabiller** et mettre ses vêtements! Ainsi déguisé, le premier singe pourra **voler** d'autres vêtements dans le **bâtiment**, et ouvrir la porte à ses amis.

Singe (m) (nom commun) — Monkey
Dormir (verbe) — To sleep
Horaire (m) (nom commun) — Schedule
Faire le ménage (expression, verbe) — To clean
Deviner (verbe) — To guess
Se déguiser (verbe) — To disguise
Attraper (verbe) — To catch
Déshabiller (verbe) — To undress
Voler (verbe) — To steal
Bâtiment (m) (nom commun) — A building

Comme les singes sont très **sympas**, ils veulent aider les autres. Pendant la **nuit**, ils vont ouvrir toutes les cages des **oiseaux** : **autruches**, **moineaux**, **perroquets**… Car les oiseaux n'ont pas de **mains** pour s'échapper.

Et les **serpents** qui n'ont ni mains, ni **pieds**! Qui va les aider? Sûrement pas les autres animaux, qui n'aiment pas du tout les serpents.

Sympa (adjective) — Nice, friendly
Nuit (f) (nom commun) — Night
Oiseaux (m) (nom commun) — Bird
Autruche (f) (nom commun) — Ostrich
Moineau (m) (nom commun) — Sparrow
Perroquet (m) (nom commun) — Parrot
Main (f) (nom commun) — Hand
Serpent (m) (nom commun) — Snake
Pied (m) (nom commun) — Foot

Eh bien, moi, je les aime bien, les serpents. Ce n'est pas leur faute s'ils **font peur** à tout le monde. Alors, pour les aider, j'ai, moi aussi, un plan. Le soir de la grande évasion, je vais venir au zoo. Le personnel, la police, les **vétérinaires** : toute la ville va être très **agitée** ce soir-là! Imaginez : des lions, des éléphants et des loups dans le centre-ville de Lyon!

Pendant ce temps, quand tout le monde va regarder **ailleurs**, je vais entrer dans le zoo, ouvrir toutes les cages des serpents et m'enfuir en courant!

Faire peur (verbe, expression) — To scare someone
Vétérinaire (m) (nom commun) — Veterinarian
Agité (adjectif) — Agitated, restless
Ailleurs (adverbe) — Elsewhere

Compréhension

1. Trouve 6 animaux qui vivent dans ce zoo.

a) Lion
b) Tapir
c) Baleine
d) Chien
e) Loup
f) Panda
g) Singe
h) Girafe
i) Hippopotame
j) Cerf

2. Quel est le plan d'évasion des loups ?

a) Manger une jeune femme
b) Casser un enclos
c) Creuser
d) Escalader une barrière
e) Se déguiser

3. Tous les animaux ont un plan d'évasion sauf un, lequel ?

a) Le loup
b) Le lion
c) Le serpent
d) L'éléphant
e) Le singe

4. Remets les phrases dans l'ordre d'apparition dans le texte :

a) Les éléphants s'ennuient
b) La ville va être très agitée
c) Les lions font la sieste
d) Le zoo est mal entretenu
e) Les hippopotames ne peuvent pas escalader la barrière

5. Choisis la bonne réponse entre les deux propositions :

a) Le narrateur **aime/déteste** le zoo de Lyon
b) Il **faut/ne faut pas** faire confiance aux lions
c) Les loups veulent un **plus grand/petit espace**
d) Les hippopotames sont des animaux **costauds/faibles**
e) Les singes sont très **sympathiques/méchants**

Réponses

1 : réponses a, e, g, h et i
2 : réponse d
3 : réponse c
4 : 1d ; 2c ; 3e ; 4a ; 5b
5 : dans l'ordre : aime, ne faut pas, grand, costauds, sympathiques

La grande évasion

Les animaux du zoo du Parc de la Tête d'Or, à Lyon, préparent une grande évasion. L'occasion de parler :

- Des animaux sauvages
- De comment s'enfuir

J'habite à Lyon depuis des années, et je suis heureuse ici. J'adore me promener en ville, faire les magasins, et lire au bord de la rivière. Pourtant, la nature me manque. Il y a beaucoup de jolis parcs à Lyon, et pour retrouver un peu de nature, je vais souvent me promener au zoo du Parc de la Tête d'Or. Le Parc de la Tête d'Or est magnifique et grand. Mais son zoo est un peu triste, vieux et mal entretenu. Pourtant il y a quelque chose qui me retient là-bas. J'adore cet endroit. Je pense que j'ai une connexion avec les animaux. Ils me connaissent et je les connais. Je peux même vous dire un secret : je sais qu'ils ont le projet de s'évader. Comment je le sais ? Eh bien, je le sais, c'est tout ! Et même, je vais vous en dire plus : je vais les aider à se sauver.

J'ai bien compris leur petit jeu. Je vois clair dans le projet. Chacun à sa manière prépare sa fuite, mais ils vont tous partir le même jour… Pour mieux les comprendre, je prends des photos et des notes sur leurs activités.

Les lions, le matin, bavardent tranquillement dans leur cage. Il ne faut pas leur faire confiance : car en réalité, ils parlent de leur évasion future. Ils se présentent sagement à l'heure du repas. Ils mangent de la viande crue et boivent des litres d'eau. Je vois bien qu'ils ont froid ! Les lions sont faits pour vivre en Afrique, pas en France. L'après-midi, ils font leur sieste en rêvant de leur sortie triomphante dans la ville. Leur projet pour s'enfuir ? Manger la jeune femme qui

The great escape

The animals of the zoo of the Parc de la Tête d'Or, in Lyon, are preparing a great escape. The oppurtunity to talk about:

- Wild animals
- How to escape

I have been living in Lyon for years, and I am happy here. I love walking around the city, shopping, and reading by the river. However, I miss nature. There are a lot of beautiful parks in Lyon, and to find a little bit of nature, I often go for a walk at the zoo of the Parc de la Tête d'Or. The Parc de la Tête d'Or is beautiful and large. But its zoo is a bit sad, old and badly nurtured. Yet there is something that keeps me there. I love this place. I think I have a connection with the animals. They know me and I know them. I can even tell you a secret: I know they are planning to escape. How do I know that? Well, I just know it! And even more, I'll tell you more: I'm going to help them escape.

I understand their little game. I can see through the project. Each in its own way prepares its escape, but they will all leave on the same day... To better understand them, I take photos and notes on their activities.

The lions, in the morning, are chatting quietly in their cage. They are not to be trusted: in reality, they are talking about their future escape. They present themselves wisely at mealtime. They eat raw meat and drink liters of water. I can see that they are cold! Lions are made to live in Africa, not in France. In the afternoon, they take a nap dreaming of their triumphant outing in the city. Their plan to run away? To eat the young woman who brings them lunch.

leur apporte à manger le midi. Tout est prévu : le premier s'approche, et le second la surprend par-derrière. Le troisième tient la porte ouverte pendant ce temps. Et hop ! Le tour est joué.

Les loups vivent dans un grand espace. Ils ont de la chance… Mais ils veulent plus grand. Ils veulent vivre en forêt. Et on les comprend bien. Pour s'échapper, leur plan est simple, mais il demande un sacrifice. Ils vont se faire la courte échelle. Le plus vieux des loups se dévoue pour rester dans l'enclos, et les autres loups vont monter sur son dos pour s'enfuir par-dessus la barrière. Toute la meute va s'enfuir, sauf le vieux loup. C'est triste, mais c'est un beau geste !

Pour les hippopotames, un peu gros et pas franchement délicats, c'est un peu plus compliqué. Ils n'ont pas la possibilité de manger le personnel du zoo. Ils ne peuvent pas escalader la barrière non plus. Il faut être plus malin. Moi, j'ai compris leur plan : le soir, quand chacun va se coucher, les hippopotames vont pousser ensemble la vitre de leur cage de verre. Ils sont lourds et costauds, à deux, je suis sûre que c'est possible.

Les éléphants, eux, vont s'échapper comme les hippopotames : par la force. Ils ont l'air bien tranquilles, c'est vrai. Mais, s'ils le veulent, ils peuvent facilement démolir la porte de l'enclos ! Ils s'ennuient toute la journée sur leur morceau de terre. Ce n'est qu'une question de temps, car bientôt, pour eux, c'est la liberté. Les éléphants ont bon caractère : ils ont décidé d'aider les girafes. Ils vont simplement ouvrir la porte. Rien de plus simple, car ils sont très costauds. Les girafes piaffent d'impatience !

Les ratons laveurs sont petits et un peu faibles. Ils ont donc un plan bien différent. Avec leurs griffes, je les vois s'entraîner chaque matin : ils grattent le sol de leur enclos. Ils font un trou dans leur enclos.

Everything is planned: the first approaches, and the second surprises her from behind. The third holds the door open during this time. And hop! That's it.

Wolves live in a large space. They are lucky… but they want bigger. They want to live in the forest. And we can understand them well. To escape, their plan is simple, but it requires a sacrifice. They are going to make the short run. The oldest wolf will devote himself to stay in the enclosure, and the other wolves will climb on his back to escape over the fence. The whole pack will run away, except for the old wolf. It's sad, but it's a nice gesture!

For the hippos, a little big and not really delicate, it's a little more complicated. They don't have the possibility to eat the zoo staff. They cannot climb the barrier either. You have to be smarter. Me, I understood their plan: in the evening, when everyone goes to bed, together the hippos will push the glass of their glass cage. They are heavy and strong, as a couple, I'm sure it's possible.

The elephants, for their part, will escape like the hippos: by force. They look very quiet, it's true. But, if they want to, they can easily demolish the gate of the enclosure! They are bored all day long on their piece of land. It's only a matter of time, because soon, for them, it's freedom. The elephants have good character: they have decided to help the giraffes. They will simply open the door. Nothing could be simpler, because they are very strong. The giraffes are impatient!

Raccoons are small and a little weak. So they have a very different plan. I can see them practicing every morning: With their claws, they scratch the ground of their enclosure. They make a hole in their

Chaque matin, sans que personne les voie, ils creusent. Puis, ils mettent des feuilles pour cacher le trou. Dans quelques mois, le tunnel sera fini ! D'ailleurs, les kangourous copient leur plan. Ils sont plus gros, le trou est juste plus grand. Mais il est caché derrière un arbre, et personne ne les voit faire.

Les singes sont des malins. Ils ne s'ennuient jamais ! Quand ils ne dorment pas sur leur unique arbre, ils bavardent et rient ensemble en mangeant des bananes. Ils rient aussi bien sûr parce que leur plan est très bien préparé. Ils connaissent par cœur les horaires du personnel qui fait le ménage dans leur cage. Avez-vous deviné l'idée ? Les singes vont se déguiser. C'est bien simple. Ils vont attraper la personne qui vient faire le ménage, la déshabiller et mettre ses vêtements ! Ainsi déguisé, le premier singe pourra voler d'autres vêtements dans le bâtiment, et ouvrir la porte à ses amis.

Comme les singes sont très sympas, ils veulent aider les autres. Pendant la nuit, ils vont ouvrir toutes les cages des oiseaux : autruches, moineaux, perroquets… Car les oiseaux n'ont pas de mains pour s'échapper.

Et les serpents qui n'ont ni mains, ni pieds ! Qui va les aider ? Sûrement pas les autres animaux, qui n'aiment pas du tout les serpents.

Eh bien, moi, je les aime bien, les serpents. Ce n'est pas leur faute s'ils font peur à tout le monde. Alors, pour les aider, j'ai, moi aussi, un plan. Le soir de la grande évasion, je vais venir au zoo. Le personnel, la police, les vétérinaires : toute la ville va être très agitée ce soir-là ! Imaginez : des lions, des éléphants et des loups dans le centre-ville de Lyon !

Pendant ce temps, quand tout le monde va regarder ailleurs, je vais entrer dans le

enclosure. Every morning, without anyone seeing them, they dig. Then they put leaves to hide the hole. In a few months, the tunnel will be finished! Moreover, the kangaroos copy their plan. They are bigger, the hole is just bigger. But it is hidden behind a tree, and nobody sees them doing it.

Monkeys are smart. They never get bored! When they are not sleeping on their only tree, they chat and laugh together while eating bananas. They also laugh of course because their plan is very well prepared. They know by heart the schedules of the staff who clean their cage. Have you guessed the idea? The monkeys are going to disguise themselves. It's quite simple. They are going to catch the person who comes to clean, undress them and put on their clothes! Thus disguised, the first monkey will be able to steal other clothes in the building, and open the door to his friends.

As monkeys are very nice, they want to help others. During the night, they will open all the cages for the birds: ostriches, sparrows, parrots... Because the birds have no hands to escape.

And the snakes that have neither hands nor feet! Who will help them? Certainly not the other animals, who don't like snakes at all.

Well, I like them, the snakes. It's not their fault if they scare everyone. So, to help them, I too, have a plan. On the night of the great escape, I'm going to come to the zoo. The staff, the police, the veterinarians: the whole town is going to be very agitated that night! Imagine: lions, elephants and wolves in downtown Lyon!

Meanwhile, when everyone is looking the other way, I'm going to enter the zoo, open

zoo, ouvrir toutes les cages des serpents et m'enfuir en courant !

all the snake cages and run away!

Compréhension   Comprehension

1. Trouve 6 animaux qui vivent dans ce zoo.

  a) Lion
  b) Tapir
  c) Baleine
  d) Chien
  e) Loup
  f) Panda
  g) Singe
  h) Girafe
  i) Hippopotame
  j) Cerf

1. Find 6 animals that live in this zoo.

  a) Lion
  b) Tapir
  c) Whale
  d) Dog
  e) Loup
  f) Panda
  g) Monkey
  h) Giraffe
  i) Hippopotamus
  j) Deer

2. Quel est le plan d'évasion des loups ?

  a) Manger une jeune femme
  b) Casser un enclos
  c) Creuser
  d) Escalader une barrière
  e) Se déguiser

2. What is the wolves' escape plan?

  a) Eating a young woman
  b) Breaking an enclosure
  c) Digging
  d) Climbing a fence
  e) Disguising themselves

3. Tous les animaux ont un plan d'évasion sauf un, lequel ?

  a) Le loup
  b) Le lion
  c) Le serpent
  d) L'éléphant
  e) Le singe

3. All animals have an escape plan except one, which one?

  a) The wolf
  b) The lion
  c) The snake
  d) The elephant
  e) The monkey

4. Remets les phrases dans l'ordre d'apparition dans le texte :

  a) Les éléphants s'ennuient
  b) La ville va être très agitée
  c) Les lions font la sieste
  d) Le zoo est mal entretenu
  e) Les hippopotames ne peuvent pas escalader la barrière

4. Put the sentences back in chronological order:

  a) Elephants are bored
  b) The city is going to be very hectic
  c) Lions take a nap
  d) The zoo is poorly maintained
  e) Hippos can't climb the fence

5. Choisis la bonne réponse entre les deux propositions :

5. Choose the correct answer between the two proposals:

a) Le narrateur **aime/déteste** le zoo de Lyon
b) Il **faut/ne faut pas** faire confiance aux lions
c) Les loups veulent un **plus grand/petit espace**
d) Les hippopotames sont des animaux **costauds/faibles**
e) Les singes sont très **sympathiques/méchants**

a) The narrator **loves/hates** the Lyon Zoo
b) You **should/should not** trust the lions.
c) Wolves want a **bigger/smaller** space
d) Hippos are **strong/weak** animals
e) Monkeys are **very friendly/naughty**

Réponses

1 : réponses a, e, g, h et i
2 : réponse d
3 : réponse c
4 : 1d ; 2c ; 3e ; 4a ; 5b
5 : dans l'ordre : aime, ne faut pas, grand, costauds, sympathiques

Answers

1 : answers a, e, g, h and i
2 : answer d
3 : answer c
4 : 1d ; 2c ; 3e ; 4a ; 5b
5 : in order: loves, should not, bigger, strong, very friendly

Chapitre 14 : La réponse

Margaux a reçu la lettre d'Anouk, et elle lui répond. Bien sûr, elle lui raconte un peu sa vie. Elle lui donne aussi des conseils pour concrétiser la rencontre qu'elle est en train de faire. L'occasion de parler :

- Des changements de vie
- D'auberge, d'hôtellerie, de restaurant, de café
- De langue
- De rencontre amoureuse

Chère Anouk,

Merci pour ta **gentille** lettre. Je suis **toujours** heureuse quand j'ai de tes nouvelles ! Et alors, quelle belle rencontre, en effet ! J'aime bien comme tu la racontes. La prochaine fois que je vais à Paris, je veux rencontrer Françoise ! D'ailleurs, je me demande si vous vous voyez encore chaque week-end. Et puis surtout, ce jeune homme… L'as-tu rencontré **finalement** ? Tu as l'air **timide**. Il est peut-être timide, lui aussi…

Gentil (adjectif) — Kind
Toujours (adverbe) — Always
Finalement (adverbe) — Finally
Timide (adjective) — Shy

Bon ! **Comme** tu me le demandes, je te donne des nouvelles. Cela fait bien longtemps… Il s'est passé beaucoup de choses : je ne sais pas par où commencer. Te souviens-tu quand j'ai

quitté Paris ? Des rêves **plein la tête**, la décision prise de ne plus travailler pour personne ? J'ai **réalisé mon rêve** et je n'ai plus de **patron**. Mes journées sont pour moi et le travail que je veux faire. Parfois, c'est instable. Mais la plupart du temps, j'adore et je suis **sereine**. Et surtout, je suis **fière**.

Comme (adverbe) — As, like
Plein la tête (expression) — To have your head full of (dreams)
Réaliser son rêve (expression) — To achieve your dream
Patron (m) (nom commun) — Boss
Serein (adjectif) — Serene, calm
Fier (adjectif) — Proud

Comment te raconter ? Par où commencer ? Ma vie à Istanbul ? Je suis heureuse ici. Tous les matins, je me réveille au **chant** des muezzins du quartier. Je vais boire un thé dans l'un des petits cafés **du coin**. **Parfois**, j'ai **assez** de temps pour faire une partie de backgammon avec l'un des **clients**. Je progresse ; mais Dieu, qu'ils sont **forts** à ce jeu. Le backgammon **a l'air** très simple, comme ça, mais en réalité ce jeu est **démoniaque**.

Chant (m) (nom commun) — Song
Du coin (expression) — (The café) around the corner
Parfois (adverbe) — Sometimes
Assez (adverbe) — Enough
Client (m) (nom commun) — Client, customer
Fort (adjectif) — Strong in a sense of being good at something
Avoir l'air (expression) — To look like, to seem
Démoniaque (adjectif) — Demonic, diabolic

Le matin, je travaille dans mon **auberge de jeunesse**. Car, je ne t'ai pas dit ? Je **tiens** une auberge aujourd'hui. Elle est à moi ! Il y a quatre étages, et une terrasse sur le **toit**. L'**immeuble** est historique, il est très beau. J'habite un quartier sur la **colline**, et mon auberge est en haut d'une rue **piétonne** pleine de charme. C'est le quartier des **antiquaires**. C'est comme un village, sauf que nous sommes à côté de la Place Taksim. Pour les touristes, c'est parfait. **Autour de** chez moi, il y a tout ce qu'il faut : des jolies boutiques, des cafés sympas et des restaurants très bons et **pas chers**. Je connais les commerçants de mon quartier. J'**apprends** le turc, et je ne suis pas mauvaise ! C'est difficile, mais comme tu sais, apprendre une nouvelle langue est un **défi**.

Auberge de jeunesse (f) (nom commun) — Hostel
Tenir (verbe) — To own
Toit (m) (nom commun) — Rooftop
Immeuble (m) (nom commun) — Building, condominium
Colline (f) (nom commun) — Hill
Piéton (adjectif) — Pedestrian, car-free
Antiquaire (m) (nom commun) — Antique dealer
Autour de (préposition) — Around
Pas cher (adjectif) — Not expensive, cheap
Apprendre (verbe) — To learn
Défi (m) (nom commun) — A challenge

Voilà mon quotidien : je prépare les **chambres**, je **lave** les **draps**, je **fais** un peu de **ménage**. Tout doit être impeccable. Puis, j'**accueille** les nouveaux **arrivants**, je leur prépare un thé, je leur montre le plan de la ville et je leur donne des **conseils de visite**. L'après-midi, je prends une **pause** et je retourne au café, le plus souvent avec un livre. Et quand vient la fin de l'après-midi, j'**emmène** quelques touristes pour voir le **coucher du soleil** sur le Bosphore depuis une terrasse. C'est toujours un moment magique.

Chambre (f) (nom commun) — Room (either a bedroom or a hotel room)
Laver (verbe) – To wash
Drap (m) (nom commun) — Sheets
Faire (verbe) — To do
Ménage (m) (nom commun) — The cleaning
Accueillir (verbe) — To welcome
Arrivant (m) (nom commun) — Someone who just arrived
Conseils de visites (expression) — Traveling tips, advice on a visit
Pause (f) (nom commun) — A break (from work)
Emmener (verbe) — To bring someone along
Coucher du soleil (m) (nom commun) — Sunset

J'aime mon nouveau métier : je suis indépendante, je **gagne ma vie**, et je suis **épanouie**. Et, aussi, je rencontre des gens du **monde entier**. En fait, il n'y a qu'un **défaut** à cette vie-là : les clients sont toujours de passage. Les nouveaux amis que je rencontre ne vivent pas dans la même ville que moi ; ils vivent souvent très loin, en Europe, mais aussi en Asie, en Amérique… J'ai rencontré des femmes et des hommes fantastiques – et je ne les revois jamais. Certains passent **presque** un mois à Istanbul. D'autres vont visiter la Turquie et ils **reviennent**. Mais par la suite, ils **retournent** à leurs vies, dans leurs pays. J'ai parfois des nouvelles, mais **rien de plus**.

Gagner sa vie (expression) — To make a living
Epanoui (adjectif) — Fulfilled, satisfied, a sense of well being
Monde entier (nom commun) — Whole wide world
Défaut (m) (nom commun) — Flaw
Presque (adverbe) — Almost
Revenir (verbe) — To come back
Retourner (verbe) — To return
Rien de plus (expression) — Nothing more

Il y a deux mois, j'ai fait une belle rencontre moi aussi. Un homme arrive à l'auberge, **à l'improviste**. Je le trouve immédiatement très beau. Pendant deux semaines, chaque jour est merveilleux avec lui. Nous allons **prendre le petit-déjeuner** près d'Aya Sofia, nous prenons le bateau pour visiter les îles d'Istanbul… Le soir, nous buvons une bière en regardant le soleil se coucher derrière la Mosquée bleue. Bref, en un rien de temps, je **dois l'avouer**, je suis **tombée amoureuse**. Et je t'assure que ça ne m'arrive pas souvent, Margaux ! Je ne sais pas si je vais le revoir. Avant de partir, il m'a apporté un bouquet de **tournesols**. J'ai pris une photo des fleurs et je l'ai encadrée. C'est joli dans mon salon. Mais c'est un peu triste !

À l'improviste (expression) — Something improvised

Prendre le petit-déjeuner (expression) — To have breakfast
Devoir l'avouer (verbe, expression) — Must confess
Tomber amoureux (expression) — To fall in love
Tournesol (f) (nom commun) — Sunflower

Alors voilà, pour revenir à toi, Anouk. Ce jeune homme, qui te sourit tous les week-ends dans ce café à Paris. Je veux te dire : **réfléchis** bien ! La vie est **courte**. Moi, je n'ai qu'un **conseil** à te **donner** : **fonce** ! Ne laisse pas trop de temps passer. Parle-lui et demande-lui son prénom. Ce qu'il fait dans la vie, ce qu'il aime, pourquoi il est là chaque week-end. Tu n'as rien à perdre. L'amour ne frappe pas tous les matins à ta porte. Et puis, qui sait, il est peut-être **bête**, et tu ne le sais pas encore. Il faut **en avoir le cœur net**.

Réfléchir (verbe) — To think
Court (adjective) — Short
Conseil (m) (nom commun) — An advice
Donner (verbe) — to give
Foncer (verbe) — To do something without hesitation
Bête (m) (nom commun) — Dumb
En avoir le cœur net (expression) — To make sure about something (literally to « have a clean heart")

Je te donne donc ce conseil et j'attends ta **prochaine** lettre avec impatience. La prochaine fois, raconte-moi votre rencontre, dans les détails. Je veux tout **savoir** ! La couleur de son **caleçon**, s'il préfère le café au thé, s'il aime les chiens ou les chats, son âge et sa **mentalité**. Et, quand je viens à Paris au **printemps** prochain, je veux boire une bière avec vous deux sur une terrasse au soleil. Et Françoise, bien sûr.

Prochain (adverbe) — Next
Savoir (verbe) — To know
Caleçon (m) (nom commun) — Boxer (underwear)
Mentalité (m) (nom commun) — Mentality
Printemps (m) (nom commun) — Spring

Tu sais que tu es **bienvenue** quand tu le souhaites à Istanbul ? Tu n'es jamais venue en Turquie, je crois. Tu vas adorer. Si tu viens, je prévois un grand tour de la Turquie avec toi : la Cappadoce, la mer, les montagnes, le Kurdistan.

J'ai hâte de te voir, et j'ai hâte d'en savoir plus sur ton histoire avec ce mystérieux beau jeune homme.

Porte-toi bien ma chère Anouk. **Je t'embrasse** fort.

Margaux

Bienvenue (adjectif) — Welcomed
Porte-toi bien (expression) — Take care of yourself
Je t'embrasse (verbe, expression) — To kiss someone, as an affectionate way to conclude a letter.

Compréhension

1. Pourquoi Margaux est-elle heureuse ? (Plusieurs réponses possibles)

   a) Elle travaille toujours pour un patron
   b) Elle est sereine
   c) Elle est fière
   d) Elle n'a aucun rêve
   e) Elle vit avec un beau jeune homme
   f) Elle a réalisé son rêve

2. Que fait Margaux dans la journée ? (Plusieurs réponses possibles)

   a) Elle va boire un thé dans un café du coin
   b) Elle va travailler au marché
   c) Elle lave les draps et prépare les chambres
   d) Elle joue aux cartes
   e) Elle reste à la maison

3. Où habite Margaux ? (Plusieurs réponses possibles)

   a) Paris
   b) Près de Taksim
   c) Aux Amériques
   d) Istanbul
   e) Aya Sofia

4. Remets les phrases dans l'ordre d'apparition dans le texte :

   a) Margaux fait une belle rencontre
   b) Elle accueille les nouveaux arrivants
   c) Margaux conseille à son amie de foncer
   d) Margaux quitte Paris
   e) Elle joue au backgammon au café

5. Choisis la bonne réponse entre les deux propositions :

   a) Margaux habite à **Paris / Istanbul**
   b) Les clients du café sont **forts / mauvais** au backgammon
   c) Margaux emmène les touristes voir le **coucher / lever** du soleil sur le Bosphore
   d) Margaux travaille dans une **auberge / chambre**

Réponses

1 : réponses b, c et f
2 : réponses a et c
3 : réponses b et d
4 : dans l'ordre : 1d ; 2e ; 3b ; 4a ; 5c
5 : dans l'ordre : Istanbul, forts, coucher, auberge

La réponse	**The answer**

Margaux a reçu la lettre d'Anouk, et elle lui répond. Bien sûr, elle lui raconte un peu sa vie. Elle lui donne aussi des conseils pour concrétiser la rencontre qu'elle est en train de faire. L'occasion de parler :

- Des changements de vie
- D'auberge, d'hôtellerie, de restaurant, de café
- De langue
- De rencontre amoureuse

Margaux received Anouk's letter, and she replies. Of course, she tells her a little about her life. She also gives her advice on how to make her meeting a concrete reality. The opportunity to talk about:

- Changes in life
- Hostel, hotel, restaurant, cafe, etc.
- Language
- Love encounter

Chère Anouk,

Merci pour ta gentille lettre. Je suis toujours heureuse quand j'ai de tes nouvelles ! Et alors, quelle belle rencontre, en effet ! J'aime bien comme tu la racontes. La prochaine fois que je vais à Paris, je veux rencontrer Françoise ! D'ailleurs, je me demande si vous vous voyez encore chaque week-end. Et puis surtout, ce jeune homme… L'as-tu rencontré finalement ? Tu as l'air timide. Il est peut-être timide, lui aussi…

Bon ! Comme tu me le demandes, je te donne des nouvelles. Cela fait bien longtemps… Il s'est passé beaucoup de choses : je ne sais pas par où commencer. Te souviens-tu quand j'ai quitté Paris ? Des rêves plein la tête, la décision prise de ne plus travailler pour personne ? J'ai réalisé mon rêve et je n'ai plus de patron. Mes journées sont pour moi et le travail que je veux faire. Parfois, c'est instable. Mais la plupart du temps, j'adore et je suis sereine. Et surtout, je suis fière.

Comment te raconter ? Par où commencer ? Ma vie à Istanbul ? Je suis heureuse ici. Tous les matins, je me réveille au chant des muezzins du quartier. Je vais boire un thé dans l'un des petits cafés du coin. Parfois, j'ai assez de temps pour faire une partie de backgammon avec l'un des clients. Je progresse ; mais Dieu, qu'ils sont

Dear Anouk,

Thank you for your kind letter. I am always happy when I hear from you! And then, what a nice meeting indeed! I like the way you tell it. Next time I go to Paris, I want to meet Françoise! By the way, I wonder if you still see each other every weekend. And most of all, this young man… Did you finally meet him? You seem shy. Maybe he is shy, too…

Good! As you asked me, I'll give you some news. It's been a long time… Many things have happened: I don't know where to start. Do you remember when I left Paris? Dreams in my head, the decision to stop working for anyone? I realized my dream and I no longer have a boss. My days are for me and the work I want to do. Sometimes it's unstable. But most of the time, I love it and I am serene. And most of all, I am proud.

How can I tell you? Where do I start? My life in Istanbul? I am happy here. Every morning I wake up to the singing of the muezzins in the neighborhood. I go to drink tea in one of the small cafes in the corner. Sometimes I have enough time to play a game of backgammon with one of the customers. I make progress; but God, how

forts à ce jeu. Le backgammon a l'air très simple, comme ça, mais en réalité ce jeu est démoniaque.

Le matin, je travaille dans mon auberge de jeunesse. Car, je ne t'ai pas dit ? Je tiens une auberge aujourd'hui. Elle est à moi ! Il y a quatre étages, et une terrasse sur le toit. L'immeuble est historique, il est très beau. J'habite un quartier sur la colline, et mon auberge est en haut d'une rue piétonne pleine de charme. C'est le quartier des antiquaires. C'est comme un village, sauf que nous sommes à côté de la Place Taksim. Pour les touristes, c'est parfait. Autour de chez moi, il y a tout ce qu'il faut : des jolies boutiques, des cafés sympas et des restaurants très bons et pas chers. Je connais les commerçants de mon quartier. J'apprends le turc, et je ne suis pas mauvaise ! C'est difficile, mais comme tu le sais, apprendre une nouvelle langue est un défi.

Voilà mon quotidien : je prépare les chambres, je lave les draps, je fais un peu de ménage. Tout doit être impeccable. Puis, j'accueille les nouveaux arrivants, je leur prépare un thé, je leur montre le plan de la ville et je leur donne des conseils de visite. L'après-midi, je prends une pause et je retourne au café, le plus souvent avec un livre. Et quand vient la fin de l'après-midi, j'emmène quelques touristes pour voir le coucher du soleil sur le Bosphore depuis une terrasse. C'est toujours un moment magique.

J'aime mon nouveau métier : je suis indépendante, je gagne ma vie, et je suis épanouie. Et, aussi, je rencontre des gens du monde entier. En fait, il n'y a qu'un défaut à cette vie-là : les clients sont toujours de passage. Les nouveaux amis que je rencontre ne vivent pas dans la même ville que moi ; ils vivent souvent très loin, en Europe, mais aussi en Asie, en Amérique… J'ai rencontré des femmes et des hommes fantastiques – et je ne les revois jamais. Certains passent

good they are at this game. Backgammon looks very simple, but in reality this game is evil.

In the morning I work in my youth hostel. Because, didn't I tell you? I run a hostel today. It's mine! It has four floors, and a terrace on the roof. The building is historic, it's very beautiful. I live in a neighborhood on the hill, and my hostel is at the top of a pedestrian street full of charm. It's the antique district. It's like a village, except that we are next to Taksim Square. For tourists, it's perfect. Around my house, there is everything: nice stores, nice cafes and very good and cheap restaurants. I know the shopkeepers in my neighborhood. I'm learning Turkish, and I'm not bad! It's difficult, but as you know, learning a new language is a challenge.

This is my daily life: I prepare the rooms, I wash the sheets, I do some cleaning. Everything has to be spotless. Then I welcome the newcomers, make them a cup of tea, show them the map of the city and give them some visiting tips. In the afternoon, I take a break and go back to the cafe, usually with a book. And at the end of the afternoon, I take a few tourists to watch the sunset on the Bosphore from a terrace. It's always a magical moment.

I like my new job: I am independent, I earn my living, and I am fulfilled. And, also, I meet people from all over the world. In fact, there is only one flaw in this life: customers are always passing by. The new friends I meet don't live in the same city as me; they often live far away, in Europe, but also in Asia, America… I have met fantastic women and men - and I never see them again. Some of them spend almost a month in Istanbul. Others go to visit Turkey and

presque un mois à Istanbul. D'autres vont visiter la Turquie et ils reviennent. Mais par la suite, ils retournent à leurs vies, dans leurs pays. J'ai parfois des nouvelles, mais rien de plus.

Il y a deux mois, j'ai fait une belle rencontre moi aussi. Un homme arrive à l'auberge, à l'improviste. Je le trouve immédiatement très beau. Pendant deux semaines, chaque jour est merveilleux avec lui. Nous allons prendre le petit-déjeuner près d'Aya Sofia, nous prenons le bateau pour visiter les îles d'Istanbul… Le soir, nous buvons une bière en regardant le soleil se coucher derrière la Mosquée bleue. Bref, en un rien de temps, je dois l'avouer, je suis tombée amoureuse. Et je t'assure que ça ne m'arrive pas souvent, Margaux ! Je ne sais pas si je vais le revoir. Avant de partir, il m'a apporté un bouquet de tournesols. J'ai pris une photo des fleurs et je l'ai encadrée. C'est joli dans mon salon. Mais c'est un peu triste !

Alors voilà, pour revenir à toi, Anouk. Ce jeune homme, qui te sourit tous les week-ends dans ce café à Paris. Je veux te dire : réfléchis bien ! La vie est courte. Moi, je n'ai qu'un conseil à te donner : fonce ! Ne laisse pas trop de temps passer. Parle-lui et demande-lui son prénom. Ce qu'il fait dans la vie, ce qu'il aime, pourquoi il est là chaque week-end. Tu n'as rien à perdre. L'amour ne frappe pas tous les matins à ta porte. Et puis, qui sait, il est peut-être bête, et tu ne le sais pas encore. Il faut en avoir le cœur net.

Je te donne donc ce conseil et j'attends ta prochaine lettre avec impatience. La prochaine fois, raconte-moi votre rencontre, dans les détails. Je veux tout savoir ! La couleur de son caleçon, s'il préfère le café au thé, s'il aime les chiens ou les chats, son âge et sa mentalité. Et, quand je viens à Paris au printemps prochain, je veux boire une bière avec vous deux sur une terrasse au soleil. Et Françoise, bien sûr.

then come back. But then they go back to their lives, to their countries. Sometimes I have news, but nothing more.

Two months ago, I made a nice encounter too. A man arrives at the hostel, unexpectedly. I immediately found him very handsome. For two weeks, every day was wonderful with him. We have breakfast near Aya Sofia, we take the boat to visit the islands of Istanbul… In the evening, we drink a beer while watching the sunset behind the Blue Mosque. In short, in no time, I must confess, I fell in love. And I assure you that it doesn't happen to me very often, Margaux! I don't know if I'm going to see him again. Before he left, he brought me a bouquet of sunflowers. I took a picture of the flowers and framed it. It looks nice in my living room. But it's a bit sad!

So there you go, back to you Anouk. This young man, who smiles at you every weekend in this cafe in Paris. I want to tell you: think about it! Life is short. I have only one piece of advice for you: go for it! Don't let too much time go by. Talk to him and ask his first name. What he does in life, what he likes, why he's there every weekend. You have nothing to lose. Love doesn't knock on your door every morning. And then, who knows, maybe he's dumb, and you don't know it yet. You have to know for sure.

So I give you this advice and look forward to your next letter. Next time, tell me about your meeting, in detail. I want to know everything! The color of his underpants, whether he prefers coffee to tea, whether he likes dogs or cats, his age and mentality. And, when I come to Paris next spring, I want to drink a beer with you two on a terrace in the sun. And Françoise, of course.

Tu sais que tu es bienvenue quand tu le souhaites à Istanbul ? Tu n'es jamais venue en Turquie, je crois. Tu vas adorer. Si tu viens, je prévois un grand tour de la Turquie avec toi : la Cappadoce, la mer, les montagnes, le Kurdistan.

J'ai hâte de te voir, et j'ai hâte d'en savoir plus sur ton histoire avec ce mystérieux beau jeune homme.

Porte-toi bien ma chère Anouk. Je t'embrasse fort.

Margaux

You know that you are welcome when you want to come to Istanbul. You've never been to Turkey, I think. You're going to love it. If you come, I am planning a great tour of Turkey with you: Cappadocia, the sea, the mountains, Kurdistan.

I can't wait to see you, and I can't wait to learn more about your story with this mysterious handsome young man.

Take care, my dear Anouk. Big hugs and kisses.

Margaux

Compréhension

1. Pourquoi Margaux est-elle heureuse ? (Plusieurs réponses possibles)

   a) Elle travaille toujours pour un patron
   b) Elle est sereine
   c) Elle est fière
   d) Elle n'a aucun rêve
   e) Elle vit avec un beau jeune homme
   f) Elle a réalisé son rêve

2. Que fait Margaux dans la journée ? (Plusieurs réponses possibles)

   a) Elle va boire un thé dans un café du coin
   b) Elle va travailler au marché
   c) Elle lave les draps et prépare les chambres
   d) Elle joue aux cartes
   e) Elle reste à la maison

3. Où habite Margaux ? (Plusieurs réponses possibles)

   a) Paris
   b) Près de Taksim
   c) Aux Amériques
   d) Istanbul
   e) Aya Sofia

4. Remets les phrases dans l'ordre d'apparition dans le texte :

   a) Margaux fait une belle rencontre
   b) Elle accueille les nouveaux arrivants
   c) Margaux conseille à son amie de foncer
   d) Margaux quitte Paris
   e) Elle joue au backgammon au café

5. Choisis la bonne réponse entre les deux propositions :

Comprehension

1. Why is Margaux happy? (Several possible answers)

   a) She always works for a boss
   b) She is serene
   c) She is proud
   d) She has no dreams
   e) She lives with a handsome young man
   f) She realized her dream

2. What does Margaux do during the day? (Several possible answers)

   a) She goes to a local cafe for tea
   b) She's going to work at the market
   c) She washes the sheets and prepares the rooms
   d) She plays cards
   e) She stays at home

3. Where does Margaux live? (Several possible answers)

   a) Paris
   b) Near Taksim
   c) In the Americas
   d) Istanbul
   e) Aya Sofia

4. Put the sentences back in chronological order from the text:

   a) Margaux makes a beautiful meeting
   b) She welcomes newcomers
   c) Margaux advises her friend to go for it
   d) Margaux leaves Paris
   e) She plays backgammon at the cafe

5. Choose the correct answer between the two proposals:

a) Margaux habite à **Paris/Istanbul**
b) Les clients du café sont **forts/mauvais** au backgammon
c) Margaux emmène les touristes voir le **coucher/lever** du soleil sur le Bosphore
d) Margaux travaille dans une **auberge/chambre**

a) Margaux lives in **Paris/Istanbul**
b) Coffee customers are **good/bad** at backgammon
c) Margaux takes tourists to see the **sunset/sunrise** on the Bosphorus
d) Margaux works in an **youth hostel/room**

Réponses

1 : réponses b, c et f
2 : réponses a et c
3 : réponses b et d
4 : dans l'ordre : 1d ; 2e ; 3b ; 4a ; 5c
5 : dans l'ordre : Istanbul, forts, coucher, auberge

Answers

1 : answers b, c and f
2 : answers a and c
3 : answers b and d
4 : in order: 1d ; 2e ; 3b ; 4a ; 5c
5 : in order: Istanbul, good, sunset, hostel

Chapitre 15: L'arbre qui boude (inspiré d'une nouvelle, auteur inconnu)

Dans un jardin, un vieil arbre boude du matin au soir. Au cours d'une conversation entre le corbeau et l'arbre, une jeune fille va découvrir la raison de la tristesse de l'arbre, et va trouver une solution. L'occasion de parler :

- Des saisons
- De la météo
- De la nature
- Des humeurs

Il y a, dans mon **jardin**, un arbre qui n'est **jamais** content. Il est **vieux**, c'est vrai, et un peu **faible**. Mais il est toujours beau ! Je crois qu'il ne **s'aime** pas. Je le vois bien, car au printemps, il ne fait **presque pas** de **fleurs**. Ses **feuilles** sont toutes petites, et il les **perd** très vite à la fin de l'été. Non, vraiment, cet arbre **ne prend pas soin de** lui. C'est triste pourtant. Car je l'aime bien, moi ! C'est un vieux **pommier** de mon grand-père. J'y **tiens** beaucoup !

Jardin (m) (nom commun) — Garden
Jamais (adverbe) — Never
Vieux (adjectif) — Old
Faible (adjectif) — Weak, feeble
S'aimer (verbe) – To love oneself
Presque pas (adverbe) – Almost no (flowers)
Fleur (f) (nom commun) — Flower
Feuille (f) (nom commun) — Leaf

Perdre (verbe) – To lose
Ne pas prendre soin (expression) – To not take care
Pommier (m) (nom commun) — Apple tree
Tenir (verbe) – To hold something dear

C'est le printemps, et, comme chaque année à cette période, je vais m'asseoir **près de** lui pour lire un bon livre. Et ce jour-là, quelle n'est pas ma surprise ! Un oiseau, un gros **corbeau**, se pose sur sa **branche**, et se met à lui parler.

Près de (préposition) — Close to
Corbeau (m) (nom commun) — Crow
Branche (f) (nom commun) — Branch

- Dis-moi, vieil arbre, tu n'as pas fini de bouder ?

- **Laisse-moi en paix**, vieux corbeau ! Tu ne sais pas ce que je vis. La nature est **dure** avec moi. **Fiche le camp** !

- Allons, vieux pommier. Rien de bien **méchant**. Tu **râles**, mais nous vivons sous le même **ciel**, toi et moi ! Regarde, le printemps est là, et le soleil brille.

- Peut-être que le soleil brille aujourd'hui. Mais demain, je vais faire mes fleurs, et il va **pleuvoir** ! Voilà, ma vie, comment elle est.

- Voyons, vieux **tronc**, la **pluie** est une bonne chose, elle donne à boire à tes **racines** ! répond le corbeau.

Laisse-moi en paix (expression) — Leave me alone
Dur (adjectif) — Tough
Fiche le camp (expression) — Get lost
Méchant (adjectif) — Mean
Râler (verbe) – To grumble
Ciel (m) (nom commun) — The sky
Pleuvoir (verbe) — To rain
Tronc (m) (nom commun) — Trunk
Pluie (f) (nom commun) — The rain
Racine (f) (nom commun) — Root

Mais, comme l'arbre continue de **grogner**, le corbeau **s'en va**. Moi, je **n'en reviens pas**. Mon arbre parle ! Et avec un corbeau… Je n'ose pas **bouger**. Au bout de quelques minutes, je décide de rentrer à la maison. Et je pense toute la soirée à cette conversation. Comment aider mon arbre ? Je ne peux pas le **protéger** de la pluie, il est **au milieu du** jardin. Il va **fleurir** et ses fleurs seront trop faibles pour survivre à la pluie. C'est vrai que c'est très triste. C'est pour ça qu'il ne donne plus de **pommes** !

Grogner (verbe) — To grunt
S'en aller (verbe) — To leave
Ne pas en revenir (expression) – To not be able to believe in something (I cannot believe the tree is talking)
Bouger (verbe) – To move

Protéger (verbe) — To protect
Au milieu du (adverbe) — In the middle of
Fleurir (verbe) — To bloom
Pomme (f) (nom commun) — Apple

Le lendemain matin, je retourne à mon arbre. Je le **caresse** gentiment, et j'ouvre mon livre. C'est alors que je vois le corbeau qui revient !

- Salut, vieille branche, comment tu vas aujourd'hui ? Tu vois, il ne pleut pas !

- Oui, et je fais mes fleurs. Mais ne **te trompe** pas : car ce soir, il va pleuvoir, répond l'arbre.

- Oh, **ainsi va la vie**, vieux **sac** de feuilles. N'as-tu pas de chance ? Regarde cette jeune fille, qui lit à tes pieds.

- Bien sûr, au printemps, elle lit à mes pieds. Mais en été, elle ne vient plus, car il fait trop **chaud**, et mes branches sont trop petites. Je ne donne pas assez d'**ombre**. Je suis vieux, et **moche**.

- Oh là là, vieille **tige** ! Tu **en fais un peu trop**. Tu n'es pas moche, et si tu es vieux, c'est que **jeunesse** est finie, voilà tout. Je ne suis pas jeune, moi non plus !

- Va-t'en, **oiseau de malheur**. Tu me **fatigues** pendant que je fais mes fleurs.

Caresser (verbe) — To caress
Se tromper (verbe) — To fool yourself
Ainsi va la vie (expression) — That's life
Sac (m) (nom commun) — Bag
Chaud (adjectif) — Warm
Ombre (f) (nom commun) — Shade
Moche (adjectif) — Ugly
Tige (f) (nom commun) — Stalk
En faire un peu trop (expression) — To overdo it a little bit, to exaggerate
Jeunesse (f) (nom commun) — Youth
Oiseau de malheur (expression) — Bearer of bad news
Fatiguer quelqu'un (verbe) – To bore someone, to tire someone (usually with nonsense)

Le corbeau s'en va, un peu **déçu**. Moi, je **réfléchis**. Le soir, je rentre dans ma maison. Il pleut. C'est **raté** pour les fleurs de mon ami… Quel **dommage**, pas de pommes cette année ! Le lendemain, le soleil brille à nouveau. Je **vais au marché**, et j'achète un beau **parasol**. Quand je rentre chez moi, je vais **planter** le parasol tout près de mon arbre pour me faire de l'ombre. Et le corbeau revient.

Déçu (adjective) — Disappointed
Réfléchir (verbe) — To think, to reflect and ponder
Raté (adjectif) — A miss, a fail
Dommage (interjection) — It's a shame
Aller au marché (expression) — To go to the market
Parasol (m) (nom commun) — Parasol/umbrella

Planter (verbe) — To plant

- Eh bien, vieux **feuillu**, n'es-tu pas content aujourd'hui ? La jeune fille va **rester** près de toi, car elle a de l'ombre ! lui dit-il.

- Encore toi ? Oui, elle a de l'ombre. Mais je suis toujours moche, et regarde, j'ai perdu toutes mes fleurs.

- Oh, vieille **bûche**… Rien de grave, tu es **moins** fatigué si tu ne dois pas faire de pommes, pas vrai ?

- Les pommes sont jolies, et c'est ma **raison de vivre**. Je n'ai plus de raison de vivre, voilà tout, répond l'arbre, triste et **boudeur**.

Feuillu (adjective) — Leafy, lush
Rester (verbe) — To stay
Bûche (f) (nom commun) — A log
Moins (adverbe) — Less
Raison de vivre (f) (nom commun, expression) — Raison d'être, what someone lives for
Boudeur (adjectif) — Pouty, someones who pouts

Le corbeau **s'envole**, et je suis triste aussi. Mon arbre n'a pas de raison de vivre. Que puis-je faire pour l'aider ?

Le lendemain, je vais au **magasin**, et j'achète un beau **chèvrefeuille**. Il est tout jeune. En rentrant à la maison, je vais directement voir mon arbre. Je le salue (car après tout, il parle !) et je plante mon chèvrefeuille contre son tronc.

S'envoler (verbe) — To fly away, to take flight
Magasin (m) (nom commun) — Shop
Chèvrefeuille (m) (nom commun) — Honeysuckle

L'après-midi, je reviens pour lire sous mon parasol. Quand le corbeau revient, je les entends discuter :

- Ah ! Vieux **machin**, qu'as-tu là, à tes pieds ? demande-t-il.

- Je ne sais pas. Une nouvelle plante. Elle me **chatouille**. Aucune idée ! C'est la jeune fille qui l'a plantée. Ça m'**énerve** et ça me **gratte**, **bougonne** l'arbre.

- Mais, tu ne sais pas encore ce que c'est. Attends un peu, c'est peut-être une bonne surprise !

Machin (m) (nom commun) — Thing
Chatouiller (verbe) — To tickle
Énerver (verbe) — To anger
Gratter (verbe) — To scratch
Bougonner (verbe) — To mumble

Et le corbeau s'envole. Quelques semaines passent, et le chèvrefeuille **pousse**. Il va très bien ! Bientôt, il fait de beaux **bourgeons**, et ses fleurs commencent à s'ouvrir. Je retourne

voir mon arbre. Je m'assois, et commence à lire. Enfin, le corbeau arrive et se pose sur une branche. **À peine** commence-t-il à parler, que l'arbre l'**interrompt** :

Pousser (verbe) — To grow
Bourgeon (m) (nom commun) — Bud, sprout
À peine (locution) — Barely
Interrompre (verbe) — To interrupt

- **Chut**, vieux corbeau ! Tu **déranges** mon chèvrefeuille qui fait ses fleurs, lui dit-il.

- Ah ! C'est un chèvrefeuille ! Quelle chance tu as, vieille branche ! s'exclame le corbeau.

- Oui ! Il est **doux** et beau, et tu n'as pas idée du **parfum** de ses fleurs ! C'est magnifique ! Au printemps prochain, il va être **encore plus** beau ! Mais pour cela, je dois le protéger du **vent** et de la pluie.

- Oh, je vois. Dans ce cas, je te laisse en paix. Bon courage, mon ami ! dit le corbeau, en s'envolant.

Et voilà ! Je suis heureuse. Mon vieux pommier est tout heureux et ne pense plus à son **grand âge** : il a trouvé une nouvelle raison de vivre.

Chut (interjection) — Hush
Déranger (verbe) — To bother
Doux (adjectif) — Soft
Parfum (m) (nom commun) — Perfume
Encore plus (adverbe) — Even more
Vent (m) (nom commun) — Wind
Grand âge (m) (nom commun, expression) — Old age

Compréhension

1. L'arbre a un ami qui lui rend visite chaque jour. Cet ami est :

   a) Un moineau
   b) Un jeune garçon
   c) Un jeune corbeau
   d) Un vieux corbeau
   e) Un serpent

2. Pourquoi l'arbre ne fait-il plus de pommes ?

   a) Il perd ses fleurs à cause de la pluie
   b) Il ne fait pas de fleurs du tout
   c) Il ne veut pas, il est paresseux
   d) Il en fait chaque année

3. Parmi les surnoms que le vieux corbeau donne à l'arbre, cherchez l'intru :

   a) Feuillu
   b) Branche
   c) Bûche
   d) Tronc
   e) Machin
   f) Sac de feuilles
   g) Tige

4. Pourquoi l'arbre ne s'aime-t-il pas ?

   a) Parce qu'il ne fait pas de pommes
   b) Parce qu'il voudrait faire des poires
   c) Parce qu'il est vieux et moche
   d) Parce qu'il n'aime pas la vie

5. Que fait l'arbre pour que le chèvrefeuille soit heureux et beau ?

   a) Il lui parle gentiment
   b) Il le caresse
   c) Il le protège du vent
   d) Il l'arrose

Réponses

1 : réponse d
2 : réponse a
3 : réponse e (c'est le seul qui ne fait pas référence à la végétation ou à la nature)
4 : réponse c
5 : réponse c

L'arbre qui boude (inspiré d'une nouvelle - auteur inconnu)

Dans un jardin, un vieil arbre boude du matin au soir. Au cours d'une conversation entre le corbeau et l'arbre, une jeune fille va découvrir la raison de la tristesse de l'arbre, et va trouver une solution. L'occasion de parler :

- Des saisons
- De la météo
- De la nature
- Des humeurs

Il y a, dans mon jardin, un arbre qui n'est jamais content. Il est vieux, c'est vrai, et un peu faible. Mais il est toujours beau ! Je crois qu'il ne s'aime pas. Je le vois bien, car au printemps, il ne fait presque pas de fleurs. Ses feuilles sont toutes petites, et il les perd très vite à la fin de l'été. Non, vraiment, cet arbre ne prend pas soin de lui. C'est triste pourtant. Car je l'aime bien, moi ! C'est un vieux pommier de mon grand-père. J'y tiens beaucoup !

C'est le printemps, et, comme chaque année à cette période, je vais m'asseoir près de lui pour lire un bon livre. Et ce jour-là, quelle n'est pas sa surprise ! Un oiseau, un gros corbeau, se pose sur sa branche, et se met à lui parler.

"Dis-moi, vieil arbre, tu n'as pas fini de bouder ?"

"Laisse-moi en paix, vieux corbeau ! Tu ne sais pas ce que je vis. La nature est dure avec moi. Fiche le camp !"

"Allons, vieux pommier. Rien de bien méchant. Tu râles, mais nous vivons sous le même ciel, toi et moi ! Regarde, le printemps est là, et le soleil brille."

The sulking tree (inspired by a short story - unknown author)

In a garden, an old tree is sulking from morning to night. During a conversation between the crow and the tree, a young girl will discover the reason for the tree's sadness and will find a solution. The opportunity to talk about:

- Seasons
- Weather
- Nature
- Moods

There is a tree in my garden that is never happy. It is old that's true, and a little weak. But it is always beautiful! I think it does not like itself. I can see it well, because in spring it hardly makes flowers. Its leaves are very small, and it loses them very quickly at the end of summer. No, really, this tree doesn't take care of itself. It's sad though. Because I like it! It's an old apple tree from my grandfather. I really like it!

It's spring, and like every year at this time, I'm going to sit next to it to read a good book. And on that day, what a surprise! A bird, a big crow, lands on his branch and starts talking to him.

"Tell me, old tree, have you not finished sulking?"

"Leave me in peace, old crow! You do not know what I am going through. Nature is hard on me. Get the hell out of here!"

"Come on, old apple tree. Nothing bad. You're grumbling, but we live under the same sky, you and I! Look, spring is here, and the sun is shining."

"Peut-être que le soleil brille aujourd'hui. Mais demain, je vais faire mes fleurs, et il va pleuvoir ! Voilà, ma vie, comment elle est."

"Voyons, vieux tronc, la pluie est une bonne chose, elle donne à boire à tes racines !" répond le corbeau.

Mais, comme l'arbre continue de grogner, le corbeau s'en va. Moi, je n'en reviens pas. Mon arbre parle ! Et avec un corbeau… Je n'ose pas bouger. Au bout de quelques minutes, je décide de rentrer à la maison. Et je pense toute la soirée à cette conversation. Comment aider mon arbre ? Je ne peux pas le protéger de la pluie, il est au milieu du jardin. Il va fleurir et ses fleurs seront trop faibles pour survivre à la pluie. C'est vrai que c'est très triste. C'est pour ça qu'il ne donne plus de pommes !

Le lendemain matin, je retourne à mon arbre. Je le caresse gentiment, et j'ouvre mon livre. C'est alors que je vois le corbeau qui revient !

"Salut, vieille branche, comment tu vas aujourd'hui ? Tu vois, il ne pleut pas !"

"Oui, et je fais mes fleurs. Mais ne te trompe pas : car ce soir, il va pleuvoir," répond l'arbre.

"Oh, ainsi va la vie, vieux sac de feuilles. N'as-tu pas de chance ? Regarde cette jeune fille, qui lit à tes pieds."

"Bien sûr, au printemps, elle lit à mes pieds. Mais en été, elle ne vient plus, car il fait trop chaud, et mes branches sont trop petites. Je ne donne pas assez d'ombre. Je suis vieux, et moche."

"Oh la la, vieille tige ! Tu en fais un peu trop. Tu n'es pas moche, et si tu es vieux, c'est que jeunesse est finie, voilà tout. Je ne suis pas jeune, moi non plus !"

"Maybe the sun is shining today. But tomorrow I'm going to do my flowers, and it's going to rain! That's my life, how it is."

"Come on, old trunk, the rain is a good thing, it gives your roots something to drink!" answers the crow.

But, as the tree continues to growl, the crow leaves. I can't believe it. My tree speaks! And with a crow… I do not dare to move. After a few minutes, I decide to go home. And I think about this conversation all evening. How can I help my tree? I cannot protect it from the rain, it is in the middle of the garden. It will bloom and its flowers will be too weak to survive the rain. It's true that it's very sad. That's why it doesn't give apples anymore!

The next morning, I go back to my tree. I gently caress it and open my book. That's when I see the crow coming back!

"Hi, old man, how are you today? You see, it's not raining!"

"Yes, and I'm making my flowers. But don't be mistaken: because tonight it's going to rain," the tree answers.

"Oh, so goes life, old bag of leaves. Aren't you lucky? Look at this young girl, reading at your feet."

"Of course, in the spring, she reads at my feet. But in summer, she doesn't come anymore, because it's too hot, and my branches are too small. I don't give enough shade. I am old and ugly."

"Oh come on, old stalk! You're making a bit too much of it. You're not ugly, and if you're old, it's because your youth is over, that's all. I'm not young either!"

"Va-t'en, oiseau de malheur. Tu me fatigues pendant que je fais mes fleurs."

Le corbeau s'en va, un peu déçu. Moi, je réfléchis. Le soir, je rentre dans ma maison. Il pleut. C'est raté pour les fleurs de mon ami… Quel dommage, pas de pommes cette année ! Le lendemain, le soleil brille à nouveau. Je vais au marché, et j'achète un beau parasol. Quand je rentrerai chez moi, je vais planter le parasol tout près de mon arbre pour me faire de l'ombre. Et le corbeau revient.

"Eh bien, vieux feuillu, n'es-tu pas content aujourd'hui ? La jeune fille va rester près de toi, car elle a de l'ombre !" lui dit-il.

"Encore toi ? Oui, elle a de l'ombre. Mais je suis toujours moche, et regarde, j'ai perdu toutes mes fleurs."

"Oh, vieille bûche… Rien de grave, tu es moins fatigué si tu ne dois pas faire de pommes, pas vrai ?"

"Les pommes sont jolies, et c'est ma raison de vivre. Je n'ai plus de raison de vivre, voilà tout," répond l'arbre, triste et boudeur.

Le corbeau s'envole, et je suis triste aussi. Mon arbre n'a pas de raison de vivre. Que puis-je faire pour l'aider ?

Le lendemain, je vais au magasin, et j'achète un beau chèvrefeuille. Il est tout jeune. En rentrant à la maison, je vais directement voir mon arbre. Je le salue (car après tout, il parle !) et je plante mon chèvrefeuille contre son tronc.

L'après-midi, je reviens pour lire sous mon parasol. Quand le corbeau revient, je les entends discuter : "Ah ! Vieux machin, qu'as-tu là, à tes pieds ?" demande-t-il.

"Je ne sais pas. Une nouvelle plante. Elle me chatouille. Aucune idée ! C'est la jeune

"Go away, bird of misfortune. You're tiring me out while I'm doing my flowers."

The crow is leaving, a little disappointed. I'm thinking. In the evening, I go back to my house. It rains. It's a shame, no apples this year! The next day, the sun shines again. I go to the market and buy a beautiful parasol. When I get home, I'm going to plant the umbrella close to my tree for shade. And the crow comes back.

"Well, old hardwood, aren't you happy today? The girl will stay close to you, because she has shade!" he said to him.

"You again? Yes, she has shade. But I'm still ugly, and look, I lost all my flowers."

"Oh, old log... Nothing serious, you're less tired if you don't have to make apples, right?"

"Apples are pretty, and that's what I live for. I no longer have a reason to live, that's all," replies the tree, sad and sulky.

The crow flies away, and I'm sad too. My tree has no reason to live. What can I do to help it?

The next day, I go to the store and buy some beautiful honeysuckle. It is very young. When I get home, I go straight to my tree. I greet it (after all, it talks!) and I plant my honeysuckle against its trunk.

In the afternoon, I come back to read under my parasol. When the crow comes back, I hear them talking: "Ah, old thing, what have you got there at your feet?" he asks.

"I don't know. A new plant. It tickles me. I have no idea! It's the girl who planted it. It

fille qui l'a plantée. Ça m'énerve et ça me gratte," bougonne l'arbre.

"Mais, tu ne sais pas encore ce que c'est. Attends un peu, c'est peut-être une bonne surprise !"

Et le corbeau s'envole. Quelques semaines passent, et le chèvrefeuille pousse. Il va très bien ! Bientôt, il fait de beaux bourgeons, et ses fleurs commencent à s'ouvrir. Je retourne voir mon arbre. Je m'assois, et commence à lire. Enfin, le corbeau arrive et se pose sur une branche. À peine commence-t-il à parler, que l'arbre l'interrompt : "Chut, vieux corbeau ! Tu déranges mon chèvrefeuille qui fait ses fleurs," lui dit-il.

"Ah ! C'est un chèvrefeuille ! Quelle chance tu as, vieille branche !" s'exclame le corbeau.

"Oui ! Il est doux et beau, et tu n'as pas idée du parfum de ses fleurs ! C'est magnifique ! Au printemps prochain, il va être encore plus beau ! Mais pour cela, je dois le protéger du vent et de la pluie."

"Oh, je vois. Dans ce cas, je te laisse en paix. Bon courage, mon ami !" dit le corbeau, en s'envolant.

Et voilà ! Je suis heureuse. Mon vieux pommier est tout heureux et ne pense plus à son grand âge : il a trouvé une nouvelle raison de vivre.

irritates me and it itches," grumbles the tree.

"But, you don't know what it is yet. Wait a minute, maybe it's a good surprise!"

And the crow flies away. A few weeks go by, and the honeysuckle grows. He is doing very well! Soon, it makes beautiful buds, and its flowers begin to open. I go back to my tree. I sit down and start reading. Finally, the crow arrives and lands on a branch. As soon as he begins to speak, the tree interrupts him: "Hush, old crow! You are disturbing my honeysuckle which is making its flowers," he says to him.

"Ah! It's a honeysuckle! How lucky you are, old man!" exclaims the crow.

"Yes! It is soft and beautiful, and you have no idea of the scent of its flowers! It's beautiful! Next spring, it will be even more beautiful! But for that, I have to protect it from the wind and the rain."

"Oh, I see. In that case, I'll leave you in peace. Good luck, my friend!" said the crow, as he flew away.

And there it is! I am happy. My old apple tree is all happy and no longer thinks about his old age: he has found a new reason to live.

Compréhension

1. L'arbre a un ami qui lui rend visite chaque jour. Cet ami est :

   a) Un moineau
   b) Un jeune garçon
   c) Un jeune corbeau
   d) Un vieux corbeau
   e) Un serpent

2. Pourquoi l'arbre ne fait-il plus de pommes ?

   a) Il perd ses fleurs à cause de la pluie
   b) Il ne fait pas de fleurs du tout
   c) Il ne veut pas, il est paresseux
   d) Il en fait chaque année

3. Parmi les surnoms que le vieux corbeau donne à l'arbre, cherchez l'intru :

   a) Feuillu
   b) Branche
   c) Bûche
   d) Tronc
   e) Machin
   f) Sac de feuilles
   g) Tige

4. Pourquoi l'arbre ne s'aime-t-il pas ?

   a) Parce qu'il ne fait pas de pommes
   b) Parce qu'il voudrait faire des poires
   c) Parce qu'il est vieux et moche
   d) Parce qu'il n'aime pas la vie

5. Que fait l'arbre pour que le chèvrefeuille soit heureux et beau ?

   a) Il lui parle gentiment
   b) Il le caresse
   c) Il le protège du vent
   d) Il l'arrose

Comprehension

1. The tree has a friend who visits it every day. This friend is:

   a) A sparrow
   b) A young boy
   c) A young raven
   d) An old crow
   e) A snake

2. Why is the tree no longer making apples?

   a) It loses its flowers because of the rain
   b) It does not make flowers at all
   c) He doesn't want to, he's lazy
   d) He does it every year

3. Among the nicknames that the old crow gives to the tree, look for the intruder:

   a) Leafy
   b) Branch
   c) Log
   d) Trunk
   e) Machin
   f) Bag of leaves
   g) Stem

4. Why doesn't the tree like itself?

   a) Because it doesn't make apples
   b) Because he would like to make pears
   c) Because he's old and ugly
   d) Because he doesn't like life

5. What does the tree do to make the honeysuckle happy and beautiful?

   a) It talks to it nicely
   b) He caresses him
   c) It protects it from the wind
   d) It waters it

Réponses

1 : réponse d
2 : réponse a
3 : réponse e (c'est le seul qui ne fait pas référence à la végétation ou à la nature)
4 : réponse c
5 : réponse c

Answers

1 : answer d
2 : answer a
3 : answer e (it's the only one not referring to vegetation or nature)
4 : answer c
5 : answer c

French Hacking

Thanks for supporting us! Subscribe to our free email series to download the PDF and audio files for this book. Simply scan the QR code below and enter your name & email so we can send you the link to download it.

1) Scan the QR code
2) Enter your details
3) Check your email inbox (it may have gone to your junk mail)
4) Open our email and claim the Audiobook!

www.ingramcontent.com/pod-product-compliance
Lightning Source LLC
Chambersburg PA
CBHW071731080526
44588CB00013B/1983